Yale Language Series

張　chang
黃王　Wang
李　Li
趙　chao
陳　chen

Volumes by John DeFrancis in the Yale Language Series

Beginning Chinese, *Second revised edition*
Character Text for Beginning Chinese, *Second edition*
Beginning Chinese Reader (Parts I and II), *Second edition*
Intermediate Chinese
Character Text for Intermediate Chinese
Intermediate Chinese Reader (Part I)

A series of special memorization exercises with accompanying
tapes is available through the Institute for Far Eastern Studies,
Seton Hall University, South Orange, New Jersey 07079. A
wide variety of supplementary readers and study aids are
available from the University Press of Hawaii (2840 Kolowalu
Street, Honolulu, Hawaii 96822) and Far Eastern Publica-
tions (340 Edwards Street, New Haven, Connecticut 06511).
For complete lists, write directly to these publishers.

CHARACTER TEXT
FOR
BEGINNING CHINESE

by John DeFrancis

with the assistance of
Yung Teng Chia-yee

SECOND EDITION

New Haven and London, Yale University Press

Published with assistance from the foundation
established in memory of Philip Hamilton McMillan
of the Class of 1894, Yale College.

Library of Congress catalog card number: 76–5105
ISBN: 0–300–02055–4 (clothbound),
0–300–02059–7 (paperbound)

Printed in the United States of America.

20

CONTENTS

v

PREFACE TO SECOND EDITION

This second edition has been made necessary by changes in the second revised edition of Beginning Chinese. As explained more fully in the new preface to that text, the revisions were made in part with the view to making Character Text for Beginning Chinese even more useful as a reading text. Apart from correction of errors in the original text, this has been accomplished chiefly by the addition of material in keeping with recent developments in the People's Republic of China, such as new linguistic usages, new sociolinguistic situations, and new simplified characters.

I strongly believe that students of Chinese cannot limit themselves to either PRC or non-PRC forms of the language but must acquire a command of variant usages and various forms of Chinese, including both regular and simplified characters, and that the latter can be accomplished most efficiently by learning the regular first and the simplified second. Therefore in the present text the original material is presented, appropriately, in regular characters and the new material is presented, also appropriately, in simplified characters. Teachers and students can thus choose whether to emphasize one or the other. Some things may be learned actively, others passively.

The new material is presented chiefly in the form of Supplementary Lessons. These include the following: (1) New Vocabulary, comprising 14 new characters beyond the 494 in the original text, plus 16 new expressions; (2) Simplified Characters, comprising altogether 167 simplified forms contrasted with the regular forms which they have displaced in the PRC; and (3) Exercises, comprising sentence build-ups, dialogues, and narratives. The Exercises are designed to provide drill for both the New Vocabulary and Simplified Characters. Toward the latter end, since the regular characters are adequately reviewed in the original text, only the simplified versions are included in these Exercises. Adequate review of Simplified Characters in the Supplementary Lessons has been assured by adhering to the following minimum schedule of repetition: at least once in the lesson of first occurrence, in the following lesson, after a gap of one lesson, and every sixth lesson thereafter.

The 14 new characters that have been introduced are presented in large size and are provided with their own stroke-order chart. In addition a new stroke-order chart has been provided for the 167 simplified characters used in the Supplementary Lessons.

John DeFrancis

Honolulu, Hawaii
January 1976

PREFACE TO FIRST EDITION

The present work forms part of three closely integrated sets of texts in spoken and written Chinese prepared at Seton Hall University. The relationship among them can be seen from the following outline:

CONVERSATION SERIES

Transcription Version	Character Version
Beginning Chinese	Character Text for Beginning Chinese
Intermediate Chinese	Character Text for Intermediate Chinese
Advanced Chinese	Character Text for Advanced Chinese

READING SERIES

Beginning Chinese Reader
Intermediate Chinese Reader
Advanced Chinese Reader

This character version of Beginning Chinese has been prepared for use by both students and teachers. It can function as the starting point in the study of Chinese, as an introduction to characters after the same material has been mastered in transcription form, or as a supplement to Beginning Chinese Reader. (The latter, now in preparation, is designed specifically as a reader, and hence is based on quite different principles.)

The text contains 494 characters: from nineteen to thirty-three characters per lesson. The new characters occurring in each lesson are presented at the beginning—first in large size, then in smaller size together with brief definitions and the pronunciation of the character when read in isolation. The definitions given are largely limited to the basic meanings, especially as they represent terms in Beginning Chinese. It should be noted that many Chinese characters have acquired a multiplicity of meanings, which vary from one context to another; it is advisable, therefore, to learn the meanings of each character within specific combinations.

In order to facilitate locating equivalent passages in both texts, each subsection or exercise in the present volume is provided with a page reference (in parentheses) to the original passage in Beginning Chinese. The Dialogues are the same line for line in both texts, and the other sections are nearly so.

All pronunciation exercises, since they involve additional characters beyond the 494 and are likely to be of interest only to native teachers, have been taken out of their original location and brought together toward the end of the book.

I am indebted to Mr. Yung Chih-sheng, who wrote the major portion of this volume, for his excellent calligraphy. Thanks are also due to Mrs. Teng Chia-yee for writing the Pronunciation Drills, to Mr. Simon Chang for writing the Index, and to Mrs. Jean Feng for proofreading the whole. I am also indebted to Seton Hall University, particularly to Dr. John B. Tsu, Director of the Institute of Far Eastern Studies, for making this character version possible.

J. DeF.

Madison, Connecticut
April, 1964

1	2	3	4	5
啊	白	都	高	好

6	7	8	9	10
很	見	姐	嗎	們

11	12	13	14	15
呢	你	您	生	他

16	17	18	19	20
太	我	先	小	謝

21	22			
也	再			

LESSON 1

VOCABULARY (p. 3)

1.	啊	a	(question particle)		12.	你	nǐ	you (singular)
2.	白	bái	white; (a surname); uselessly		13.	您	nín	you (polite form)
3.	都	dōu	all, both, entirely		14.	生	shēng	be born; give birth to
4.	高	gāo	tall, high; (a surname)		15.	他	tā	he, him; she, her
5.	好	hǎo	good, well, fine, O.K.		16.	太	tài	great; very
6.	很	hěn	very		17.	我	wǒ	I, me
7.	見	jiàn	see, meet		18.	先	xiān	first, previous(ly)
8.	姐	jiě	older sister		19.	小	xiǎo	small
9.	嗎	ma / me	(question particle)		20.	謝	xiè	thank; (a surname)
10.	們	men	(pluralizing suffix)		21.	也	yě	also, too
11.	呢	ne	(question particle)		22.	再	zài	again

23.	太太	tàitai	married lady; Mrs.
24.	先生	xiānsheng	gentleman, husband; Mr.
25.	小姐	xiáojie	young (unmarried) lady; Miss

5

DIALOGUE (p. 3)

3rd Older generation

白：高先生,您好啊?　　　　5 高：他們都好,謝謝.

高：我很好.你呢?　　　　　　白：再見,高先生.

白：好,謝謝您.高太太、　　　高：再見,再見.
　　高小姐也好嗎?

SENTENCE BUILD-UP (p. 4)

你　　　　　　　　　　　　5. 您好嗎?

好

1. 你好?　　　　　　　　　　　　白

　　　　　　　　　　　　　　　　先生

您　　　　　　　　　　　　　　白先生

2. 您好?　　　　　　　　　6. 白先生,你好嗎?

你

你們　　　　　　　　　　　　　　高

3. 你們好?　　　　　　　　　　　高先生

　　　　　　　　　　　　　7. 高先生,您好嗎?

好啊?

4. 你好啊?　　　　　　　　　　　小姐

　　　　　　　　　　　　　　　　高小姐

好嗎?　　　　　　　　　8. 高小姐,你好嗎?

太 太

高 太 太

9. 高 太 太, 您 好 嗎 ?

謝 謝

10. 謝 謝 你.

我

我 們

11. 我 們 謝 謝 你.

他

他 們

12. 他 們 謝 謝 你.

很

很 好

13. 我 很 好.

也

也 很 好

14. 他 也 很 好.

都

都 高

15. 他 們 都 高 嗎 ?

我 好

你 呢 ?

16. 我 好. 你 呢 ?

再 見

17. 再 見, 高 太 太.

PATTERN DRILLS

Pattern 1.1. 他 很 好. (p.5)

1. 好.   good, fine

2. 很 好   very good

3. 也 好   also good

4. 我 好.   9'm fine

5. 我 很 好   9'm very good

6. 也 很 高   Also very talk

7. 他們都好. *they're all good*   9. 高小姐也好. *miss Gao also good*

8. 他們都很高. *They are all very tall*   10. 白先生, 白太太
                                              都很高. → *both also very tall*

Pattern 1.2. 我謝謝你. (p.6)

1. 我謝謝他.   4. 我也謝謝他.

2. 他謝謝我.   5. 他們都謝謝你.

3. 他謝謝你.

Pattern 1.3. 你也好嗎? (p.6)

1. 你好嗎?   4. 白太太, 白小姐
                                   都好嗎?
2. 他們都高嗎?

3. 白先生也好嗎?   5. 你們都好嗎?

SUBSTITUTION TABLES (p. 7)

I

你	好	----
您		啊
你們	都好 ↗	嗎

II

白	先生	----	好	----
高	太太	你		啊
	小姐	您		嗎

III

白	先生	謝謝	我	----
高	太太		你	們
	小姐		他	

IV

白	先生	也	好	----
高	太太	很	高	嗎
	小姐			

BOY MEETS GIRL (p. 9)

白：高小姐，你好？

高：好．您好嗎？

白：很好．高先生，高太太都好嗎？

高：都好，謝謝您

girl uses this to keep formality

白：再見，再見．

高：再見，白先生．

1	2	3	4	5
吧	不	貴	國	話

6	7	8	9	10
會	就	美	噢	錢

11	12	13	14	15
請	人	是	說	王

16	17	18	19	
問	姓	英	中	

LESSON 2

VOCABULARY (p. 13)

1.	吧	ba	(final particle)	11.	請	qǐng	invite, request, ask; please
2.	不	bù	not; no	12.	人	rén	person, man, people
3.	貴	guì	expensive; your(polite)	13.	是	shì	be, am, is, are
4.	國	guó	country, nation	14.	說	shuō	speak, talk, say
5.	話	huà	speech, language	15.	王	wáng	king; (a surname)
6.	會	huì	able to, can, likely to	16.	問	wèn	inquire, ask
7.	就	jiù	only; definitely, precisely; immediately, then	17.	姓	xìng	have such-and-such a surname, be named
8.	美	měi	beautiful	18.	英	yīng	brave
9.	噢	Oh!	Oh!	19.	中	zhōng	middle
10.	錢	qián	money; (a surname)				

20.	貴姓	guìxìng?	What is your name?
21.	美國	Měiguo	America, United States
22.	請問	qǐng-wèn	May I ask?
23.	英國	Yīngguo	England
24.	中國	Zhōngguo	China

11

DIALOGUE (p. 12)

白：請問先生,您
　　貴姓？

您是英國人嗎？

錢：我姓錢您是

白：不是.我是美國

　　王先生吧？

　　人.請問,您會

5 白：不是.我姓白.

10　説英國話不會？

錢：噢,您是白先生.

錢：我不會.就會説

　　　　　　　　　　　中國話

SENTENCE BUILD-UP (p. 13)

王
王先生
1. 王先生,您好嗎？

不是
4. 他不是王先生.

姓
姓王
2. 我姓王.

中國
人
中國人
5. 他是中國人.

姓白
不姓白
3. 他不姓白嗎？

英國
英國人
6. 我不是英國人.

是

美國

美 國 人
7. 我 們 都 是 美 國 人.

説
他 説
8. 他 説 他 姓 白.

話
中 國 話
9. 他 們 説 中 國 話 嗎 ?

説 中 國 話
説 中 國 話 吧 !
10. 我 們 説 中 國 話 吧 !

會
會 説 中 國 話
11. 我 不 會 説 中 國 話.

英 國 話
會 説 英 國 話
12. 你 會 説 英 國 話 嗎 ?
   nei

就

就 會
13. 我 就 會 説 中 國 話.

錢
錢 先 生
14. 錢 先 生 是 英 國 人 嗎 ?

是
不 是
是 不 是 ?
15. 他 是 不 是 英 國 人 ?

是 英 國 人
不 是
16. 他 是 英 國 人 不 是 ?

會
不 會
會 不 會 ?
17. 你 會 不 會 説 中 國 話 ?

會 説 中 國 話
不 會
18. 你 會 説 中 國 話 不 會 ?

請
請他
19. 請他說英國話.

問 wén
他問我 tā wèn wǒ

20. 他問我:"您是英國
人嗎?"   nín shì yǐng guó
rén má

請問
21. 請問,您是英國人嗎?

貴姓
您貴姓?

22. 請問,您貴姓?

PATTERN DRILLS

Pattern 2.1. 他是英國人. (p.15)

My Name Wáng
1. 我姓王.
Is SHO 為 Miss 錢?
2. 他是錢小姐嗎?
Are they Named Wáng
3. 他們都姓王嗎?
Is English
4. 王太太是英國人.
a.k.a. Name
He is
5. 他也姓錢吧?
Not
He is
6. 他是美國人,不是英
國人.
U.S. people   English

7. 他不姓白嗎?
8. 王先生,王太太
both are   都是英國人.
9. 高太太也是中國
人吧?   also
10. 請問,您是英國人嗎?
you are
may y ask

Pattern 2.2. 他會說英國話. (p.16)

1. 他會說中國話嗎?
2. 他們不會說英國話.

3. 錢先生就會說中國
話.

4. 我會說英國話,不會
   說中國話.

5. 他們都會說中國話.

Pattern 2.3. 他是不是英國人? (p.17)

1. 他好不好？ *How is he?*

2. 你是不是錢太太？ *are you mrs Money*

3. 你會不會說中國話？ *Can you speak Chinese*

4. 王小姐是不是美國人？ *Is miss Wang American?*

5. 他們會不會說英國話？ *Can they speak English*

Pattern 2.4. 你是英國人不是? (p.17)

1. 他是白先生不是？ *Is he mr. White*

2. 他們會說中國話不會？ *Can they speak Chinese*

3. 他們是英國人不是？ *are they English?*

4. 高太太會說英國話不會？ *Can mrs Gao speak English*

5. 王小姐是美國人不是？ *Is mr miss Wang American?*

SUBSTITUTION TABLES (p.17)

I

我	----	姓	白	----
你	不		高	嗎?
他			王	

II

我	----	----	是	美	國	人
你	們	不		英	國	
他				中	國	

III

我	----	是不是	美	國	人？
你	們		英	國	
他			中	國	

IV

我	----	是	美	國	人	不是？
你	們		英	國		
他			中	國		

V

我	----	會	說	英	國	話	不會？
你	們			中	國		
他							

SNATCHES OF CONVERSATION (p. 19)

1. 先生貴姓？   噢！我也姓王。
   我姓王。

2. 他是英國人不是？
   不是，他是美國人．

3. 高先生，再見．
   再見，再見．

4. 請問小姐，您貴姓？
   我姓高．您呢？

5. 你們好嗎？
   我們都好，謝謝．

6. 你好？
   好．
   太太也好嗎？
   也好，謝謝你．

7. 你會說中國話不會？
   不會，就會說英國話．

8. 他不姓白嗎？
   他不姓白，他姓王．

9. 我問他："你是美國
   人嗎？"
   他說："不是，我是英
   國人．"

10. 你是高太太嗎？
    不是，我姓錢．

11. 你會說中國話嗎？
    我不會，王先生會．

12. 你是王小姐吧？
    不是，我是王太太．

13. 請他說英國話．
    他說他不會．

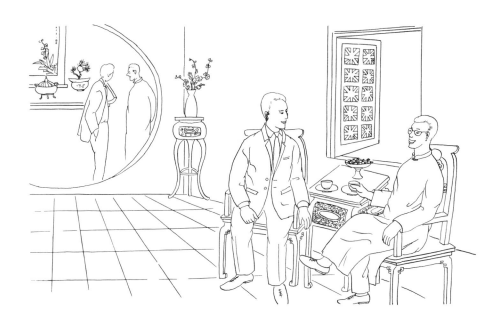

1	2	3	4	5
本	筆	多	二	共

6	7	8	9	10
還	幾	塊	兩	買

11	12	13	14	15
賣	毛	麼	那	三

16	17	18	19	20
少	甚	書	四	外

21	22	23	24	25
五	要	一	這	枝

VOCABULARY (p. 23)

1.	本	běn	volume, copy; source, origin			me	(particle indicating obviousness)
2.	筆	bǐ	pen, pencil	14.	那	nà, nèi	that (thing)
						nǎ, něi	which (thing)?*
3.	多	duō	many, much	15.	三	sān	three
4.	二	èr	two	16.	少	shǎo	few, little
5.	共	gòng	together	17.	甚	shén	what?
6.	還	hái	in addition, still, more	18.	書	shū	book
7.	幾	jǐ	how many?	19.	四	sì	four
8.	塊	kuài	lump; dollar	20.	外	wài	outside
9.	兩	liǎng	two, a couple	21.	五	wǔ	five
10.	買	mǎi	buy	22.	要	yào	want; order; will; if
11.	賣	mài	sell; sell for	23.	一	yī	one
12.	毛	máo	hair; (a surname)	24.	這	zhè, zhèi	this
13.	麼	mo	(question particle)	25.	枝	zhī	(measure for long objects)

26.	多少	duōshao	how many? how much?	*See Note p. 27
27.	毛筆	máobǐ	Chinese writing brush	
28.	甚麼	shénmo shénme	what?	
29.	外國	wàiguo	foreign country	
30.	一共	yígòng	altogether, in all	

DIALOGUE (p. 22)

毛：先生，您買
甚麼？

白：我要買書．那本
書多少錢？

5 毛：那本？

白：那本中國書．

毛：這本書是兩
塊二毛錢．

白：好，我買兩本．

10 毛：您還要買
甚麼呢？

白：你們賣筆不賣？

毛：賣．我們賣中
國筆，也賣外國

15 筆．

白：一枝毛筆多少
錢？

毛：一枝兩毛錢．您
要買幾枝？

20 白：三四枝不．我買
五枝．

毛：五枝一塊錢．

白：一共多少錢？

毛：兩本書，四塊
25 四毛錢．五枝毛筆，
一塊錢．一共五
塊四．

SENTENCE BUILD-UP (p. 24)

這
甚麼？
1. 這是甚麼？

這
書
2. 這是書．

那
　　是甚麼？
3. 那是甚麼？

筆
　中國筆
4. 那是中國筆.

那
　那也是
5. 那也是中國筆.

毛
　毛筆
6. 這是毛筆.

錢
　錢太太
7. 錢太太好嗎？

毛
　毛先生
8. 毛先生, 您好嗎？

　毛筆

是毛筆
9. 這是毛筆不是？

要
　要甚麼？
10. 他要甚麼？

本
　這本書
11. 我要這本書.

枝
　這枝筆
12. 我要這枝筆.

那本書
13. 他要那本書.

一
　毛
　一毛錢
14. 這枝筆一毛錢.

兩
　兩毛錢

15. 那枝筆也是兩毛錢.

    三
    三毛錢
16. 他要三毛錢.

    四
    四毛錢
17. 這枝毛筆四毛錢.

    五
    五毛錢
18. 這本書也是五毛錢
    嗎?

    塊
    一塊錢
19. 這是一塊錢.

    兩
    兩塊錢
20. 那本書也是兩塊錢.

    五本書
21. 他也要五本書.

    幾
    幾本書?
22. 你要幾本書?

    五塊錢
    二毛錢
23. 這枝筆五塊二毛錢.

    五塊二
24. 那枝筆也是五塊二.

    那?
    那枝筆?
25. 你要那枝筆?

    兩枝筆
    那兩枝筆?
26. 他要那兩枝筆?

    多少?
    多少錢?
27. 這本書多少錢?

    一共
    一共多少錢?

28. 書,筆一共多少錢？

　　　還
　　　還要
29. 他還要甚麼？

　　　買
　　　買書
30. 你要買書嗎？

　　　賣
　　　賣書
31. 他們賣書嗎？

　　　外國

　　　　　　外國人
32. 他是外國人嗎？

　　　　　　外國話
　　　　説外國話
33. 我不會説外國話.

　　　　　　四本書
　　　　　　五本書
34. 他要買四五本書.

　　　　　　這本書
　　　　　　這本
35. 這本也很好.

PATTERN DRILLS

Pattern 3.1. 一本書 (p. 27)

1. 兩枝筆
2. 兩毛錢
3. 三塊錢
4. 五本書
5. 幾枝筆？

6. 幾本書？
7. 兩枝毛筆
8. 四塊二毛錢
9. 這是三塊錢.
10. 我要五枝筆.

11. 他要四塊三毛錢.　　　　14. 你要幾本書？

12. 一枝毛筆兩毛錢.　　　　15. 筆一塊二,書兩塊二.

13. 他們要三本書.

Pattern 3.2. 這 本 書 (p. 28)

1. 那枝毛筆　　　　　　　6. 這枝筆好不好？

2. 那枝筆　　　　　　　　7. 這枝筆幾塊錢？

3. 這本書　　　　　　　　8. 那枝筆也是三塊錢.

4. 那本書　　　　　　　　9. 這枝毛筆不很好.

5. 他要這本書嗎？　　　　10. 你要這本書嗎？

Pattern 3.3. 這 三 本 書 (p. 28)

1. 那兩塊錢　　　　　　　7. 這四枝筆一共多少

2. 那三枝筆？　　　　　　　　錢？

3. 這五毛錢.　　　　　　　8. 那三枝毛筆都很好.

4. 那四本書？　　　　　　9. 這三本書一共五

5. 這兩枝毛筆　　　　　　　　塊錢.

6. 你要那兩本書？　　　　10. 王太太說他要這兩

　　　　　　　　　　　　　　枝毛筆.

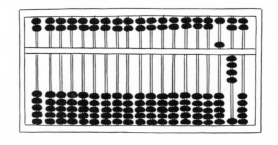

SUBSTITUTION TABLES (p. 29)

I

這	是	甚	麼 ？
這		書	
那		筆	
那		毛	筆
		錢	

II

我	----	要	甚	麼 ？
你	們		書	
他			筆	
			毛	筆
			錢	

III

這	枝	筆	
這	本	書	
那	枝	毛	筆
那			

IV

一	塊	一	----
兩		二	毛
三		三	毛 錢
四		四	
五		五	

V

這	是	一	本	書
我	要	兩	枝	筆 錢
他	要	三	塊	錢
		四	毛	
		五		
		幾		

VI

這	----	本	書
那	一	枝	筆 錢
那	兩	毛	錢
	三	塊	
	四		
	五		

QUESTIONS AND ANSWERS (p. 30)

1. 這本中國書多少
   錢?
   那本書五塊四.

2. 這是甚麼?
   那是毛筆.

3. 你們賣書不賣?
   我們就賣中國書不
      賣外國書.

4. 王太太會說外國話
      嗎?
   他不會.

5. 他要多少錢?
   他要三塊錢.

6. 你要買幾枝筆?
   請問,多少錢一枝?

7. 這一共多少錢?
   一共三塊一.

8. 這是美國筆不是?
   不是,是英國筆.

9. 這枝筆多少錢?
   四塊錢,這枝筆很好.

10. 太太要買甚麼?
    他要買書.

11. 這枝筆五塊錢,你買
       一枝嗎?
    謝謝,我不買.

TRUE OR FALSE (p. 31)

1. 一本書三塊錢,一枝毛筆兩毛錢,一共五塊錢.

2. 我要買兩枝中國筆、一枝外國筆,我一共買三枝
   筆.

3. 白先生說他要買三本中國書.

4. 毛先生說他們買外國筆.

5. 白先生説他要買書,不要買筆.

6. 我買一本書.你買兩本書.我們一共買四本書.

7. 白先生姓王.

NOTE

In question words involving nǎ, něi 'which (thing)?' this syllable is traditionally written as 那 . To distinguish nǎ, něi from nà, nèi, the first pair is sometimes written with an added mouth radical, i.e. as 哪 . The latter is used with increasingly greater consistency in the People's Republic of China. In this and the following lessons we shall continue to use 那 for nǎ, něi, but in the Supplementary Lessons, which emphasize PRC usages, we shall use 哪 to represent the question words. To provide further practice we shall also use 哪 in the Memorization Exercises.

1	2	3	4	5
八	地	典	分	鋼
6	7	8	9	10
個	黑	紅	九	藍
11	12	13	14	15
六	沒	墨	七	鉛
16	17	18	19	20
色	十	水	圖	文
21	22	23	24	25
顏	有	張	紙	子
26	27	28	29	30
字				

LESSON 4

VOCABULARY (p. 37)

1.	八	bā	eight		14.	七	qī	seven
2.	地	dì / de	earth, soil, land (adverbial suffix)*		15.	鉛	qiān	lead
3.	典	diǎn	records, book		16.	色	sè	color
4.	分	fēn	part; cent		17.	十	shí	ten
5.	鋼	gāng	steel		18.	水	shuǐ	water
6.	個	gè, ge	each		19.	圖	tú	chart
7.	黑	hēi	black		20.	文	wén	language, literature
8.	紅	hóng	red		21.	顏	yán	color; (a surname)
9.	九	jiǔ	nine		22.	有	yǒu	have
10.	藍	lán	blue; (a surname)		23.	張	zhāng	(measure for flat objects); (a surname)
11.	六	liù	six		24.	紙	zhǐ	paper
12.	沒	méi	not		25.	子	zǐ; zi	son; (noun suffix)
13.	墨	mò	ink		26.	字	zì	character

27.	本子	běnzi	notebook		30.	墨水	mòshuǐ	ink
28.	地圖	dìtú	map		31.	鉛筆	qiānbǐ	pencil
29.	鋼筆	gāngbǐ	pen		32.	顏色	yánse	color

*See Note p. 97.

33. 英文   Yīngwén   English language and literature

34. 中文   Zhōngwén   Chinese language and literature

35. 字典   zìdiǎn   dictionary

DIALOGUE (p. 35)

毛：先生，您買甚麼？
白：我買一個本子這個
    本子多少錢一本？
毛：那個本子六毛五
5   分錢一本．
白：我買一本．
毛：好，您還買甚麼？
白：有墨水嗎？
毛：您買甚麼顏色
10 墨水？
白：有紅墨水嗎？
毛：沒有，有黑墨水、
    藍墨水．
白：有鉛筆沒有？
15 毛：鉛筆，鋼筆，毛筆我
    們都有．

白：鉛筆多少錢一枝？
毛：九分錢一枝．
白：我買六枝鉛筆．
20 毛：六枝鉛筆：六九
    五毛四．
白：鋼筆多少錢一枝？
毛：您買那枝？
白：這枝．
25 毛：這枝兩塊八毛
    六．您買毛筆嗎？
白：不買，我有．你們
    有地圖嗎？
毛：有．中國地圖、
30 美國地圖我們都
    有．您買那國
    地圖？
白：我買中國地圖．

毛：這個地圖很好你
35 買一張吧.
白：多少錢一張？
毛：兩塊九毛七一
張.
白：噢,我還要買.我
40 還買五十張紙
多少錢？ -
毛：四毛九分錢.
白：有字典嗎？
毛：有.
45 白：我要一本中文
字典多少錢？
毛：一塊八毛錢.
白：一本英文字典
多少錢？
50 毛：兩塊九毛錢.

白：中英字典呢？
毛：中英字典四塊
七毛錢.
白：一共多少錢？
55 毛：本子六毛五,鉛筆
五毛四,鋼筆兩
塊八毛六,地圖
兩塊九毛七,紙
四毛九,中文
60 字典一塊八,英
文字典兩塊九,
中英字典四塊
七----一共十六塊
九毛一分錢.
65 白：好.
毛：謝謝您,再見.
白：再見,再見.

SENTENCE BUILD-UP (p. 38)

有
有書
1. 你有書嗎？

没有
没有筆
2. 我也没有筆

鉛筆
3. 你有幾枝鉛筆？

鋼筆
4. 這枝鋼筆一塊錢.

兩個
那兩個人
5. 那兩個人都是外國
人.

本子
三個本子
6. 我有三個本子.

文
中文
7. 他們就賣中文書.

英文
英文書
8. 這本英文書多少錢？

字典
中文字典

9. 你們賣中文字典不
賣？

中英
中英字典
10. 這本中英字典多少
錢？

地圖
中國地圖
11. 這是中國地圖.

張
三張地圖
12. 三張地圖一塊五.

張先生
13. 張先生,您好啊？

紙
一張紙
14. 我就有一張紙.

墨水
15. 這個墨水很好.

黑

黑墨水

16. 我沒有黑墨水.

紅

紅墨水

17. 你有紅墨水沒有?

藍

藍墨水

18. 我們也有藍墨水.

顏色

甚麼顏色?

19. 這個墨水是甚麼顏色?

分

五分錢

20. 一枝鉛筆五分錢.

六

六本書

21. 我有六本中文書.

七

七枝筆

22. 七枝筆三毛錢.

八

八塊錢

23. 我有七八塊錢.

九

三毛九

24. 四張三毛九.

十

十一

25. 他就有十一塊錢.

二十

二十一

26. 書一共二十一塊錢.

那國?

那國人?

27. 張太太是那國人?

SUBSTITUTION TABLES (p. 40)

I				
一	張	紙		
兩	張	地圖		
三	個	本子		
四	個	人		
這	個	中國人		
那	枝	鋼筆		
那	枝	鉛筆		
幾	枝	毛筆		

II		
---- 十	一	
二	二	
三	三	
四	四	
五	五	
六	六	
七	七	
八	八	
九	九	

III			
一	塊	六 毛	一
兩		七	二
三		八	三
四		九	
五			

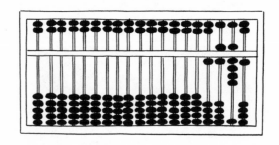

NUMBER PRACTICE (p. 41)

一	十 一	二 十	二 十 一
二	十 二	三 十	二 十 二
三	十 三	四 十	二 十 九
四	十 四	五 十	三 十 一
五	十 五	六 十	四 十 四
六	十 六	七 十	五 十 六
七	十 七	八 十	六 十 五
八	十 八	九 十	七 十 八
九	十 九		八 十 四
十			九 十 九

MULTIPLICATION TABLE (p. 42)

一 一 得* 一	二 一 得 二	三 一 得 三
一 二 得 二	二 二 得 四	三 二 得 六
一 三 得 三	二 三 得 六	三 三 得 九
一 四 得 四	二 四 得 八	三 四 十 二
一 五 得 五	二 五 一 十	三 五 十 五
一 六 得 六	二 六 十 二	三 六 十 八
一 七 得 七	二 七 十 四	三 七 二 十 一
一 八 得 八	二 八 十 六	三 八 二 十 四
一 九 得 九	二 九 十 八	三 九 二 十 七

*Dé 'get.' See Beginning Chinese, p.45, Note 6.

NUMBERS AND MEASURES (p. 42)

A

1. 你有幾毛錢？
2. 他有幾枝筆？
3. 你買幾張地圖？
4. 你們一共有幾塊錢？
5. 您有幾本書？
6. 他們要買幾張地圖？

7. 他有幾分錢？
8. 他們一共是幾個人？
9. 白先生要幾枝鉛筆？
10. 王先生、王太太一共
    有幾個本子？

B

1. 你有書嗎？
2. 他要地圖嗎？
3. 你們賣筆嗎？
4. 你有紙嗎？
5. 他們要買本子嗎？

6. 您有鋼筆嗎？
7. 你們有錢嗎？
8. 王先生買字典嗎？
9. 毛小姐有毛筆嗎？
10. 他們要錢嗎？

A CHARGE ACCOUNT (p. 43)

中英字典,兩本	八塊	七毛	六分	錢
本子,四本	一塊	六毛		錢
中國地圖,一張		九毛	九分	錢
毛筆,三枝	一塊	二毛		錢
鉛筆,十二枝		八毛	四分	錢
鋼筆,一枝	兩塊	六毛	八分	錢
紙,七十五張		七毛	五分	錢

INFORMATION PLEASE (p. 43)

1. 你是那國人？

2. 你是美國人嗎？

3. 你有沒有本子？

4. 你有多少錢？

5. 你姓王嗎？

6. 你有中國地圖沒有？

7. 你要不要買一本中

英字典？

8. 你有藍墨水嗎？

9. 你會説中文不會？

10. 你貴姓？

11. 你有幾個本子？

12. 你是白先生嗎？

1	2	3	4	5
吃	的	點	兒	飯

6	7	8	9	10
夫	工	候	家	今

11	12	13	14	15
久	可	朋	上	誰

16	17	18	19	20
時	天	喂	晚	位

21	22	23	24	25
現	想	以	友	在

26	27			
找	鐘			

LESSON 5

VOCABULARY (p. 47)

1.	吃	chī	eat	15.	誰	shéi	who?
2.	的	de	(subordinating particle)	16.	時	shí	time
3.	點	diǎn	dot; hour	17.	天	tiān	day
4.	兒	ér	son; (r suffix)	18.	喂	Wai!	Hello!
5.	飯	fàn	rice, food	19.	晚	wǎn	late
6.	夫	fū	man; (no individual meaning in gōngfu)	20.	位	wèi	(polite measure for persons)
7.	工	gōng	work	21.	現	xiàn	present
8.	候	hòu	time	22.	想	xiǎng	think (of), plan to
9.	家	jiā	home, house	23.	以	yǐ	take, with
10.	今	jīn	today	24.	友	yǒu	friend
11.	久	jiǔ	long time	25.	在	zài	at
12.	可	kě	may, can; but	26.	找	zhǎo	seek, look for, visit
13.	朋	péng	friend	27.	鐘	zhōng	clock
14.	上	shàng	on; ascend				

28.	工夫	gōngfu	(leisure) time
29.	好久不見	hǎo-jiǔ-bú-jiàn	Haven't seen you for a long time

30.	今天	jīntian	today	34.	時候	shíhou	time
31.	可以	kéyi	may, can	35.	晚上	wǎnshang	evening
32.	那兒	nǎr?	where?	36.	現在	xiànzài	now
33.	朋友	péngyou	friend			

DIALOGUE (p. 46)

高：喂！喂！你那兒？
是白先生家嗎？
白：是.您找那位説
話？
5 高：請白先生説
話.
白：我就是.請問,您
是誰？
高：我姓高.
10 白：噢,高先生,好久
不見.您好嗎？
高：很好.你好嗎？
白：我很好.高太太、
高小姐都好嗎？
15 高：都好,謝謝你.今
天晚上你有工

夫嗎？我想請你
吃飯.
白：好.謝謝您.幾點
20 鐘？
高：七點鐘可以嗎？
白：請問,現在是
甚麼時候？
高：現在四點鐘.
25 白：可以.
高：我還請一位英
國朋友.也是我
很好的朋友.
白：好,好.
30 高：七點鐘見.
白：七點鐘見.

SENTENCE BUILD-UP (p. 48)

吃
吃甚麼？
1. 你吃甚麼？

飯
中國飯
2. 我要吃中國飯.

工夫
有工夫
3. 您有工夫沒有？

今天
4. 我今天沒有工夫.

晚上
今天晚上
5. 你們今天晚上有工夫嗎？

時候
甚麼時候？
6. 我們甚麼時候吃飯？

鐘
有鐘
7. 你們有鐘嗎？

一點鐘
8. 我們一點鐘吃飯.

幾點鐘？
9. 我們幾點鐘吃飯？

晚上幾點鐘？
10. 我們晚上幾點鐘吃飯？

現在
11. 現在幾點鐘？

誰？
12. 他是誰？

我的
我的書
13. 這是我的書.

你的
14. 這本書是你的.

朋友
我們的朋友
15. 他們是我們的朋友.

找
找甚麼?
16. 你找甚麼?

位
那位太太
17. 那位太太是誰?

想
想買書
18. 你想買幾本書?

家
錢家
19. 那是錢家嗎?

好朋友
我的好朋友

20. 他是我的好朋友.

很好的朋友
我很好的朋友
21. 他也是我很好的朋友.

你的
好的
22. 好的是你的.

三塊錢
三塊錢的筆
23. 三塊錢的筆也很好.

一塊錢的
不很好
24. 一塊錢的不很好.

藍的
白先生的
25. 藍的是白先生的.

黑的

誰 的 ?

26. 黑 的 是 誰 的 ?

可 以
可 以 説 話

27. 我 們 可 以 説 話 嗎 ?

喂
你 那 兒 ?

28. 喂, 你 那 兒 ?

就
就 是

29. 他 就 是 錢 太 太

見

30. 今 天 晚 上 見 !

好 久
不 見

31. 好 久 不 見

那 位 小 姐 ?
張 小 姐

32. 那 位 小 姐 是 張 小 姐 ?

PATTERN DRILLS

Pattern 5.1. 王 先 生 的 書 (p.50)

1. 他 們 的 書
2. 我 的 本 子
3. 我 們 的 毛 筆
4. 你 的 紙
5. 誰 的 家 ?
6. 三 塊 錢 的 筆
7. 王 先 生 的 中 國 朋 友
8. 那 個 小 姐 的 字 典
9. 這 是 誰 的 書 ?
10. 五 毛 錢 的 筆 不 很 好
11. 他 的 本 子 是 八 毛 錢
12. 他 的 英 國 朋 友 姓 王
13. 這 是 他 的 錢, 不 是 你 的

14. 我 的 也 很 好.   15. 這 是 你 的 不 是 ?

Pattern 5.2. 很 好 的 書 (p.51)

1. 不 好 的 字 典
2. 很 高 的 先 生
3. 很 白 的 紙
4. 不 很 好 的 筆
5. 很 不 好 的 筆
6. 這 是 很 好 的 字 典.

7. 好 的 是 我 的, 不 好 的 也 是 我 的.
8. 他 們 都 是 很 高 的 人.
9. 白 的 是 一 塊 錢, 藍 的 是 兩 塊 錢.
10. 他 們 的 都 是 很 好 的 筆.

SUBSTITUTION TABLES (p.52)

I		
--------	幾	點 鐘
晚上	六	
	七	
	八	
	九	
	十	
	十 一	
	十 二	

II			
王	先 生	的	----
白	太 太		書
錢	小 姐		朋 友
高			字 典

III			
不	好	的	----
很	高		人
			先 生

CLOCK TIME (p. 53)

1. 現在幾點鐘?
   現在一點鐘.

   十點呢?
   十點鐘也好.

2. 我們幾點鐘吃飯?
   我們六七點鐘吃飯.

5. 現在是甚麼時候?
   現在是一點鐘.

3. 今天晚上八點鐘好
   嗎?
   八點鐘很好.

6. 我們七點鐘吃飯好
   不好?
   吃甚麼飯?
   我們吃外國飯吧.

4. 九點鐘好嗎?
   九點鐘很好.

PIDGIN CHINESE (p. 53)

你那兒?
您找誰說話?
請王太太說話.
我就是.
我姓高.

好久不見.
你有工夫嗎?
那個人很高.
你有筆沒有?

LISTENING IN (p. 54)

王: 喂,喂,你那兒?是
   錢家嗎?

錢: 是,您找誰說話?
王: 我請錢太太說話.

錢：我就是．

王：噢，您就是錢太太．
　　我----

錢：請問，您是那位？

王：我姓王．

錢：噢，王太太，您好嗎？
　　王先生也好嗎？

王：我們都好．您呢？

錢：好

王：錢先生好嗎？

錢：好，謝謝您．

王：你們今天晚上有
工夫没有？我們
想請你們吃飯．

錢：謝謝您．甚麼時候？

王：七八點鐘可以嗎？

錢：八點鐘可以．

王：我們還請兩位美
國朋友．也是我們
的好朋友．

錢：很好．

王：八點鐘見．

錢：八點鐘見．

BRAIN-TWISTER (p. 55)

我有兩枝外國筆．一枝是美國筆．一枝是英國筆．
英國筆是黑的，美國筆是紅的，黑的是八塊錢的筆，
紅的是八毛錢的．八塊錢的筆不好，八毛錢的好．你
說，不好的是那國筆？

LESSON 6

ANALOGY DRILL (p. 58)

他有書嗎？　　你沒有書嗎？
他有書.　　　我沒有書.
你呢？　　　筆呢？
我也有書　　我也沒有筆.

1. 他會説中國話嗎？
　　---- 你呢？-----

2. 他有鋼筆嗎？-----你
　　呢？-----

3. 你買本子嗎？----- 他
　　呢？-----

4. 你買墨水嗎？----- 他
　　呢？-----

5. 你買地圖嗎？----- 他
　　呢？-----

6. 那個先生姓王嗎？
　　---- 小姐呢？-----

7. 你有錢嗎？----- 他呢？
　　----

8. 他是美國人嗎？-----
　　你呢？-----

9. 他有字典嗎？----- 你
　　呢？------

10. 你有中國朋友嗎？
　　----他呢？-----

11. 你好嗎？----- 王先生
　　呢？-----

12. 你吃中國飯嗎？-----
　　他呢？-----

13. 你有藍墨水嗎？-----
　　他呢？-----

14. 他是中國人嗎？-----
　　你呢？-----

47

15. 他請王先生吃飯嗎？
    ----王太太呢？-----

16. 你有毛筆嗎？-----他
    呢？-----

17. 你要紙嗎？----- 地圖
    呢？-----

18. 你有紙嗎？----- 他呢？
    ----

19. 他的鋼筆是三塊錢
    嗎？-----你的呢？-----

20. 你買紅顏色墨水嗎？
    ----他呢？-----

21. 你有美國地圖嗎？
    ----他呢？-----

22. 他要中國地圖嗎？
    ----你呢？-----

23. 你有英國筆嗎？-----
    他呢？-----

24. 今天你有工夫嗎？
    ----他呢？-----

25. 他有中國紙嗎？-----
    你呢？-----

26. 那位小姐買書嗎？

---- 你呢？-----

27. 那位先生姓高嗎？
    ----你呢？-----

28. 他有朋友嗎？-----你
    呢？-----

29. 他說英國話嗎？-----
    您呢？-----

30. 他買鉛筆嗎？-----你
    呢？-----

31. 你找高先生嗎？-----
    他呢？-----

32. 他找王太太嗎？-----
    你呢？-----

33. 你有太太嗎？-----他
    呢？-----

34. 你有書嗎？-----筆呢？
    ----

35. 你有墨水嗎？-----紙
    呢？-----

36. 他有鋼筆嗎？-----毛
    筆呢？-----

37. 他有工夫嗎？-----你
    呢？-----

38. 他有本子嗎？----- 字
    典呢？-----

39. 他有錢嗎？----- 你呢？
    ----

40. 他是中國人嗎？-----
    你呢？-----

41. 你買地圖嗎？-----他
    呢？-----

42. 他們吃中國飯嗎？
    ---- 你呢？-----

43. 他是外國人嗎？-----
    你呢？-----

44. 他有英國朋友嗎？
    ----你呢？-----

45. 你是美國人嗎？-----
    他呢？-----

46. 你有本子嗎？----- 他
    呢？-----

47. 你有錢嗎？----- 他呢？
    ----

48. 王太太好嗎？----- 王
    小姐呢？-----

49. 你沒有錢嗎？----- 他

呢？-----

50. 你沒有中國朋友嗎？
    ----他呢？-----

51. 他沒有字典嗎？-----
    你呢？-----

52. 他沒有太太嗎？-----
    你呢？-----

53. 他們買書嗎？----- 地
    圖呢？-----

54. 王小姐沒有紙嗎？
    ----鉛筆呢？-----

55. 你沒有英國地圖嗎？
    ----他呢？-----

56. 他會說英國話嗎？
    ---- 中國話呢？-----

57. 你會說英國話嗎？
    ----他呢？-----

58. 你想吃中國飯嗎？
    ---- 他呢？-----

59. 你找王先生嗎？-----
    王太太呢？-----

60. 你今天買書嗎？-----
    他呢？-----

SINGLE REPLACEMENT DRILL (p. 60)

他是美國人. 他是美國人 英國 他是英國人.

1. 他有五塊錢.-------我
2. 你有毛筆嗎?------他
3. 他們有本子嗎?-----
   你們
4. 你有一本字典.----他
5. 我有鋼筆.-------鉛筆
6. 他有墨水.-----------要
7. 我有三個中國朋友.
   ----四個
8. 他會說中國話.--------
   英國
9. 我買書.-----------字典
10. 我要鉛筆.-------鋼筆
11. 他有紙.--------------筆

12. 我要地圖.--------字典
13. 你是英國人嗎?-----
    美國
14. 我沒有中國朋友.----
    外國
15. 他們都是美國人.----
    英國
16. 這是紅顏色.-------藍
17. 我會說中國話.--------
    英國
18. 這個是你的.----那個
19. 好的是他的.----我的
20. 那個是他的? --------
    那個

DOUBLE REPLACEMENT DRILL (p. 61)

我有三本書. 我有三本書 紙 我有三張紙.

1. 我也不要.-----------有
2. 我有一本書.-------紙

3. 我要一個本子.----筆

4. 我有一張紙.--------書

5. 王先生有五塊錢.----書

6. 王小姐有一枝毛筆.----本子

7. 高太太買一本書.----本子

8. 高小姐買六枝鉛筆.----書

9. 白先生買一張地圖

----字典

10. 高先生買五本書.----毛筆

11. 高小姐買一本字典.----筆

12. 王先生就有一本書.----錢

13. 他們一共有七十張紙.----------------------書

14. 他就要三毛錢.----筆

15. 我沒有錢.----------要

INSERTION DRILL (p. 61)

他有錢.   他有錢.   多少   他有多少錢?

1. 他是中國人.--------也

2. 我今天不吃飯.--------晚上

3. 他說英國話.--------會

4. 你是王先生嗎?-----就

5. 你吃甚麼飯?----- 想

6. 這枝很好.--------毛筆

7. 他要錢.----------------還

8. 現在甚麼時候?--是

9. 這是書.------------我的

10. 他們會說中國話.----都

11. 你謝謝他嗎?----- 不

12. 藍的也好.--------墨水

13. 這是白先生.--------家

14. 三塊錢的也很好----筆

15. 紙筆一共多少錢?----書

16. 這本多少錢?--------字典

17. 我有八九十塊錢----就

18. 我就有七本書----六

19. 墨水多少錢?-----紅

20. 我要買地圖--------還

21. 我有兩個朋友----好

22. 他說中國話--------會

23. 他們不買字典----也

24. 您買甚麼?--------要

25. 他也是好朋友--------我的

RAISE YOU ONE (p.62)

1. 我有九十塊錢您呢?

2. 我晚上八點鐘吃飯您呢?

3. 我有兩本書您呢?

4. 我有六塊錢的紙您呢?

5. 我的書是四塊錢你的呢?

6. 我要買五十五張紙您呢?

7. 我有三個外國朋友您呢?

8. 我的筆是五分錢你的呢?

9. 我就有一張地圖您呢?

10. 我朋友有兩枝筆你呢?

11. 我請八個朋友吃飯您呢?

12. 我有九十八塊錢您呢?

ANSWERING QUESTIONS (p. 63)

1. 王先生是中國人錢先生是外國人中國人姓甚麼?

2. 白小姐會説英國話白太太會説中國話誰會説中國話?

3. 高先生是中國人毛先生是英國人誰是外國人?

4. 高小姐有六張紙高太太有四枝筆誰有紙?

5. 王先生説中國話白先生説英國話誰説中國話?

6. 白先生買書高先生不買書誰買書?

7. 王小姐有美國地圖高小姐有中國地圖誰有美國地圖?

8. 三個中國人一個英國人幾個外國人?

9. 白小姐有美國筆毛小姐有英國筆白小姐有那國筆?

10. 王先生有紅墨水白先生有藍墨水藍墨水是誰的?

11. 毛先生有書白先生有筆毛先生有甚麼?

12. 王太太有紙白太太有書誰有紙?

13. 高小姐有字典王小姐没有字典誰有字典?

14. 高太太有六塊錢高小姐有六十塊錢高太太有多少錢?

15. 白先生有鋼筆毛先生有鉛筆誰有鋼筆?

16. 一個中國人兩個美國人一共幾個人?

17. 白先生吃美國飯高先生吃中國飯誰吃美國飯?

18. 這個英國人姓毛.這個美國人姓白.這個英國人姓甚麼?

19. 那位小姐姓高.那位太太姓王.那位小姐姓甚麼?

20. 他有毛筆.我有鋼筆.毛筆是誰的?

21. 高太太買地圖.高小姐買紙.高太太買甚麼?

22. 王先生買四本書.白先生買兩本書.白先生買幾本書?

23. 我有中文書.他有英文書.誰有中文書?

24. 王先生有本子.錢先生有字典.誰有字典?

25. 白小姐有字典.王小姐有地圖.白小姐有甚麼?

QUESTIONING ANSWERS (p. 64)

他是美國人.

他是美國人嗎?　　　他是美國人不是?

他是不是美國人?　　他是那國人?

1. 不是,我是美國人.

2. 我姓白.您呢?

3. 我不會.就會說英國話.

4. 現在是八點鐘.

5. 我今天晚上沒有工夫.

6. 我們不賣外國書.就賣中國書.

7. 書筆一共三塊錢.

8. 他們都好.謝謝你.

9. 不都是英國人.一位是美國人.一位是英國人.

10. 我沒有錢.

DIALOGUE I (p. 65)

M: 請問,您貴姓?

W: 我姓王,您呢?

M: 我姓毛.

W: 您會說中國話嗎?

M: 我會說中國話.

W: 您是美國人嗎?

M: 是,我是美國人.

W: 請問您,現在是甚
麼時候? 我想找
一個朋友.

M: 現在三點鐘.

W: 謝謝您.

DIALOGUE II (p. 65)

A: 請問您,那個人是
美國人嗎?

B: 那個人?

A: 那個人.

B: 噢,那個人,他不是
美國人,他是英國

人.

A: 他姓甚麼?

B: 他姓白.

A: 噢! 他不姓王啊?

B: 他不姓王,他姓白.

NARRATIVE (p. 66)

今天我買書,王先生也買書,他還買鉛筆、毛筆、紙、
本子,我買一本字典,一本英文書,一張地圖,一枝鋼
筆,一共四塊九毛錢,那個時候是六點鐘,我請王先
生吃飯.

1 北	2 邊	3 城	4 大	5 道
6 東	7 房	8 公	9 後	10 湖
11 間	12 裏	13 路	14 南	15 前
16 山	17 所	18 條	19 頭	20 西
21 下	22 右	23 園	24 知	25 左

LESSON 7

1.	北	běi	north		14.	南	nán	south
2.	邊	biān	side		15.	前	qián	front
3.	城	chéng	wall; city		16.	山	shān	hill, mountain
4.	大	dà	big		17.	所	suǒ	(measure for build-ings)
5.	道	dào	road; say		18.	條	tiáo	(measure for roads)
6.	東	dōng	east		19.	頭	tóu	head; (substantive suffix)
7.	房	fáng	house		20.	西	xī	west
8.	公	gōng	public		21.	下	xià	bottom, below; descend
9.	後	hòu	rear		22.	右	yòu	right
10.	湖	hú	lake		23.	園	yuán	yard
11.	間	jiān	interval		24.	知	zhī	know
12.	裏	lǐ	inside		25.	左	zuǒ	left
13.	路	lù	road					

26.	東北	Dōngběi	Manchuria		30.	湖南	Húnán	Hunan
27.	房子	fángzi	house		31.	那兒	nèr	there
28.	公園	gōngyuán	park		32.	山東	Shāndong	Shantung
29.	湖北	Húběi	Hupeh		33.	山西	Shānxi	Shansi

34. 這兒 zhèr　　here
35. 知道 zhīdao　know (that)
36. 中間兒 zhōngjiàr　middle
37. 中山 Zhōngshān　Sun Yatsen

DIALOGUE (p.69)

毛: 白先生,您好嗎?
您要買書嗎?
白: 今天我不買書,我
找高先生.高
5　先生今天晚上
請我吃飯.你知道
不知道是在這兒
呢還是在他家呢?
毛: 在他家吃飯.
10 白: 他家在那兒? 是
在城裏頭還是在
城外頭?
毛: 高先生家在城
外,就在這條路
15　的北邊兒一個小
山上.
白: 在那個山上有
幾所兒房子?

毛: 那兒一共就有三所兒
20　房子.西邊兒有一所兒
大房子.東邊兒有
一所兒小房子.中
間兒的房子就是
高先生家.南邊兒
25　山下是中山路.
中山路前邊兒有
一個大公園.山
後頭有一個小湖.
白: 那個是北湖嗎?
30 毛: 是北湖.湖的右邊
兒是錢先生家.
湖的左邊兒還有
一個小公園.
白: 噢,我知道,我知道,
35　謝謝你.

SENTENCE BUILD-UP (p.71)

在
在家
1. 他在家嗎？

這兒
在這兒
2. 高先生不在這兒.

那兒
在那兒
3. 他們都在那兒嗎？

前頭
在前頭
4. 他們在前頭.

後頭
在後頭
5. 誰在後頭？

前邊
後邊

6. 我在前邊,他在後邊.

前邊兒
後邊兒
7. 他在前邊兒,不在後
邊兒.

裏頭
在裏頭
8. 他們都在裏頭.

外邊兒
在外邊兒
9. 高太太在外邊兒.

上頭
下頭
10. 一個在上頭,一個在
下頭.

房子
誰的房子？
11. 這是誰的房子？

山

甚麼山？

12. 那是甚麼山？

東

東邊

13. 我家在東邊。

西

西邊兒

14. 西山在西邊兒。

南

南邊兒

15. 甚麼在南邊兒？

北

北邊兒

16. 他家也在北邊兒。

公園

甚麼公園？

17. 這是甚麼公園？

湖

東湖

18. 東湖在那兒？

大

大不大？

19. 那個山大不大？

小

小房子

20. 小房子也是他的嗎？

左

左邊兒

21. 大公園在左邊兒。

右

右邊兒

22. 小公園在右邊兒。

家

在家裏

23. 他們都在家裏。

城

城裏

城外

24. 我家在城裏, 不在城外.

30. 毛先生是東北人.

知道

不知道

31. 他在那兒你知道不知道?

在山上

25. 他家在那個大山上.

所兒

這所兒房子

32. 這所兒房子多少錢?

在山下

26. 誰的房子在山下?

中間兒

兩所兒大房子的

中間兒

33. 小房子在兩所兒大房子的中間兒.

山東

山西

27. 他們在山東, 不在山西.

條

路

34. 那條路好不好?

湖北

湖北人

28. 他是湖北人.

湖南

湖南話

29. 他就會說湖南話.

中山

中山路

35. 請問, 中山路在那兒?

東北

東北人

在裏頭
在裏頭吃飯
36. 他們在裏頭吃飯.

房子的東邊兒
37. 小湖在房子的東邊兒.

東邊兒的房子
38. 東邊兒的房子是王先生的.

在房子外頭
在房子外頭的那個人
39. 在房子外頭的那個人是誰?

大公園
在城外頭
40. 大公園都在城外頭.

在城裏頭
有小公園
41. 在城裏頭有小公園.

家裏
沒有人
42. 家裏沒有人.

在湖南
還是在湖北
43. 他們在湖南還是在湖北?

PATTERN DRILLS

Pattern 7.1. 人在裏頭 (p.75)

1. 鉛筆在那兒.
2. 毛筆在這兒嗎?
3. 藍墨水在那兒?
4. 他們在裏頭.
5. 他們在房子裏頭.
6. 他們在房子裏.

7. 王先生在家嗎？

8. 我朋友的家在城外

9. 他們不在家嗎？

10. 太太在家嗎？

11. 請你問他家在那兒

12. 他的家在山東

13. 他的房子在山上

14. 紅墨水在那兒,你知
道嗎？

15. 大山都在東邊兒

Pattern 7.2. 人在裏頭吃飯 (p.76)

1. 我今天不在家吃飯

2. 我們可以不可以在
這兒吃飯？

3. 我們在這兒吃飯可
以嗎？

4. 我不想在那兒買書

5. 您要在那兒買鐘？

6. 他不在這兒買墨水
嗎？

7. 你不在家吃飯嗎？

8. 他們在這兒賣甚麼？

9. 王先生在那兒說話？

10. 他們都在高先生家
裏吃飯

Pattern 7.3. (在)裏頭有人 (p.76)

1. 家裏有人嗎？

2. 在湖南沒有大山

3. 城外頭沒有房子

4. 在山上沒有大路

5. 在山東有大湖沒有？

6. 那所兒房子上有甚

麼？

7. 在美國也有中國人

8. 房子裏有沒有人？

9. 在山上有房子嗎？

10. 在王先生家有地圖
嗎？

Pattern 7.4. (在)裏頭的人 (p.77)

1. 那兒的人

2. 外頭的人

3. 在外頭的人

4. 房子外頭的人

5. 在房子外頭的人

6. 在東北的大山

7. 房子前頭的那位先生

8. 在山上的房子

9. 在路上的人

10. 在美國的大湖

11. 在東邊兒的房子也很好.

12. 王先生右邊兒的那位小姐是誰?

13. 在南邊兒的那條路是中山路嗎?

14. 房子後頭的山不很高.

15. 房子前頭的路很不好.

16. 字典上的那本書是你的嗎?

17. 本子上的那枝筆也是我的.

18. 城裏頭的山都很小.

19. 城西邊的那條路也不好.

20. 山後的房子也是他的嗎?

Pattern 7.5. 你們買書還是賣書? (p. 78)

1. 他們吃中國飯還是吃外國飯?

2. 他們說中國話呢還是說英國話呢?

3. 他們買書還是賣書?

4. 王先生在中國呢還是在外國呢?

5. 他們在裏頭還是在外頭?

6. 他是美國人是英國人,你知道嗎?

7. 您是找王太太呢,還是找王小姐?

8. 我們在他家吃飯還是在他朋友的家吃飯呢?

9. 喂,你是王小姐還是王太太呢?

10. 您是在家吃飯還是在外頭吃飯？

11. 您的房子在山上還是在山下呢？

12. 您的家在城裏頭還是在城外頭呢？

13. 我今天買書還是不買書呢？

14. 他是太太還是小姐？

15. 他買書還是買筆？

SUBSTITUTION TABLES (p. 79)

I

我	在	前	頭
你		後	邊兒
他		裏	邊
		外	
		上	
		下	

II

房子	在	東	邊兒
山		西	邊
公園		南	
大山		北	
小湖		左	
		右	

III

我	----	----	在	城	外
你	家	不		城	外頭
他				山	上
				山	下東
				山	東
				山	西

IV

我	----	----	在	東	南
你	家	不		西	北
他					

V

誰	在	前	頭	吃	飯
他		後	邊兒	買	書
		裏		説	話
		外		買	筆

VI

----	房 子	----	東	邊兒	
在	公 園	的	西		
	那 條 路		南		
			北		
			左		
			右		

VII

東	邊兒	的	房	子
西	邊		山	
南			公	園
北			路	湖
左			小	山
右			大	山

VIII

----	我家	前	頭	的	那位	先 生
在	房子	後	邊兒			太 太
		裏				
		外				

IX

----	房子 外頭	----	有	--------	人
在	家 裏	沒	中國	
	山 上		外國	
	公園 裏頭			
	路 上			

DEFINITE vs. INDEFINITE (p. 81)

1. 山 在 那兒？

2. 那兒 有 山？

3. 人 在 房子 裏．

4. 房子 裏 有 人．

5. 兩 所兒 房子 在 山 上．

6. 在 山 上 有 兩 所兒 房子．

7. 三 個 人 在 裏頭，五 個 人 在 外頭．

8. 裏頭 有 三 個 人，外頭 有 五 個 人．

9. 人 在 那兒 嗎？

10. 那兒 有 人 嗎？

11. 大 房子 在 兩 個 小 房子 的 中間兒．

12. 在 兩 個 小 房子 的 中間兒 有 一 個 大 房子．

SAY WHERE (p. 81)

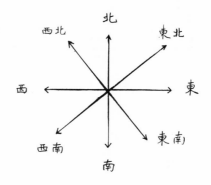

RELATIVITY PROBLEMS (p. 82)

我在他前頭他在那兒？　　　他在你後頭

1. 他在你右邊兒你在那兒？
2. 他家在你家的北邊兒你家在那兒？
3. 他的本子在你本子的上頭你的本子在那兒？
4. 這條路在那條路的東邊兒那條路在那兒？
5. 我的字典在你的字典下邊兒你的字典在那兒？
6. 湖南在湖北的南邊兒湖北在那兒？
7. 山西在山東的西邊兒山東在那兒？
8. 大城在小城的東邊兒小城在那兒？
9. 小鐘在大鐘的後邊兒大鐘在那兒？
10. 中山路在北湖的南邊兒北湖在那兒？

11. 王先生在白先生的左邊兒白先生在那兒？

12. 本子在字典的上頭字典在那兒？

1	2	3	4	5
單	對	館	歡	簡
6	7	8	9	10
借	近	看	離	里
11	12	13	14	15
每	難	能	念	容
16	17	18	19	20
喜	寫	學	易	遠

LESSON 8

1.	單	dān	single; list	11.	每	měi	each, every
2.	對	duì	correct; toward	12.	難	nán / nàn	difficult / calamity
3.	館	guǎn	establishment	13.	能	néng	able to
4.	歡	huān	rejoice	14.	念	niàn	study, read (aloud)
5.	簡	jiǎn	simple	15.	容	róng	contain
6.	借	jiè	borrow	16.	喜	xǐ	joy
7.	近	jìn	near	17.	寫	xiě	write
8.	看	kàn	look at, see; read	18.	學	xué	study
9.	離	lí	(separated) from	19.	易	yì	easy
10.	里	lǐ	Chinese mile	20.	遠	yuǎn	far

21.	大學	dàxué	college, university
22.	多(麼)	duó(mo)	how? to what degree?
23.	簡單	jiǎndān	simple, uncomplicated
24.	容易	róngyi	easy
25.	圖書館	túshūguǎn	library
26.	文學	wénxué	literature
27.	喜歡	xǐhuan	like, like to
28.	學生	xuésheng	student

71

DIALOGUE (p. 86)

白：噢,毛先生,我還
　　請問你.

毛：您還問我甚麼?

白：這兒有圖書館没
5　有?

毛：有,這兒的圖書館
　　很大,書不少,每天
　　有很多學生在
　　那兒看書.您要借
10　書嗎?

白：我想借書.

毛：您想借甚麼書?

白：我想借中文
　　書.

15　毛：您在大學學甚麼?

白：我念文學.

毛：您學中國文學
　　嗎?

白：中國文學、英國
20　文學,我都念.

毛：您喜歡中國文學
　　嗎?

白：我很喜歡中國文
　　學.

25　毛：中國文學容易
　　還是英國文學
　　容易呢?

白：都很難學.

毛：有很多外國人
30　能看中國書,也
　　能寫中國字,您
　　呢?

白：我能説中國話,
　　能看簡單的中國
35　書,也會寫中國字.

毛：中國字太難寫.

白：很對----圖書館在
　　那兒?離這兒遠嗎?

毛：圖書館很遠.

40　白：離這兒多遠?

毛：離這兒有七里多路.

白：噢,七八里路不太遠.

毛：也不近.

白：圖書館離高先生
45　家遠不遠?

毛：很遠.

SENTENCE BUILD-UP (p. 88)

遠
遠不遠？
1. 你家遠不遠？

離
離美國
2. 中國離美國很遠。

里
一里路
3. 我家離這兒一里路。

圖書館
離圖書館
4. 他家離圖書館二里
路。

大學
離大學
5. 圖書館離大學三里
路。

多

很多
6. 我的錢不很多。

多
三里多路
7. 我家離這兒三里多
路。

三十里路
三十多里路
8. 北湖離南湖三十多
里路。

多
多遠？
離那兒多遠？
9. 大學離那兒多遠？

多麼？
多麼遠？
10. 圖書館離這兒多麼
遠？

太
太遠
11. 我家離大學太遠.

你家離這兒有幾里
路？

近
很近
12. 我家離大學很近.

離英國多少里路？
離英國有多少里
路？

幾里路？
離這兒幾里路？
13. 西山離這兒幾里路？

17. 中國離英國多少里
路？
中國離英國有多少
里路？

多少里路？
離美國多少里路？
14. 中國離美國多少里
路？

離那兒八里路
離那兒有八里路
18. 我家離那兒八里路
我家離那兒有八里
路.

離這兒多遠？
離這兒有多遠？
15. 美國離這兒多遠？
美國離這兒有多遠？

學生
你的學生
19. 你的學生多不多？

離這兒幾里路？
離這兒有幾里路？
16. 你家離這兒幾里路？

喜歡
很喜歡
20. 我很喜歡他.

看
看書
21. 他不喜歡看書。

字
甚麼字？
22. 這是甚麼字？

寫
寫字
23. 你會寫中國字嗎？

每
每個人
24. 每個人有一本書。

天
每天
25. 我每天吃中國飯。

你請誰？
誰吃飯？
26. 你請誰吃飯？

沒有小姐
小姐喜歡他
27. 沒有小姐喜歡他。

好
好看
28. 那個小姐很好看。

難
難看
29. 那所兒房子很難看。

容易
不容易買
30. 現在好房子不容易買。

念
太難念
31. 這本書太難念。

念書
在大學念書
32. 他在甚麼大學念書？

學
學中國話

33. 我很喜歡學中國話.

少
很少

34. 這兒的人很少.

借
借這本書

35. 我想借這本書.

能
能寫中國字

36. 我不能寫中國字.

簡單
簡單的字

37. 我就能寫簡單的字.

文學
英國文學

38. 英國文學難念嗎？

對
很對

39. 你的話很對.

寫中國字
很難

40. 寫中國字很難.

是這個好
還是那個好

41. 是這個好還是那個
好呢？

PATTERN DRILLS

Pattern 8.1a.　圖書館離這兒遠. (p.92)

Pattern 8.1b　圖書館離這兒有三里路 (p.92)

1. 張先生家離這兒近.　　2. 湖北離這兒很遠.

3. 他家離這兒很近。

4. 公園離我家太遠。

5. 大學離這兒很近嗎?

6. 中山路離這兒很遠嗎?

7. 左邊兒的房子離右邊兒的房子多麼遠?

8. 美國離英國有多遠?

9. 我不知道他家離這兒多遠。

10. 他家離這兒幾里路?

11. 高先生家離這兒有幾里路?

12. 白先生家離這兒多少里路?

13. 圖書館離公園有七里路。

14. 山前頭的房子離山後頭的房子有二里路。

15. 高先生家離這兒十

16. 西山離這兒八里多路。

17. 圖書館離公園不遠嗎?

18. 王先生家離圖書館遠嗎?

19. 白先生家離毛先生家近嗎?

20. 白先生家離那兒多少里路?

21. 大學離圖書館幾里路?

22. 毛先生家離王先生家很遠嗎?

23. 英國離美國不很遠嗎?

24. 您家離圖書館遠不遠?

25. 南邊兒的山離北邊兒的山有五十多里路。

六里路。

Pattern 8.2. 有人看書. (p.94)

1. 不要說話有人看書。

2. 每天有學生在這兒看書。

3. 圖書館今天沒有人看書.
4. 沒有小姐喜歡他.
5. 今天沒有人買書嗎?
6. 現在有很多外國人要學中國話.
7. 有很多學生在那兒看書.
8. 有人找王先生.
9. 沒有先生喜歡那個學生.
10. 沒有人不喜歡吃中國飯.
11. 房子裏有人吃飯.
12. 有很多中國人會說英國話.

13. 每天有人在這兒吃飯.
14. 現在沒有外國人在那個大學裏念書.
15. 沒有人不喜歡高先生.
16. 他看我吃飯.
17. 你不請王先生吃飯嗎?-----我不請王先生我請王小姐.
18. 我很喜歡看他寫中國字.
19. 請你看我寫這個字.
20. 他在那兒吃飯? 我請他在這兒吃飯.

Pattern 8.3. 中國字難寫. (p.95)

1. 中國飯好吃.
2. 中國書很難念.
3. 中國話難說.
4. 中國字太難寫.
5. 這本書容易念.
6. 中國話不容易學.
7. 房子少容易賣,房子多容易買.
8. 這本書很少,不容易買.
9. 那個公園很大,很容易找.
10. 高小姐很好看.
11. 我有很好看的筆.

12. 這個飯不好吃.

13. 那個字不容易寫.

14. 這本書不容易念.

Pattern 8.4. { 是鋼筆好還是毛筆好? (p.96)
{ 是說中國話好還是說英國話好? (p.96)

1. 王小姐高還是白小姐高?

2. 是這兒好還是那兒好?

3. 中文難是英文難?

4. 中文容易還是英文容易?-----英文容易.

5. 東邊兒的山遠還是西邊兒的山遠?

6. 中山路近還是圖書館近?

7. 美國人多還是英國人多?

8. 山上的房子好還是山下的房子好?

9. 這兒先生多還是太太多?

10. 是這個字典好呢,是那個字典好呢?

11. 是紅墨水好還是藍墨水好?

12. 這個圖書館好還是那個圖書館好?

13. 城裏頭的人多還是城外頭的人多?

14. 是這條路好是那條路好?-----是那條路好.

15. 有朋友好還是沒有朋友好?

16. 有錢好還是沒有錢好?

17. 念書好還是不念書好?

18. 是借書好呢還是買書好呢?

19. 七點鐘吃飯好還是八點鐘吃飯好?

15. 好看的是我的,不好看的是他的.

20. 寫中國字容易還是
    寫英國字容易？

21. 是吃中國飯簡單還
    是吃外國飯簡單？

22. 這兒的房子少還是
    那兒的房子少？

23. 是英國人少還是美
    國人少？

24. 是看朋友好還是念
    書好？----- 我想還是
    念書好.

25. 我不知道是在家念
    書好還是在圖書館
    念書好呢？----- 還是
    在圖書館念書好.

SUBSTITUTION TABLES (p. 97)

I

一	里	----	路
二		多	
三			
¦			
¦			
十			

II

----	十	----	里	路
二		多		
三				
¦				
九				

III

大房子	離	中山路	----	一	里	----	路
我家		公園	有	二		多	
大學		圖書館					

IV

湖南	離	這兒	多	遠
湖北		那兒	多麼	近
山東			很	
山西			不	
			太	

V

----	有	先生	看書	----
沒		學生	吃飯	嗎
		人	買書	

VI

----	我	好	是	先生	好
是	你	高	還是	太太	高
		大		他	大

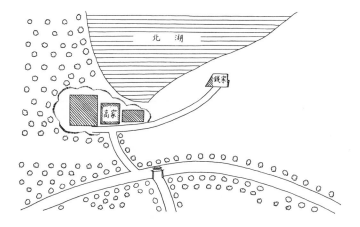

CHECKERBOARD PROBLEM (p. 99)

1. 張先生家離圖書館幾里路？

2. 王先生家離圖書館多遠？

3. 錢家離王家有多遠？

4. 圖書館離錢家二里路對不對？

5. 誰的家離圖書館有三里路？

6. 請你說,王先生家離錢先生家多少里路？

7. 圖書館離錢先生家有多遠？

8. 張先生家離錢先生家有多遠？

9. 王先生家離張先生家有多遠？

10. 你說,圖書館離張先生家幾里路？

11. 錢先生家離張先生家有幾里路？

12. 圖書館離誰家近離誰家遠？

13. 張先生家離錢先生家近呢還是離王先生家近？

14. 王先生家離圖書館遠還是離錢先生家遠？

15. 圖書館離王先生家多少里路？

1	2	3	4	5
車	從	到	電	店

6	7	8	9	10
拐	過	號	或	口

11	12	13	14	15
來	門	明	汽	去

16	17	18	19	20
往	怎	站	者	直

21	22			
走	坐			

LESSON 9

1.	車	chē	vehicle	12.	門	mén	door, gate	
2.	從	cóng	from	13.	明	míng	bright; tomorrow	
3.	到	dào	go to	14.	汽	qì	steam	
4.	電	diàn	electricity	15.	去	qù	go	
5.	店	diàn	shop	16.	往	wàng, wǎng	toward	
6.	拐	guǎi	turn	17.	怎	zěn	how	
7.	過	guò	pass; (verb suffix)	18.	站	zhàn	stop, station	
8.	號	hào	number	19.	者	zhě	(suffix)	
9.	或	huò	perhaps	20.	直	zhí	straight	
10.	口	kǒu	mouth, opening	21.	走	zǒu	walk, travel, depart, go	
11.	來	lái	come	22.	坐	zuò	sit (on), ride (on)	

23.	電車	diànchē	streetcar	27.	汽車	qìchē	auto	
24.	公共	gōnggòng	public	28.	書店	shūdiàn	bookstore	
25.	或者	huòzhě	or; perhaps	29.	一直(的)	yìzhí(de)	straight	
26.	明天	míngtian	tomorrow	30.	怎麼	zěnmo zěnme	how?	

DIALOGUE (p. 103)

白先生想先到圖書
館,後到高先生家去.
他問毛先生圖書館在
那兒怎麼走,從圖書館到
5 高先生家怎麼走.

白: 我還要問你,從書
店到圖書館怎麼
走?

毛: 您從這兒往南一
10 直走,往西拐,
過八個路口兒,就
是圖書館.

白: 從這兒到圖書館那兒
有甚麼車可以坐呢?

15 毛: 公共汽車電車都
有.您想坐甚麼
車呢?

白: 我想坐公共汽
車去.公共汽車站
20 在那兒?

毛: 離書店不遠.您
從這兒往西走,過
一個路口兒,就是

公共汽車站.
25 白: 坐幾號車呢?
毛: 坐三號車一直
就到圖書館.
白: 從圖書館到高
先生家怎麼走?
30 有公共汽車嗎?
毛: 有.您從圖書館
往西走,過兩個
路口兒,就是公共
汽車站.您上車
35 到中山路,在
公園門口兒下車,
再上小山,就是
高先生家.
白: 坐幾號車呢?
40 毛: 您坐九號車、六
號車都可以.
白: 謝謝你.
毛: 您明天來不來?
白: 或者我明天還
45 來買書.
毛: 明天見.

SENTENCE BUILD-UP (p. 105)

來
來不來？
1. 他今天來不來？

去
十點鐘去
2. 我想十點鐘去.

到
甚麼時候到？
3. 白先生甚麼時候到?

到
到圖書館
4. 你甚麼時候到圖書
   館？

書店
到書店
5. 你甚麼時候到書店？

到
到書店來

6. 請您四點鐘到書店
   來.

到
到書店去
7. 你甚麼時候到書店
   去？

明天
明天晚上
8. 他明天晚上到那兒
   去.

我明天來
買書
9. 我明天來買書.

我明天買書
10. 我明天買書來.

到書店去
買書
11. 我到書店去買書.

從英國來

12. 他明天從英國來.

從英國
到中國

13. 從英國到中國多遠?

怎麼?
怎麼說?

14. 這個中國話怎麼說?

走
怎麼走?

15. 到書店怎麼走?

走
走路

16. 我很喜歡走路.

三里路
走三里路

17. 我每天走三里路.

往
往西

18. 往西走吧!

往東走
八里路

19. 往東走八里路.

拐
往南拐

20. 不要往南拐.

車
甚麼車?

21. 這是甚麼車?

車
汽車

22. 這不是中國汽車.

電車

23. 這兒有電車嗎?

公共
公共汽車

24. 這兒沒有公共汽車.

坐
坐電車
25. 我不喜歡坐電車。

坐電車
坐電車來
26. 請您坐電車來。

上
上車
27. 我在那兒上車？

下
下山
28. 他們今天下山嗎？

先
先念書
29. 我想先念書。

後
後看朋友
30. 我先念書,後看朋友。

再

再說
31. 請您再說。

門
城門
32. 我家離城門很近。

口兒
門口兒
33. 門口兒不容易找。

路口兒
離路口兒不遠
34. 書店離路口兒不遠。

過
過路口兒
35. 你先過三個路口兒。

站
電車站
36. 請問,電車站在那兒？

一直
一直往北

37. 你 一 直 往 北 走.

    號
    八 號 車

38. 先 生 八 號 車.

    或 者
    或 者 不 能 去

39. 他 明 天 或 者 不 能 去.

    有 甚 麼 學 生 ?

可 以 在 這 兒 念 書

40. 有 甚 麼 學 生 可 以 在
    這 兒 念 書 ?

    有 甚 麼 飯 ?
    可 以 吃

41. 有 甚 麼 飯 可 以 吃 ?

    有 甚 麼 車 ?
    可 以 坐

42. 有 甚 麼 車 可 以 坐 ?

PATTERN DRILLS

Pattern 9.1. 我 到 書 店 去 (p. 109)

1. 他 到 美 國 來.
2. 他 到 美 國 去.
3. 他 到 那 兒 去 ?
4. 錢 先 生 不 到 美 國 來.
5. 王 先 生 到 書 店 去 嗎 ?
6. 今 天 晚 上 毛 先 生 到
   圖 書 館 去.
7. 他 到 我 家 來.
8. 高 小 姐 到 王 家 去.
9. 我 明 天 不 到 白 先 生
   家 去.
10. 我 到 外 頭 去, 他 到 裏
    頭 來.
11. 他 喜 歡 到 書 店 來 嗎 ?
12. 錢 先 生 到 湖 北 去, 高
    先 生 到 湖 南 來.
13. 今 天 晚 上 你 到 高 先
    生 家 去 嗎 ?

14. 高先生很喜歡到這兒來.

15. 我明天到城裏去.

Pattern 9.2a. 我去看朋友 (p.110)

Pattern 9.2b. 我看朋友去 (p.110)

1. 我來找王先生.

2. 我今天不去買書.

3. 他去念書.

4. 我不去買鉛筆.

5. 他來買甚麼?

6. 他今天不看書去.

7. 我明天借書來.

8. 我想買書去.

9. 他今天來借書嗎?

10. 我喜歡到圖書館看書去.

11. 我明天還來買書.

12. 他不到書店買字典.

13. 你也喜歡到圖書館去看書嗎?

14. 高小姐沒有藍墨水.

15. 王先生沒有本子. 他今天不去買嗎?

16. 白先生沒有中文書. 他今天來借.

17. 我去城外頭看朋友.

18. 他不到英國去念書.

19. 他到美國來念書嗎?

20. 現在幾點鐘? 我去看朋友.

Pattern 9.3a. 他從美國來. (p.111)

Pattern 9.3b. 他從美國到中國來 (p.111)

1. 你從那兒來?

2. 你從高先生家來嗎?

3. 他從英國來嗎?

4. 我從大學來.

5. 錢先生明天五點鐘從美國來.

6. 我從那兒到圖書館去.

7. 毛太太從圖書館到
公園去.

8. 毛先生今天四點鐘
從圖書館到這兒來.

9. 張先生從美國到英
國去.

10. 高先生從毛先生家
到圖書館去.

11. 錢先生從那兒來?
到那兒去?

12. 從這兒到高先生家
怎麼去?

13. 你從這兒到他家怎
麼去?

14. 他們不從他那兒到
這兒來嗎?

15. 高太太有朋友從美
國到中國來嗎?

16. 毛先生不從書店到
圖書館去.

17. 從這兒到高先生家
怎麼走?

18. 從你那兒到圖書館
怎麼走?

19. 他們都從這兒到公
園去嗎?

20. 從城裏到城外怎麼
去?

Pattern 9.4. 往南走. (p.112)

1. 從書店往左拐.

2. 從圖書館往右拐.

3. 從中山路往西拐.

4. 從這兒往西走.

5. 從毛先生家往北走.

6. 往東拐還是往西拐?

7. 從那兒往東走?

8. 從這兒往東走.

9. 從這兒到書店往北
走.

10. 從這兒到圖書館去,
往北拐.

Pattern 9.5.　我 坐 車 去. (p. 113)

1. 坐 電 車 來.

2. 他 今 天 坐 公 共 汽 車
   來.

3. 你 明 天 坐 甚 麼 車 去 ?

4. 白 小 姐 不 坐 汽 車 來
   嗎 ?

5. 你 們 都 坐 公 共 汽 車
   去.

6. 我 從 公 園 坐 汽 車 去.

7. 高 先 生 坐 公 共 汽 車
   到 圖 書 館 來.

8. 我 想 從 這 兒 坐 電 車
   到 高 家 去.

9. 你 們 從 這 兒 都 坐 汽
   車 到 公 園 去 嗎 ?

10. 我 從 高 家 坐 電 車 到
    圖 書 館 去.

SUBSTITUTION TABLES (p. 114)

I

我	到	圖 書 館	來
你		公 園	去
他		大 學	
誰		書 店	

II

他	甚 麼 時 候	到	圖 書 館	來
他 們	明 天		公 園	去
	晚 上		大 學	
	三 點 鐘		書 店	

III

我	----	來	看	高先生	來
你	們	去	找	朋友	去
他			買	地圖	

IV

我	到	圖書館	來	借書	
你		書店	去	買地圖	
他		高家		看高先生	
我們		公園		找朋友	
你們		大學		念書	
他們		圖書館		看書	

V

我	從	圖書館	來	----
你		公園	走	嗎?
他		大學		
		書店		
		那兒		
		東北		

VI

從		到			
	這兒		圖書館	怎麼	走?
	那兒		公園	三	里?
	他家		大學	有多	遠?
	王家		書店	有幾	里路?

VII

從	圖書館	往	東	走
	公園		西	拐
	大學		南	
	書店		北	
	王家		右	
			左	
			那兒	

VIII

我	坐	車	----
你		汽車	來
他		電車	去
		公共汽車	到書店
		甚麼車	
		他的車	

JUST THE OPPOSITE (p. 115)

往左邊兒走.　　　　往右邊兒走.

1. 從這兒往北邊兒拐.

2. 他明天到書店來.

3. 我在那兒上車?

4. 我想先看書.

5. 我們圖書館的書很多.

6. 大學離這兒很遠.

7. 他們都在裏頭吃飯.

8. 這個本子不太小嗎?   10. 房子前頭沒有人.

9. 英國話很容易學.

TAKE YOUR PICK (p. 116)

他在這兒上車還是下車?

他在這兒上車.   他在這兒下車.

1. 公園門口兒在北邊兒還是在南邊兒?
2. 過兩個路口兒還是過三個路口兒?
3. 他今天來還是明天來?
4. 你坐汽車去還是坐電車去?
5. 往東拐還是往西拐?
6. 坐三號車還是坐四號車呢?
7. 是坐電車好還是坐公共汽車好?
8. 是這兒的人多還是那兒的人多?
9. 是走路好還是坐車好?
10. 他們一直走還是先往北拐?

CHECKING UP (p. 116)

1. 白先生先到那兒去?
2. 白先生想從書店到那兒去?
3. 公共汽車站離書店遠嗎?

4. 從書店到圖書館有沒有電車可以坐？

5. 從書店到圖書館去都有甚麼車？

6. 從書店過幾個路口兒就是公共汽車站呢？

7. 從書店到圖書館是往北走還是往南走？

8. 坐幾號車一直就到圖書館呢？

9. 從書店到圖書館要坐幾號車？

10. 白先生在那兒下車？

11. 到高先生家上山還是下山？

12. 白先生說他明天再到書店來嗎？

NOTE

In preverbal adverbs of manner, such as yìzhí(de) 'straight' in this lesson and hǎo-hāorde 'well, diligently, carefully' in lesson 22, the syllable de is traditionally represented by the character 的 . Some writers prefer to use instead the character 地 (see No. 2 in Lesson 4). The latter is used with increasingly greater consistency in the People's Republic of China. In this and the following lessons we shall continue to use 的 , but in the Supplementary Lessons, which emphasize PRC usages, we shall use 地 in these adverbs of manner. To provide further practice we shall also use 地 in the Memorization Exercises.

1	2	3	4	5
比	差	弟	父	更

6	7	8	9	10
怪	孩	虎	叫	教

11	12	13	14	15
刻	快	老	慢	妹

16	17	18	19	20
名	母	男	女	跑

21	22	23	24	25
票	奇	親	事	歲

26	27	28	29	
談	員	真	作	

LESSON 10

VOCABULARY (p. 121)

1.	比	bǐ	compare, compared to	16.	名	míng	name
2.	差	chà	differ, fall short, lack	17.	母	mǔ	mother
3.	弟	dì	younger brother	18.	男	nán	male
4.	父	fù	father	19.	女	nǚ	female
5.	更	gèng	(still) more	20.	跑	pǎo	run
6.	怪	guài	queer	21.	票	piào	ticket
7.	孩	hái	child	22.	奇	qí	strange
8.	虎	hǔ	tiger	23.	親	qīn	relative
9.	叫	jiào	call	24.	事	shì	affair, matter, work
10.	教	jiāo jiào	teach	25.	歲	suì	year (of age)
11.	刻	kè	quarter (of an hour)	26.	談	tán	converse, talk
12.	快	kuài	fast	27.	員	yuán	officer
13.	老	lǎo	old	28.	真	zhēn	real
14.	慢	màn	slow	29.	作	zuò	do, make
15.	妹	mèi	younger sister				

30.	差不多	chàbuduō	almost	33.	孩子	háizi	child
31.	弟弟	dìdi	younger brother	34.	教員	jiàoyuán	teacher
32.	父親	fùqin	father	35.	老虎	lǎohu	tiger

36.	賣票員	màipiàoyuán	ticket seller
37.	妹妹	mèimei	younger sister
38.	名子	míngzi	name
39.	母親	mǔqin	mother
40.	奇怪	qíguài	amazing; amazed
41.	小學	xiǎoxué	elementary school
42.	一點兒	yìdiǎr	a little
43.	遠東	Yuǎndōng	Far East
44.	中學	zhōngxué	middle school

DIALOGUE (p.119)

白先生、賣票員兩個
人在公共汽車上談話.
員：先生,請買票.
白：多少錢?
5 員：您到那兒去?
白：我到圖書館去.
員：到圖書館兩毛
錢.您中文
說的真好.
10 白：我說的不好.說的
太慢.有很多外
國人說的比我好
的多.

員：您是那國人呢?
15 白：我是美國人.
員：您在這兒念書
還是作事呢?
白：我念書呢.
員：您在遠東大學
20 念書嗎?
白：是.我在遠大
念書.
員：遠東大學外國
學生多嗎?
25 白：很多.
員：在美國的大學也

有外國學生嗎？
白：美國大學裏頭外
國學生更多----
30 這兒到圖書館要
多少時候？
員：公共汽車比電車
走的快一點兒差
不多二十分鐘就
35 可以到
白：現在幾點鐘？
員：差一刻五點不
差十分五點您
到圖書館去看書
40 嗎？
白：我去借書
員：您家在這兒嗎？
白：不在這兒我家在
美國
45 員：您家裏都有甚麼
人？
白：我家裏有父親母
親還有一個弟弟
一個妹妹
50 員：弟弟大還是妹妹
大呢？
白：弟弟比妹妹大

員：他們都念書嗎？
白：他們都念書弟弟
55 在中學念書
妹妹在小學念
書
員：您父親作甚麼
事？
60 白：我父親是中學
教員母親是
小學教員你
家裏都有甚麼
人？
65 員：我有太太還有
兩個孩子
白：男孩子還是女孩
子呢？
員：一個男孩子一個
70 女孩子
白：他們多大？
員：男孩子七歲女孩
子兩歲真奇怪
這個女孩子一歲
75 就會走路他現
在會跑也跑的很
快
白：他們名子都叫

甚麼?

80 員: 男孩子叫老虎.

女孩子叫小妹.

白: 男孩子念書嗎?

員: 念書.在小學

念書.

85 白: 你太太也作事嗎?

員: 他不作事------

先生,您看,前

頭就是圖書館.

白: 好,我下車再見.

90 員: 再見,再見.

SENTENCE BUILD-UP (p. 122)

比

比紅的

1. 藍的比紅的好.

比那個好

比那個好一點兒

2. 這個比那個好一點
兒.

比電車好

比電車好點兒

3. 汽車比電車好點兒.

比那個好

比那個好的多

4. 這個比那個好的多.

比那個好

比那個更好

5. 這個比那個更好.

教員

比教員多

6. 學生比教員多.

老虎

比那個老虎大

7. 這個老虎比那個大.

比毛太太大

比毛太太大一點
兒

8. 高太太比毛太太大

一點兒.

　　比寫字
　　比寫字容易
9. 說話比寫字容易.

　　快
　　走的快
10.　他也走的快.

　　走的快
　　走的快不快?
11. 他們都走的快不快?

　　吃的多
　　吃的太多
12. 那個學生吃的太多.

　　吃的少
　　吃的太少
13. 那位小姐吃的太少.

　　跑
　　跑的快
14. 老虎也跑的很快

　　慢
　　走的很慢
15. 電車走的很慢.

　　父親
　　比我父親
16. 我比我父親高一點
　　兒.

　　母親
　　張先生的母親
17. 張先生的母親是中
　　國人.

　　比他
　　說的好
18. 你比他說的好

　　比他好
19. 你說的比他好.

　　比他好
　　比他好的多
20. 你說的比他好的多.

　　　　賣中文書

賣 的 很 多

21. 他 們 賣 中 文 書 賣 的
　　很 多.

作

作 甚 麼 ?

22. 他 作 甚 麼 ?

事

作 事

23. 王 先 生 作 甚 麼 事 ?

男

男 的

24. 你 們 的 教 員 都 是 男
　　的 嗎 ?

女

女 朋 友

25. 他 的 女 朋 友 不 少.

孩 子

學 的 太 慢

26. 那 個 孩 子 學 英 國 話

學 的 太 慢.

寫 中 國 字

寫 的 比 我 好

27. 他 寫 中 國 字 寫 的 比
　　我 好.

寫 的 比 我 好

比 我 寫 的 好

28. 他 寫 中 國 字 比 我 寫
　　的 好.

真

寫 的 真 好

29. 你 的 孩 子 寫 中 國 字
　　寫 的 真 好.

弟 弟

吃 的 多

30. 弟 弟 吃 的 比 我 多.

妹 妹

妹 妹 學 的 好

31. 是 弟 弟 學 的 好 還 是
　　妹 妹 學 的 好 ?

叫

32. 叫他來.

差三分

39. 現在差三分八點.

叫

叫甚麼?

33. 這個叫甚麼?

過

過三分

40. 現在八點過三分.

名子

叫甚麼名子?

34. 這個叫甚麼名子?

刻

一刻

41. 他七點一刻來.

名子

名子叫甚麼?

35. 妹妹名子叫甚麼?

差不多

42. 現在差不多六點三刻.

分

十三分

36. 六點十三分.

歲

十六歲

43. 那個女學生十六歲.

差

差三塊錢

37. 不能買,我差三塊錢.

遠東

44. 中國在遠東.

差三分

38. 現在八點差三分.

票

買票

45. 我在那兒買票?

賣票
賣票員
46. 賣票員是三十多歲
的人.

小學
在小學念書
47. 我弟弟在小學念書.

中學
中學的學生
48. 我們都是中學的學
生.

談
談話
49. 他們在家裏談話.

奇怪

奇怪的事
50. 這是很奇怪的事.

奇怪
我很奇怪
51. 我很奇怪三歲的孩
子能看書!

就
52. 我就走.

事
有事
53. 你現在有事嗎?

對
說的對
54. 你說的很對.

PATTERN DRILLS

Pattern 10.1.   這個比那個好.   (p.127)

1. 你比我高.   2. 你比我高點兒.

3. 你比我高一點兒.

4. 你比我高的多.

5. 那個學生比先生高一點兒.

6. 那個房子比這個房子大一點兒.

7. 他比我大的多.

8. 那個老虎比這個大一點兒.

9. 公園比圖書館遠.

10. 我家比你家近.

11. 鋼筆比鉛筆好.

12. 他的地圖比我的好. 你的比他的更好.

13. 錢小姐比毛小姐大一點兒.

14. 高小姐比毛小姐小一點兒.

15. 你的錢比我的錢多一點兒他的錢比你的錢更多一點兒.

16. 外頭的人比裏頭的人多一點兒.

17. 這個教員比那個好.

18. 念書比寫字容易.

19. 說話比念書難.

20. 買書比借書好.

Pattern 10.2. 他吃的快. (p.128)

1. 他說的快嗎?

2. 他吃的太慢.

3. 他學的不快.

4. 老虎跑的快不快?

5. 他母親寫的好他父親寫的更好.

6. 王先生走的慢白先生走的很快.

7. 那個學生念的很好土小姐念的不好.

8. 他們賣的很多.

9. 他們都吃的太少.

10. 王先生說的好不好?

Pattern 10.3a.　他 比 我 說 的 好 (p.128)

Pattern 10.3b.　他 說 的 比 我 好 (p.128)

1. 他 比 我 寫 的 好.

2. 你 父 親 比 我 父 親 說 的 好.

3. 小 老 虎 比 大 老 虎 吃 的 更 多.

4. 你 比 他 念 的 更 好.

5. 這 位 教 員 比 那 位 教 員 寫 的 好.

6. 他 比 我 走 的 慢.

7. 高 先 生 寫 的 比 我 好 的 多.

8. 他 比 我 吃 的 多.

9. 張 先 生 說 的 比 我 快 一 點 兒.

10. 弟 弟 比 妹 妹 走 的 快 點 兒.

Pattern 10.4.　他(說)中 文 說 的 好 (p.129)

1. 你 中 文 說 的 很 好.

2. 你 寫 中 國 字 寫 的 很 好.

3. 他 吃 飯 吃 的 多 不 多?

4. 他 念 書 念 的 太 少.

5. 白 先 生 看 書 看 的 多.

6. 他 看 書 看 的 太 多.

7. 高 小 姐 買 書 買 的 很 多.

8. 白 先 生 吃 飯 吃 的 太 快.

9. 錢 先 生 說 英 文 說 的 不 快.

10. 這 個 書 店 中 文 書 賣 的 多.

11. 書 店 鋼 筆 賣 的 少.

12. 學 生 買 本 子 買 的 太 多.

13. 他 們 請 朋 友 請 的 很 多.

14. 王 先 生 中 文 書 看 的 很 多.

15. 我 父 親 走 路 走 的 很 多.

Pattern 10.5a. 他買書比我買的多. (p.130)

Pattern 10.5b. 他買書買的比我多. (p.130)

1. 你買書比我買的多.

2. 你買書買的比我多.

3. 他坐車坐的比我多.

4. 他坐車比我坐的多.

5. 高先生看書比我看的多.

6. 王先生看書看的比我多.

7. 白小姐說話比高小姐說的少.

8. 王先生說話說的比白先生多.

9. 你中文說的比他好.

10. 他中文比我說的好.

11. 高先生吃飯比高太太吃的快.

12. 毛先生寫字寫的比白先生好.

13. 他看書看的比我多.

14. 他走路比我走的多.

15. 這個書店中文書賣的比那個書店多.

SUBSTITUTION TABLES (p. 131)

I

那位先生	比	我	好	------------
我的朋友		他	高	點兒
那個學生			大	一點兒
那位教員				的多

II

我	說	的	----	快
你	走		很	慢
	學		不太	
	跑		更	

III

我	比*你	說	的	比*你	快	------------
	比他	吃		比他	慢	一點兒
		走				的多
		學				

IV

他	說	英國話	說	的	----	快
	吃	中國飯	吃		很	慢
	作	事			不太	
	寫	中國字	寫		太	
					更	

V

他	說	英國話	比*我	說	的	比*我	快
他們	寫	中國字	比你	寫		比你	慢
	吃	中國飯		吃			

VI

一	點	----	十 一 分
兩		差	二 十 九 分
三		過	一 刻
四			
十			
十 二			

WHAT'S IN A NAME? (p. 133)

1. 您 貴 姓 ?
   我 姓 王.
   您 名 子 叫 甚 麼 ?
   我 名 子 叫 東 生.

2. 他 姓 甚 麼 ?
   他 姓 王.
   名 子 叫 甚 麼 ?
   名 子 叫 東 生.

3. 王 先 生, 請 問, 您 的 名
   子 叫 甚 麼 ?

4. 我 想 知 道 他 們 叫 甚
   麼.
   我 不 知 道 他 們 叫 甚

   麼.

5. 您 有 中 國 名 子 沒 有 ?
   有. 我 的 中 國 名 子 叫
   王 東 生.

6. 這 個 叫 甚 麼 ?
   這 個 叫 毛 筆.

7. 這 個 叫 甚 麼 名 子 ?
   這 個 叫 毛 筆.

8. 那 個 叫 甚 麼 ?
   那 個 沒 有 名 子.

9. 這 本 書 叫 甚 麼 名 子 ?
   那 本 書 叫 中 國 文 學.

10. 這個中國話叫甚麼？   12. 'Tiger' 中國話怎麼說？

11. 老虎英國話叫甚麼   13. 'Tiger' 中國話是老虎
    名子？   嗎？

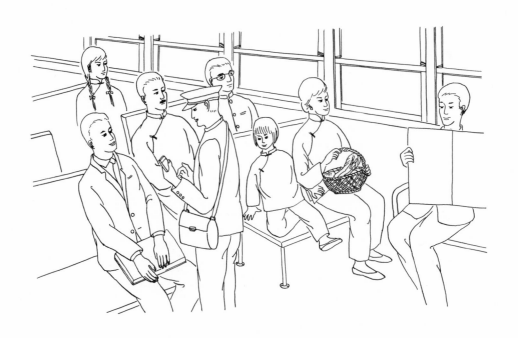

FRERE TIGER (p. 134)

三個老虎，   一個沒有尾巴，
三個老虎，   一個沒有尾巴，
跑的快，   真奇怪，
跑的快.   真奇怪.

MATCH AND FINISH (p. 134)

a. 現在差不多十一點三刻.

b. 小妹在小學念書嗎?

c. 中學的學生比大學的多. 小學的學生比中學的還多.

d. 票多少錢一張,你知道嗎?

e. 現在差十分一點.

f. 是男孩子學的快還是女孩子學的快?

g. 電車,公共汽車都有賣票員嗎?

h. 他們在那兒談話還是念書?

i. 他父親在遠東呢還是在美國呢?

j. 老虎英文叫甚麼名子?

NOTE

In adverbial expressions of manner such as p<u>á</u>ode ku<u>à</u>i 'run fast' the syllable <u>de</u> is traditionally represented by the character 的 . Some writers prefer to use instead the character 得 (see No. 6 in Lesson 15). The latter is used with increasingly greater consistency in the People's Republic of China. In this and the following lessons we shall continue to use 的 , but in the Supplementary Lessons, which emphasize PRC usages, we shall use 得 in these adverbial expressions of manner. To provide further practice we shall also use 得 in the Memorization Exercises starting with lesson 15.

1	2	3	4	5
拜	半	常	船	次

6	7	8	9	10
第	定	訪	飛	府

11	12	13	14	15
告	果	機	開	年

16	17	18	19	20
然	認	日	如	識

21	22	23	24	25
思	訴	雖	望	希

26	27	28	29	
意	遇	月	昨	

LESSON 11

VOCABULARY (p.140)

1.	拜	bài	salute	16.	然	rán	is
2.	半	bàn	half	17.	認	rèn	recognize
3.	常	cháng	often	18.	日	rì	sun
4.	船	chuán	boat, ship	19.	如	rú	if
5.	次	cì	time, occasion	20.	識	shí	recognize
6.	第	dì	(ordinalizing prefix)	21.	思	sī	think
7.	定	dìng	fix, determine	22.	訴	sù, sòng	inform
8.	訪	fǎng	visit	23.	雖	suí	although
9.	飛	fēi	fly	24.	望	wàng	expect
10.	府	fǔ	palace	25.	希	xī	hope
11.	告	gào	tell	26.	意	yì	thought
12.	果	guǒ	result	27.	遇	yù	meet
13.	機	jī	machine	28.	月	yuè	month of the year
14.	開	kāi	open	29.	昨	zuó	yesterday
15.	年	nián	year				

30.	拜訪	bàifang	call on	33.	告訴	gàosu	inform
31.	飛機	fēijī	airplane	34.	今年	jīnnian	this year
32.	府上	fǔshang	residence	35.	看見	kànjian	see

115

36.	可是	kěshi	however, but	43.	晚飯	wǎnfàn	dinner
37.	離開	líkai	depart from, leave	44.	希望	xīwàng	hope
38.	去年	qùnian	last year	45.	一定	yídìng	be certain
39.	認識	rènshi	recognize	46.	意思	yìsi	meaning
40.	日本	Rìběn	Japan	47.	遇見	yùjian	encounter, meet
41.	如果	rúguǒ	if	48.	昨天	zuótian	yesterday
42.	雖然	suírán	although				

DIALOGUE (p.138)

錢: 好久不見，好嗎？

白: 噢，錢先生，好
久不見，您好嗎？

錢: 很好，您是來看
5　書嗎？

白: 我不是來看書.
我來借書.

錢: 您是從那兒來的？

白: 我從三友書店
10　來的.

錢: 您是坐車來的
嗎？

白: 是，我是坐車來
的.

15 錢: 您坐甚麼車來

的？坐公共汽車
來的還是坐電車
來的呢？

白: 我坐公共汽車
20　來的.

錢: 您常到圖書館
來嗎？

白: 不，我今天是第
一次來，您呢？

25 錢: 我也不常來----
噢，白先生，您
是甚麼時候到
中國來的？您是
去年來的嗎？

30 白: 是，我是去年八月

　　七號來的.
　錢：您一直就到中
　　國來的嗎？
　白：不是我是去年離
35　開美國,先到日本,
　　後從日本到中國
　　來的.
　錢：您坐船來的還
　　是坐飛機來的？
40 白：我到日本是坐
　　船,從日本到
　　中國是坐飛機
　　來的.
　錢：船走的很慢
45　吧.
　白：雖然很慢,可是
　　坐船很有意思.
　　可以認識很多朋
　　友.
50 錢：我也很喜歡坐
　　船,我想今年
　　坐船到日本去.
　白：日本很有意思----
　　您甚麼時候離開
55　圖書館？

　錢：現在甚麼時候？
　白：現在五點半.
　錢：我有一點兒事,昨
　　天有一個朋友説
60　今天晚上六點
　　鐘他到我家裏頭
　　來.我想現在就
　　走.
　白：我們再見.
65 錢：噢,我在路上遇見
　　高先生.他告訴
　　我今天晚上他
　　請您到他們家
　　吃晚飯.
70 白：是.
　錢：我那兒離高先生
　　家很近,如果您今
　　天晚上有工夫,
　　也請到我家來
75　坐一坐談談.
　白：好,謝謝您,如果
　　晚上有工夫,我
　　一定到府上拜
　　訪.
80 錢：希望您晚上一

定能來.

白：好,謝謝您有

工夫我一定來.

錢：我們再談.

85 白：再談,再談.

SENTENCE BUILD-Up (p. 141)

號

一號

1. 今天一號.

一月

一月一號

2. 今天是一月一號.

幾月？

3. 現在是幾月？

昨天

幾號？

4. 昨天是幾號？

年

一九六一年

5. 一九六一年你在那

兒？

年

今年

6. 今年他想到美國來.

去年

那年？

7. 去年是那年？

今年

十月

二十五號

8. 我今年十月二十五

號走.

日本

到日本去

9. 他想今年七月到日
本去.

看見
看見高先生
10. 我或者二月看見高
先生.

遇見
遇見那位先生
11. 我差不多每天遇見
那位先生.

晚飯
請我吃晚飯
12. 他九月七號請我吃
晚飯.

昨天
是昨天來的
13. 他是昨天來的.

是昨天來的
昨天來的
14. 他昨天來的.

飛機
坐飛機
15. 他是坐飛機來的.

船
坐船
16. 他是坐船去的.

常
常來
17. 他是常來的.

一定
不一定
18. 我不一定去.

意思
甚麼意思?
19. 這個字是甚麼意思?

錢
很有錢
20. 那個人很有錢.

意思

有意思

21. 這本書很有意思.

希望
我很希望

22. 我很希望您能來.

希望
沒有希望

23. 我沒有希望到那兒
去.

告訴
告訴他

24. 告訴他我不能去.

離開
離開英國

25. 他甚麼時候離開英
國?

第
第一
第一天

26. 第一天我想不作事.

次
第一次
這是第一次

27. 這是第一次我吃中
國飯.

如果
如果我有錢
我一定買這本書

28. 如果我有錢我一定
買這本書.

可是
可是我沒有錢

29. 我想買,可是我沒有
錢.

雖然
雖然他是外國人

30. 雖然他是外國人,可
是中文説的很好.

認識
認識這個字

31. 你認識這個字嗎?

府上

32. 請問,府上在那兒?

拜訪

拜訪朋友

33. 我想明天去拜訪朋友.

半

四點半

34. 我想四點半就走.

一半

一半是你的

35. 一半是我的,一半是你的.

PATTERN DRILLS

Pattern 11.1. 今年十月八號 (p.144)

1. 他七號來.
2. 他七月四號來.
3. 他今年七月四號來.
4. 毛先生八月九號來.
5. 高先生今年五月八號走.
6. 一九四九年你還在中國嗎?
7. 今年七月我想到英國去.
8. 我母親今年十一月坐船來.
9. 我弟弟今年九月念書.
10. 我父親今年八月三號坐飛機來.
11. 或者我今年能到中國去.
12. 他太太今年六月想到這兒來.
13. 他想今年七月二十號到中國來.
14. 他們六月三十號到湖南去.

15. 毛先生一九五七年五月在大學念書.

Pattern 11.2.　　我(是)昨天來的　(p.145)

1. 王先生是昨天到的.

2. 白先生甚麼時候來的?

3. 錢先生今年二月從這兒走的.

4. 我去年十二月八號坐飛機來的.

5. 我父親是今年二月二十五號走的.

6. 高先生說昨天晚上他從日本來的.

7. 他是先到公園後到圖書館去的.

8. 他今天九點鐘到圖

書館來的.

9. 王小姐不是昨天坐飛機來的嗎?

10. 高太太一九四五年九月八號來的.

11. 你弟弟去年從這兒走的嗎?

12. 你是今天買的還是昨天買的?

13. 白先生是三號走的還是四號走的?

14. 他是一直來的嗎?

15. 他不是一點半來的他是兩點半來的.

Pattern 11.3a. 我是今年離開美國的 (p.146)
Pattern 11.3b. 我是今年離開的美國 (p.146)

1. 我是昨天到美國的.

2. 他今天買的書.

3. 高小姐告訴我他今天去買的書.

4. 高先生說他是去年買的那所兒房子.

5. 你是第一次離開美國的嗎?

6. 我是第一次離開美
國的.

7. 他在三友書店買的
書.

8. 高小姐在那兒下飛
機的？

9. 王小姐從英國到的
中國.

10. 王先生是昨天賣的
房子.

11. 你朋友是甚麼時候
遇見他的？

12. 他是甚麼時候告訴
你的？

13. 你是幾點鐘吃的晚
飯？

14. 你是甚麼時候看見
王先生的？

15. 他們是昨天下的山.

16. 我們是昨天過的湖.

17. 我是去年買的這本
字典.

18. 他妹妹是三月二號
上的船.

19. 我弟弟二月三號上
船的.

20. 他是在電車上買的
票.

SUBSTITUTION TABLES (p. 147)

I

--------	一	月	一	號
今年	五		二	
去年	十		二十五	
1962年	十二		三十一	

II

他	----	去年	二	月	五	號	來	的
	是	1962年	三		六		去	
			四		七			

III

我	----	坐	電車	來	的
你	是		船	去	
他			飛機		
			甚麼		

IV

我	----	一直(的)	來	的
你	是	甚麼時候	去	
他		從那兒		

V

他	----	昨天	上	的	船	的
	是	去年	離開		美國	
		三月	到		中國	
		今天	下		山	

QUESTIONS AND ANSWERS (p. 149)

1. 你如果有錢你作甚
   麼？
   如果我有錢我就買
   房子.

2. 你是那年離開美國
   的？
   我是去年離開美國
   的.

3. 我們在這兒坐一坐,
   好不好？
   可以,可以.

4. 你第一次看見他是
   甚麼時候？
   我第一次看見他是
   九月五號.

5. 雖然那條路不好走,
   可是你一定要去嗎？
   是,我一定要去.

6. 現在我們可以談一
   談嗎？
   晚上六點一刻可以
   嗎？

7. 您這是第一次到中
   國來嗎？
   不是,我是第二次到
   中國來.

8. 您常到外國去嗎？
   是.我很喜歡到外國
   去.很有意思.

9. 你是在飛機上遇見
   他的還是在船上遇
   見他的？
   我是在船上遇見他的.

10. 你甚麼時候認識他的？
    我去年就認識他的.

11. 你甚麼時候去找他？
    我想明天拜訪他.

12. 您家在那兒？
    我家在城外,離中山
    路不遠.

13. 你會說中文嗎？
    我會說,可是說的不
    太好.

14. 他是四點一刻來的
    嗎？
    不是.他是四點三刻

來 的.

15. 他 是 從 中 國 來 的 還
是 從 日 本 來 的?
他 是 從 中 國 來 的.

16. "飛 機" 是 甚 麼 意 思?
"飛 機" 是 "airplane" 的 意
思.

17. 你 常 到 他 家 去 嗎?
我 差 不 多 每 天 都 去.

18. 您 今 天 晚 上 七 點 半

到 我 們 這 兒 來 談 一
談 可 以 嗎?
今 天 晚 上 我 有 一 點
兒 事.

19. 我 這 個 字 寫 的 對 不
對?
你 那 個 字 寫 的 不 對.

20. 他 怎 麼 不 來?
他 說 他 没 有 工 夫.

LET'S BE REASONABLE (p. 151)

我 晚 上 一 點 鐘 吃 晚 飯.   我 晚 上 六 點 鐘 吃 晚 飯.

1. 他 告 訴 我 這 兩 個 本 子 一 共 一 分 錢.
2. 他 是 去 年 二 月 三 十 一 號 到 中 國 來 的.
3. 我 弟 弟 八 歲, 他 今 年 在 中 學 念 書.
4. 他 是 坐 公 共 汽 車 從 美 國 到 中 國 來 的.
5. 他 們 在 房 子 上 吃 飯.
6. 老 虎 一 定 跑 的 很 慢.
7. 白 先 生 在 車 上 買 鉛 筆.
8. 那 個 學 生 常 到 三 友 書 店 去 買 書.
9. 山 東 在 日 本.
10. 他 說 他 昨 天 到 公 園 去 借 書.

DOUBLE JEOPARDY (p. 151)

1. 你府上離這兒很近.　　　　我
2. 弟弟是男孩子.　　　　妹妹
3. 日本離中國不遠.　　　　美國
4. 中國人都說中國話.　　　　美國人
5. 我在車上買票.　　　　賣票員
6. 他在小學念書.　　　　文學
7. 下山很容易.　　　　上
8. 中國話很難說.　　　　寫
9. 父親是男人.　　　　母親
10. 這本書幾塊錢?　　　　房子

LESSON 12

ANALOGY DRILL (p. 155)

1. 高先生家在城外嗎？錢先生家呢？
2. 山上有一所大房子嗎？小房子呢？
3. 你請朋友吃晚飯嗎？他呢？
4. 你家在山上嗎？他家呢？
5. 你今天買本子嗎？他呢？
6. 你家在湖北嗎？他家呢？
7. 前邊兒是大山嗎？後邊兒呢？
8. 你到圖書館嗎？他呢？
9. 你家在城裏頭嗎？你朋友家呢？
10. 你家在中山路左邊兒嗎？他家呢？
11. 王先生是山東人嗎？王太太呢？
12. 你家後頭有小湖嗎？他家呢？
13. 你的房子是藍顏色的嗎？他的房子呢？
14. 你要借書嗎？你朋友呢？
15. 你喜歡看書嗎？你朋友呢？
16. 你會寫中國字嗎？你朋友呢？
17. 你家離這兒很遠嗎？他家呢？
18. 他們都是學生嗎？你們呢？
19. 公園離這兒遠嗎？圖書館呢？

20. 你學中國文學嗎? 他呢?
21. 中國文學容易嗎? 英國文學呢?
22. 你能說中文嗎? 他們呢?
23. 圖書館離高先生家遠嗎? 公園呢?
24. 你能看簡單的中國書嗎? 他們呢?
25. 你在大學念書嗎? 白先生呢?
26. 你坐公共汽車去嗎? 他們呢?
27. 從這兒一直的就到你家嗎? 他家呢?
28. 公共汽車站在你家門口兒嗎? 他家呢?
29. 從這兒一直的往西是你家嗎? 他家呢?
30. 從這兒到你家往東邊兒拐嗎? 你朋友家呢?
31. 你家離這兒有八里路嗎? 他家呢?
32. 你今天到書店去嗎? 白先生呢?
33. 他母親是教員嗎? 他父親呢?
34. 他弟弟在小學念書嗎? 你弟弟呢?
35. 他說話說的很快嗎? 你呢?
36. 這個賣票員很好嗎? 那個呢?
37. 你在車上買票嗎? 他們呢?
38. 你妹妹十三歲嗎? 他妹妹呢?
39. 你有票嗎? 他呢?
40. 他有孩子嗎? 你呢?
41. 他是美國人嗎? 你呢?
42. 你父親作事嗎? 他父親呢?
43. 他弟弟作事嗎? 你弟弟呢?
44. 他是坐車來的嗎? 你呢?

45. 你明天拜訪朋友嗎？ 他呢？
46. 你是坐飛機來的嗎？ 他呢？
47. 你是去年來的嗎？ 他呢？
48. 這本書有意思嗎？ 那本呢？
49. 你認識白先生嗎？ 他呢？
50. 白先生想到日本去嗎？ 你呢？
51. 你是坐船來的嗎？ 他呢？
52. 他是昨天來的嗎？ 你呢？
53. 你是從中國來的嗎？ 他們呢？
54. 你認識那個人嗎？ 他呢？
55. 他是三月五號來的嗎？ 你呢？
56. 你是今天遇見高先生的嗎？ 白先生呢？
57. 他是坐公共汽車來的嗎？ 你們呢？
58. 你是先到日本後到中國去的嗎？ 他呢？
59. 他家在美國嗎？ 你家呢？
60. 他是去年來的嗎？ 你呢？
61. 你希望到中國去嗎？ 他呢？
62. 鉛筆在這兒嗎？ 鋼筆呢？
63. 他們在電車上買票嗎？ 船上呢？
64. 這個大學有英國學生嗎？ 美國學生呢？
65. 船上的人都是中國人嗎？ 飛機上呢？
66. 圖書館離這兒遠嗎？ 書店呢？
67. 中國文學難學嗎？ 英國文學呢？
68. 北湖離那兒有八里路嗎？ 西山呢？
69. 你喜歡坐船嗎？ 飛機呢？

70. 在那個圖書館有很多中國人看書嗎？外國人呢？
71. 他是去年八月來的嗎？ 您呢？
72. 他是昨天買的書嗎？ 你呢？
73. 你想七月四號去嗎？ 他呢？
74. 他比白先生高嗎？ 你呢？
75. 他是去年離開家的嗎？ 你呢？
76. 他念的好嗎？ 你呢？
77. 你來借書嗎？ 他呢？
78. 他比白先生學的好嗎？ 你呢？
79. 你是從美國到中國來的嗎？ 他呢？
80. 他中國話說的好嗎？ 日本話呢？

REPLACEMENT DRILL (p. 157)

1. 他是日本人.   中國
2. 他喜歡念書.   寫字
3. 他有妹妹.   弟弟
4. 他中國話說的很快.   慢
5. 他父親是教員.   母親
6. 他名子叫老虎.   小妹
7. 他不買字典.   本子
8. 他家在山上.   山下
9. 東邊是圖書館.   書店

10. 我家在湖南.   山東

11. 房子裏頭有人.   外頭

12. 我的房子在中間兒.   左邊兒

13. 我在中學念書.   大學

14. 中國字容易寫.   難

15. 我家離圖書館太遠.   近

16. 我能說中國話.   會

17. 我去借書.   買

18. 我到圖書館.   公園

19. 我會寫中國字.   能

20. 到他家從這兒往東拐.   西

21. 他是坐電車來的.   汽車

22. 中山路後頭有公園.   前頭

23. 那個湖是北湖.   南湖

24. 湖的右邊兒是錢先生家.   後邊兒

25. 山上有一所兒房子.   三所兒

26. 人在房子裏頭.   外頭

27. 圖書館有人看書.   借

28. 妹妹比弟弟大.   小

29. 從這兒往北拐是我家.   東

30. 這本書不好.   真

31. 他弟弟買書.   作事

32. 現在差不多一點鐘.   三

33. 現在差一刻三點.   五分

34. 飛機比汽車快.   船

35. 他 的 名 子 很 奇 怪.   不
36. 他 常 去 拜 訪 朋 友.   來
37. 他 認 識 王 先 生.   遇 見
38. 那 本 書 沒 有 意 思.   很
39. 他 一 定 來.   喜 歡
40. 他 希 望 看 見 高 先 生.   一 定
41. 我 這 是 第 一 次 來 美 國.   三
42. 是 坐 船 好 還 是 坐 飛 機 好.   快
43. 他 們 從 這 兒 往 南 走.   北
44. 他 們 都 學 的 很 快.   真
45. 你 是 借 書 來 的 嗎 ?   地 圖

INSERTION DRILL (p. 159)

1. 我 每 天 到 圖 書 館 去.   都
2. 我 一 點 半 鐘 來.   在
3. 我 是 第 一 次 來 中 國.   也
4. 我 走 路 比 他 快.   更
5. 他 弟 弟 在 中 學 念 書.   不
6. 今 天 我 到 圖 書 館 去.   晚 上
7. 公 園 前 頭 有 一 條 路.   大
8. 中 間 兒 的 房 子 是 誰 的 ?   在
9. 如 果 不 到 公 園, 到 圖 書 館 去.   就
10. 這 枝 筆 好.   真

11. 這個字簡單.   不

12. 王小姐說的快.   一點兒

13. 現在四點一刻.   差

14. 我今年十八歲.   差不多

15. 你們認識那位先生嗎?   都

16. 明天我來.   再

17. 那本書很有意思.   沒

18. 他不吃飯.   怎麼

19. 那個人不吃飯.   喜歡

20. 十歲的孩子也借書嗎?   能

21. 我三月一號離開這兒.   想

22. 他如果四點不來,我就走.   半

23. 那個孩子叫甚麼?   名子

24. 我這個字寫的對不對?   請問

25. 從這兒往東走.   一直(的)

ANSWERING QUESTIONS (p.159)

1. 高太太去買書.高先生去借書.誰去買書?

2. 王先生的家在城裏頭.高先生的家在城外頭.誰
   的家在城裏頭?

3. 前頭有公園.後頭有湖.前頭有甚麼?

4. 湖的左邊兒是小公園.右邊兒是錢先生家.錢先
   生家在那兒?

5. 中山路左邊兒有大公園.右邊兒有小湖.大公園在那兒?

6. 毛先生賣書.白先生在大學念書.誰念書?

7. 白先生到圖書館去借書.毛先生去看書.誰去借書?

8. 白先生能看中國書.毛先生能寫中國字.誰能看中國書?

9. 王先生家離圖書館很近.錢小姐家離圖書館很遠.誰家離圖書館很近?

10. 高先生說中國字容易寫.白先生說不容易寫.誰說中國字不容易寫?

11. 圖書館離這兒三里路.公園離這兒八里路.圖書館離這兒幾里路?

12. 白先生是學生.錢先生是教員.誰念書?

13. 白先生先到圖書館後到高家去.他先到那兒?

14. 白先生在遠東大學念書.王先生在美國大學念書.誰在遠東大學念書?

15. 王太太有個女孩子.高太太有個男孩子.誰有女孩子?

16. 高先生從書店來.毛先生從公園來.誰從公園來?

17. 錢先生坐汽車.高先生坐電車.錢先生坐甚麼車?

18. 高小姐第一次來.錢小姐第三次來.高小姐第幾次來?

19. 白先生坐船來的.毛先生坐飛機來的.白先生是坐甚麼來的?

20. 飛機快車慢甚麼快？

21. 高先生去年離開美國毛先生今年離開美國誰去年離開美國？

22. 錢先生遇見高先生毛小姐遇見白先生誰遇見錢先生？

23. 白先生借英文書毛先生借中文書誰借英文書？

24. 弟弟在中學念書妹妹在小學念書弟弟在那兒念書？

25. 王小姐喜歡念英文毛小姐喜歡念中文誰喜歡念英文？

26. 王小姐常到圖書館毛小姐不常到圖書館誰常到圖書館？

27. 高先生有太太王先生沒有太太誰有太太？

28. 賣票員認識白先生我不認識白先生誰認識白先生？

29. 錢小姐到書店來王小姐不到書店來誰到書店來？

30. 我去拜訪高先生他要拜訪王先生誰去拜訪王先生？

31. 白先生到日本高先生到英國誰到日本？

32. 王先生念書毛先生作事王先生作甚麼？

33. 我喜歡坐船他喜歡坐飛機他喜歡坐船還是喜歡坐飛機？

34. 你說的比我好他說的比你更好誰說的好？

35. 到圖書館往東拐到書店往西拐到圖書館往那兒拐？

NARRATIVE (p. 161)

我父親母親昨天從英國到中國來．他們是先到日本後到中國來的．他們很喜歡到外國去．他們更喜歡到中國來．昨天晚上我請他們去吃中國飯．他們雖然是第一次吃中國飯可是很喜歡吃．我父親吃的很多．他告訴我他在日本看見很多他的朋友．他還告訴我現在我弟弟妹妹都很高．我們在公共汽車上遇見王太太．他看見我的父親母親他請他們明天到他家去吃飯．他問："明天晚上有工夫嗎?"我母親說："謝謝,有工夫．"我父親說："我很希望到一個中國朋友家去．"

DIALOGUE (p.162)

張先生王先生兩個人在公共汽車上遇
見談話.

張：王先生,好久不見.好嗎?

王：張先生,您好嗎?

張：府上都好嗎?

王：都好,謝謝您.

張：您到那兒去?

王：我去拜訪一個朋友.您呢?

張：我到圖書館去看書.

王：這兒圖書館我還不知道在那兒呢.我也很喜
歡到圖書館去看書.

張：您不知道圖書館在那兒嗎?

王：我不知道呢.

張：離中山公園不遠.很容易找.昨天晚上我遇見
錢先生.他說三月二十五號他到日本去.

王：是昨天他到我家去.他也告訴我三月到日本.

張：我想請他吃飯.也請您,請您太太兩個孩子都
來.

王：謝謝您.

張：您十九號有工夫嗎? 我想十九號晚上請.

王：有工夫.謝謝您.

張： 請您太太孩子一定來.

王： 我們一定來.

張： 您在那兒下車?

王： 前頭不遠就是我朋友家.我就在這個車站下車.

張： 再過兩個路口兒,往西拐,就到圖書館.我在圖書館門口兒下車.再見.十九號一定來.

王： 一定來,一定來.

1	2	3	4	5
笨	畢	表	晨	聰

6	7	8	9	10
戴	煩	功	回	極

11	12	13	14	15
級	經	考	課	客

16	17	18	19	20
了	麻	忙	期	氣

21	22	23	24	25
試	忘	為	校	星

26	27	28	29	30
業	已	因	迎	影

31	32	33		
用	又	早		

LESSON 13

VOCABULARY (p.167)

1.	笨	bèn	stupid	17.	麻	má	hemp; numbness
2.	畢	bì	finish; (a surname)	18.	忙	máng	busy
3.	表	biǎo	watch	19.	期	qī	period
4.	晨	chén	morning	20.	氣	qì	air
5.	聰	cōng	clever	21.	試	shì	try
6.	戴	dài	wear; (a surname)	22.	忘	wàng	forget
7.	煩	fán	annoy	23.	為	wèi	-for
8.	功	gōng	service	24.	校	xiào	school
9.	回	huí	return (to)	25.	星	xīng	star
10.	極	jí	extremity; very	26.	業	yè	occupation
11.	級	jí	rank	27.	已	yǐ	already
12.	經	jīng	pass	28.	因	yīn	because
13.	考	kǎo	examine	29.	迎	yíng	receive
14.	課	kè	class, lesson	30.	影	yǐng	shadow
15.	客	kè	guest	31.	用	yòng	use
16.	了	le	(perfective suffix)	32.	又	yòu	again
		liǎo	(resultative suffix)	33.	早	zǎo	early

34.	畢業	bìyè	graduate
35.	聰明	cōngming	intelligent, clever, bright
36.	電影(兒)	diànyǐng(r)	motion picture, movie
37.	高中	gāozhōng	higher middle school
38.	歡迎	huānyíng	welcome
39.	極了	jíle	in the extreme, extremely
40.	考試	kǎoshì	take or give an examination
41.	客氣	kèqi	polite
42.	麻煩	máfan	cause trouble to, disturb, troublesome
43.	年級	niánjí	year of school
44.	所以	suóyi	therefore
45.	星期	xīngqī	week
46.	學校	xuéxiào	school
47.	以後	yǐhòu	after, afterwards
48.	已經	yǐjing	already
49.	以前	yǐqián	before, previously
50.	因為	yīnwei	because, since
51.	用功	yònggōng	work hard, be studious
52.	早晨	zǎochen	morning, forenoon
53.	早飯	zǎofàn	breakfast

DIALOGUE (p.165)

白：高小姐,你好嗎?
　　上那兒去了?

高：白先生,您好
　　嗎?我上學校

5　　去了.現在回家

白：你從學校回家
　　很晚呢.

高：因為下課以後
　　我們學校有一

10　　點兒事,所以晚了
　　一點兒.您到那兒
　　去?是到我們家
　　去嗎?

白：是.

15 高：今天晚上我父
　　親請您吃飯,
　　對不對?

白：對了.太麻煩你們
　　了.

20 高：不麻煩.歡迎您
　　來.

白：我還不知道你在
　　那個學校念書呢.

高：我在第一中學
25　　念書.

白：幾年級?

高：高中三年級.今
　　年我就畢業了.

白：我想你一定很
30　　聰明.

高：不聰明.笨極了.

白：你客氣呢.

高：您在遠大幾年級?

白：我在三年級.

35 高：我父親說您又
　　聰明又用功.

白：我笨極了.也不用
　　功.

高：我現在忙極了.因
40　　為學校快考試了.
　　您呢?

白：我們也沒考呢.
　　快要考了 -------你
　　喜歡看電影兒嗎?

45 高：我很喜歡.差不多
　　兩個星期就去看

一次.

白：你考試以後,我請
你看電影兒,好嗎?

50 高：您也喜歡看電
影兒嗎?

白：我也喜歡看電
影兒.以前在美國
的時候,我每個星

55 期都去看電影兒.
考試以後我們去
看.我請你.

高：謝謝您.今天
晚上我們還請

60 了一位英國朋友
呢.您認識嗎?

白：我不認識.是先
生,是太太,還是
小姐呢?

65 高：是先生.我父親
沒告訴您嗎?

白：他沒說.就說

是一位英國朋
友.

70 高：今天晚上你們
就認識了.

白：離府上還有多
遠?

高：已經快到了.再

75 過四個路口兒就
到了.

白：我第一次來.如果
沒遇見你,很難找
了.

80 高：白先生,請問,
現在幾點鐘了?
我早晨很忙.
吃了早飯就走了,
忘了戴表了.

85 白：現在差一刻七點.

高：到家就差不多七
點了.

SENTENCE BUILD-UP (p. 168)

來

來了

1. 他們都來了.

畢業

畢業了

2. 他弟弟去年就畢業了.

早晨

昨天早晨

3. 你昨天早晨到那兒去了?

買書去

買書去了

4. 他不在家,買書去了.

吃飯

吃飯了

5. 你吃飯了嗎?

吃飯了

吃了飯了

6. 你吃了飯了嗎?

到了圖書館

就借書

7. 他到了圖書館就借書.

就借書

就借書了

8. 他到了圖書館就借書了.

回

回家

9. 你甚麼時候回家?

回家
回家了
10. 他買了字典就回家
了.

早飯
吃了早飯
11. 我吃了早飯就走.

表
買了表
12. 我買了表就回家.

戴
戴表
13. 我每天都戴表.

晚
晚了
14. 現在晚了,我要走.

聰明
聰明的學生
15. 高小姐是一個聰明
的學生.

笨
笨的多
16. 我比他們笨的多.

忙
忙不忙?
17. 你現在忙不忙?

客氣
真客氣
18. 中國人真客氣.

借一本書
借了一本書
19. 我昨天借了一本書.

借了一本書
借了一本書了
還要借一本
20. 我今天借了一本書
了,還要借一本.

已經
已經請了
21. 我已經請了三個朋

友了.

星期
一個星期
22. 一個星期有七天.

星期天
星期一
23. 他星期天來的,星期
一走的.

電影兒
看電影兒
24. 我每星期六看電影
兒.

一次
一次電影兒
25. 我每星期看一次電
影兒.

學校
在那個學校?
26. 你在那個學校念書?

走了
快走了
27. 白先生快走了.

考
考書
28. 我們明天考書.

考
考大學
29. 我們畢業就考大學.

考試
就考試了
30. 我們學校就要考試
了.

課
上課
要上課了
31. 我現在要上課了.

課
第三課

32. 我們今天要念第三
課了.

又
又來了
33. 他昨天來了.今天他
又來了.

中國字
難寫
難念
34. 中國字又難寫又難
念.

麻煩
35. 你不要麻煩他.

麻煩
36. 作這個事很麻煩.

以前
上車以前
37. 上車以前要買票.

以後

上車以後
38. 上車以後要買票.

時候
上車的時候
39. 上車的時候要買票.

我沒有錢
所以
不能買書
40. 我沒有錢,所以不能
買書.

因為
因為我沒有錢
41. 因為我沒有錢所以
不能買書.

用功
很用功
42. 那個學生很用功.

不吃
不吃了
43. 謝謝,我不吃了.

年級
二年級

44. 他不在二年級了.

高中
念高中

45. 他現在不念高中了.

歡迎
到我家來

46. 我歡迎您明天到我家來.

極了
好極了

47. 他的中國話好極了.

來了
沒有來

48. 他們沒有來.

來了
沒來

49. 他還沒來呢.

來了
沒有

50. 他來了沒有?

不吃了

51. 你不吃了嗎?

沒有筆
沒筆

52. 你沒筆嗎?

上學
星期六

53. 我們星期六不上學.

上中學
上大學

54. 你上中學還是上大學?

上英國

55. 他快上英國了.

上星期

作甚麼？

56. 你上星期作甚麼了？

下星期

下星期三

57. 我下星期三去看電
影兒.

念小學

念中學

58. 你弟弟念小學還是
念中學？

高中幾年級？

念幾年級？

59. 你念高中幾年級？

忘

忘了名子了

60. 我忘了他的名子了.

PATTERN DRILLS

Pattern 13.1a.　他走.了. (p.174)

Pattern 13.1b. 他吃了飯了. (p.174)

1. 高小姐早晨來了.

2. 我母親昨天早晨走
了.

3. 錢太太吃了飯了嗎？

4. 我弟弟今天早晨來
了.

5. 毛先生買了字典了
嗎？

6. 你吃了飯了嗎？

7. 他畢業了嗎？

8. 高小姐找誰去了？

9. 白先生找高先生去
了嗎？

10. 張先生到書店去了.

11. 我告訴你了.你忘了
嗎？

12. 明天晚上他請你吃
飯你知道了嗎？

13. 今天早晨我坐了電車了.

14. 我昨天遇見他了.

15. 他今天早晨上飛機了.

16. 王先生今天上山了嗎?

17. 我在圖書館借了兩本書了.

18. 我買了鋼筆了.

19. 白先生來了嗎?

20. 我昨天看了很多書了.

Pattern 13.2a. 我吃了飯就走. (p.175)

Pattern 13.2b. 我吃了飯就走了. (p.175)

1. 他買了書就回家了.

2. 他下了車就到公園去了.

3. 錢先生吃了飯就走了嗎?

4. 高先生吃了飯就到學校去了.

5. 白先生來了就走了.

6. 他買了本子就走.

7. 你上了車就買票.

8. 他買了書就走.

9. 他們買了毛筆就寫中國字.

10. 白先生吃了早飯就走.

11. 他吃了早飯就到公園.

12. 他到了公園就到圖書館去.

13. 他買了書就回家.

14. 他說了就走了.

15. 白先生借了書就回家了.

Pattern 13.3a.　我現在好了.　(p.176)

Pattern 13.3b.　現在三點了.　(p.176)

1. 我的房子太小了.
2. 現在差一刻四點了.
3. 那個孩子太高了.
4. 他家離這兒太遠了.
5. 那個學校的學生太多了.
6. 到高家去太遠了.
7. 這本字典太大了.
8. 你母親好了嗎?
9. 那個孩子現在跑的很快了.
10. 現在很晚了一點了.
11. 高太太太客氣了.
12. 我太忙了不能到公園去.
13. 錢太少了.
14. 現在幾點鐘了?
15. 毛先生書太多了.

Pattern 13.4a. 我今天看了兩本書. (p.177)

Pattern 13.4b. 我今天看了兩本書了. (p.177)

1. 我昨天買了兩本書.
2. 高先生看了一次電影兒.
3. 我今天已經看了三本書了.
4. 白小姐買了五枝筆. 都很好.
5. 錢先生已經買了一張地圖了還要再買一張.
6. 錢先生在高先生右邊兒買了一所兒房子.
7. 他們看了五次電影兒.
8. 白先生到圖書館借了兩本字典.
9. 你已經請了八個朋友了還要請多少?
10. 我很忙這個星期就看了一次電影兒.
11. 他說他要買三本書.

已經買了兩本了.

12. 我們已經走了差不
多十里路了,還要走
多遠?

13. 我去年在城外買

了一所兒房子.

14. 我買了一張大地圖.

15. 他寫了五個字都不
好.

Pattern 13.5. 他快走了 (p.178)

1. 我弟弟就要從美國
來了.

2. 我們學校現在快要
考試了.

3. 五點三刻他就來了.

4. 我快走了我們就要
上課了.

5. 高小姐三點鐘來的,

四點鐘就要走了.

6. 現在快到七點鐘了.

7. 我就要吃飯了.

8. 還有一刻鐘就到五
點了.

9. 我就要看書了.

10. 已經八點鐘了,我就
要找高先生去了.

Pattern 13.6a. 你來以前 (p.179)

Pattern 13.6b. 你來的時候 (p.179)

1. 你來的時候先到高
先生家去嗎?

2. 你來了以後,我們看
書好不好?

3. 你去的時候請你買
一本字典.

4. 我們考了以後去看
電影兒好不好?

5. 我走的時候忘了戴
表了.

6. 我買書的時候先找
毛先生.

7. 白先生到學校來的
時候,先找我談談.

8. 我到學校以前先吃
早飯.

9. 白先生到美國去的
時候,先來拜訪你.

10. 我母親到這兒以後,
很多朋友請他吃飯.

11. 我看書的時候不喜

歡人找我.

12. 我下船以後先到高
家去.

13. 我回家以前先到圖
書館去.

14. 我上船以後認識了
很多朋友.

15. 我吃飯的時候不喜
歡說話.

Pattern 13.7. 我不吃了. (p. 180)

1. 高先生不在書店了.
他回家了.

2. 白先生今天太忙了.
他不到圖書館去了.

3. 今天我看了三本書
了,所以我不看了.

4. 今天我們歡迎一位
朋友.我不到你那兒
去了.

5. 錢先生今天有事,所
以他不來了.

6. 他沒有錢.不能再念
書了.

7. 他今天沒有錢了,所
以他不買書了.

8. 這個飯不好吃.我不
吃了.

9. 高小姐沒有墨水了.
他想去買.

10. 他雖然很小,可是沒
有父親了.

SUBSTITUTION TABLES (p. 181)

I

他	----		來	了	----
	今	天	去		嗎
	昨	天	走		
	今	年	到		
	去	年	畢業		

II

你	吃*	----	飯*	了	----
他	買	了	筆		嗎
他們	寫		字		
	上		山		
	借		書		

III

我	吃*	了	飯*	就	走	----
我們	買		筆		來	了
他	寫		字		去	
他們	借		書			

IV

太	多 少 好 晚 高	了
----		----

V

我	看*	了	一	本*	書	----
他	買		兩	枝	筆	了
	看		三	次	電影兒	
	走		四	里	路	
	買			個	表	
	借			本	字典	

VI

我	----	來	了
你	要	走	
他	快	去	
	就	買	

VII

我	吃飯	以前
你	看書	的時候
他	寫字	以後
	到那兒去	
	買票	
	告訴他	

VIII

我	----	不	吃	了
你	們		買	
他			走	
			去	

EXPANSION DRILLS (p. 183)

I

去
去了
到那兒去了
到他那兒去了
我到他那兒去了
我昨天到他那兒去了
我們昨天到他那兒去了.

II

書

買書

買一本書

買了一本書

買了一本書了

今天買了一本書了

我今天買了一本書了

我今天已經買了一本書了.

III

吃

吃飯

吃了飯

吃了飯就走

吃了飯就走了

先生吃了飯就走了

白先生吃了飯就走了.

IV

買

買了

都買了

他都買了

書,筆他都買了

書,筆他都買了沒有?

QUESTIONS AND ANSWERS (p.184)

1. 白先生甚麼時候回家了？----白先生還沒回家呢.

2. 你買書了沒有？----我沒有買呢.

3. 你母親昨天到了嗎？---- 我母親昨天沒到今天就到.

4. 你昨天到圖書館了嗎？----我昨天沒到圖書館.

5. 高先生昨天來了沒有？----他昨天沒來他説今天來.

6. 明天我們都到白先生那兒去他告訴你了嗎?--- 我不知道他沒告訴我.

7. 你已經念大學了沒有？----沒有我現在念中學.

8. 你的書買了幾本了？ 我買了兩本了還有三本沒買呢.

9. 你吃飯了沒有？----我沒吃飯呢.

10. 高小姐考試了嗎？----還沒有呢.

11. 今天早晨你坐電車了嗎？----沒有我沒坐電車.

12. 錢先生甚麼時候到了美國了？----他還沒到美國呢.

13. 鋼筆、墨水你都有了嗎？---- 沒有鋼筆,墨水我都沒買.

14. 毛先生到書店了嗎？----沒有他就去了.

15. 高小姐來了沒有？----高小姐沒來.

16. 昨天你到高先生家去了嗎？---- 昨天我沒到高

先生家去.

17. 你上湖南去了没有? ---- 我沒去.

18. 你到圖書館去借書了嗎? ---- 沒有我沒到圖書館去借書.

19. 字典、地圖你都買了没有? ---- 字典、地圖我都沒買呢.

20. 昨天你看電影兒了嗎? ---- 昨天我太忙没看電影兒.

MONOLOGUE (p. 185)

我因為喜歡中國文學,想到中國去念書,所以在一九六二年二月我從美國到中國的.我不是一直的到中國來的.我是從美國坐船先到日本,我在日本一個星期又坐飛機到中國來的.日本也很有意思.我坐船的時候認識了不少的朋友.到中國以後,我又認識了很多中國朋友:高先生、高太太、高小姐、毛先生、錢先生,他們都是我很好的朋友.我在遠東大學念書.我念文學.遠東大學有很多外國學生.我中國文學、英國文學都念了.中國文學很難.中文不容易學.中國字又難寫.雖然難,可是我很喜歡.有意思極了.因為我在美國大學已經念二年級了,所以我到遠東大學就念三年級了.我說的中國話雖然不太好,可是我差不多都會說了.我想我畢業的時

候,一定比現在好一點兒.我希望我畢業的時候能
看書,能寫字,也能說更好的中國話.

SETTING THINGS RIGHT (p. 186)

1. 高小姐從圖書館回家.
2. 白先生知道高小姐在那個學校念書.
3. 高先生的英國朋友是一位太太.
4. 白先生忘了戴表了.
5. 遠大已經考試了.
6. 高小姐的母親說白先生又聰明又用功.
7. 高小姐不喜歡看電影兒.
8. 高小姐上課以前有一點兒事.
9. 白先生在遠大四年級念書.
10. 高小姐差不多每個星期都去看電影兒.

1	2	3	4	5
百	懂	法	方	給

6	7	8	9	10
畫	活	究	科	千

11	12	13	14	15
趣	聽	萬	信	興

16	17	18	19	20
言	研	語	原	只

21				
最				

LESSON 14

VOCABULARY (p.191)

1.	百	bǎi	hundred	12.	聽	tīng	listen (to)
2.	懂	dǒng	understand	13.	萬	wàn	ten thousand
3.	法	fǎ	method	14.	信	xìn	letter
4.	方	fāng	region; means	15.	興	xìng	feelings
5.	給	gěi	give; for, to	16.	言	yán	word
6.	畫	huà	paint, draw	17.	研	yán	investigate
7.	活	huó	live	18.	語	yǔ	language
8.	究	jiū	investigate	19.	原	yuán	origin
9.	科	kē	subject	20.	只	zhǐ	only
10.	千	qiān	thousand	21.	最	zuì	most
11.	趣	qù	interest				

22.	方法	fāngfǎ	method, technique
23.	科學	kēxué	(study of) science
24.	十分	shífēn	very
25.	聽説	tīngshuō	hear (it said) that
26.	興趣	xìngqu	interest (in)
27.	研究	yánjiu	study, make a study of, investigate
28.	一會兒	yìhuěr	a moment (huǐ 'a moment')

163

29. 語言　　　yǔyán　　　language

30. 語言學　　yǔyánxué　　linguistics, linguistic science

31. 原來　　　yuánlái　　　originally, actually

DIALOGUE (p. 191)

白：高小姐,你們學
校一共有多少
學生?

高：我們學校有一
5　千多人.

白：男學生多還是
女學生多呢?

高：男學生多.白
先生,你們遠大
10　有多少學生?

白：有三千五百多
人.

高：我想你們在大
學念書的學生
15　一定都是很聰
明的.

白：也有聰明的,也有
笨的.有人念的很

好,有人念的很不
20　好.

高：去年到遠大考
試的學生一共
有一萬多人.考
上的只有一千
25　人.所以我說大
學的學生都很
聰明.

白：高小姐,你中學
畢業以後想學甚
30　麼呢?

高：我想學文學,可是
我又不用功又不
聰明.我想我
一定考不上大學.

35 白：你客氣呢.一定
考的上.

高：你説我考的上
嗎？

白：我説你一定
40　　考的上.

高：你想我學文學
學的了嗎？

白：你怎麼學不了呢？
我也很希望你學
45　文學.

高：如果我考不上
大學我就學畫
畫兒.

白：我想你一定會
50　畫,你畫的畫兒一
定也很好.

高：畫畫兒我是學過的,
可是我畫的不好.

白：一會兒我就可以
55　看見你畫的畫兒了.

高：畫的不好最好
您不看.白先
生,您是學甚
麼的？

60 白：我原來是想學
科學的,可是我對

外國話很有興
趣,更喜歡中國
話,所以我在美國
65　就學中國話,念
中國書.現在我
到中國來學
中國文學,也學
語言學.

70 高：學語言學怎麼學
呢？就是學説外
國話嗎？

白：不是.學語言學是
用科學的方法研
75　究語言.有人能
説很好的外國話,
都聽的懂,也説的
十分好,可是不懂
用科學方法研究
80　語言.

高：您喜歡寫中國
字嗎？您用中
文寫信寫的了寫
不了？

85 白：雖然寫的了,可是
寫的不好.我給中

國朋友寫信喜歡
用中文寫.

高:您能用毛筆寫
90 字嗎?

白:能用,可是寫的不
好.

高:如果您能用毛筆
您寫的字一定很
95 好.現在很多中國
人都不能用毛筆
寫字了.差不多都
用鋼筆寫字.

白:你父親對我說你
100 的字寫的很好.

高:不好不好雖然我
父親每天吃過了
晚飯以後叫我用

毛筆寫字,可是我
105 還寫的不好.

白:最難的是寫中
國字了.你父親字
寫的很好.我想
你一定寫的也很
110 好.

高:因為我父親寫的
好所以他每天叫
我寫字呢.他差不
多每天也寫字.

115 白:你沒聽說嗎:
活到老,
學到老,
還有三分
學不到.

120 高:不只有三分吧!

SENTENCE BUILD-UP (p. 195)

用
用毛筆
1. 我不會用毛筆.

用毛筆
寫字
2. 我會用毛筆寫字.

對
對誰?
3. 他對誰說話?

興趣
很有興趣
4. 他對文學很有興趣.

給
給他錢
5. 你給他錢嗎?

給他
給他買
6. 你給他買書嗎?

信
寫信
7. 你給他寫信嗎?

最
最好
最好的
8. 最好的是多少錢?

畫兒
這張畫兒
9. 這張畫兒很有意思.

畫
畫畫兒
10. 他每天畫一張畫兒.

懂
都懂
11. 你都懂嗎?

不懂中文
不懂中文的人
12. 不懂中文的人也
    能在這兒念書嗎?

他寫字
他寫的字
13. 他寫的字都不對.

在這兒念書
在這兒念書的
14. 在這兒念書的都是
    外國人嗎?

他說
他說的
15. 他說的你都懂嗎？

科學
學科學的
16. 女人也有學科學的.

研究
研究科學
17. 研究科學的人現在
更多了.

語言
研究語言
18. 研究語言的人有多
少？

語言學
學語言學
19. 學語言學的學生多
不多？

方法
他用的方法

20. 他用的方法很簡單.

吃日本飯
吃過日本飯
21. 你吃過日本飯嗎？

吃過外國飯
沒吃過外國飯
22. 你沒吃過外國飯嗎？

吃過中國飯
沒有吃過中國飯
23. 你吃過中國飯沒有？

聽
聽一聽
24. 不要說話你聽一聽.

聽說
25. 我聽說他好了.

老
老了
26. 他老了,不能走路了.

看見
看不見

27. 看不見西山,因為太
遠了.

看的見
看不見

28. 你看的見看不見?

了
吃的了
吃不了

29. 這個飯你吃的了吃
不了?

活
活不了

30. 他一定活不了.

考上
考不上中學

31. 他笨極了,考不上中
學.

買到了

沒買到

32. 這本書我沒買到,可
是他買到了.

只
只有一個人

33. 我們只有一個人沒
學過中國話

百
四百塊錢

34. 我們一共有四百塊
錢.

千
兩千多本書

35. 這個書店一個星期
賣兩千多本書.

萬
一萬多里路

36. 中國離美國一萬多
里路.

一千三百

二十八個學生

37. 第四小學有一千三
百二十八個學生.

一萬七千

38. 我們學校有一萬七
千個學生.

萬萬
八萬萬多

39. 中國有八萬萬多人.

原來
買不了房子

40. 原來在城裏買不
了房子.

八分
八分的希望

41. 他考上大學有八分
的希望.

十分
十分好

42. 他日本話說的十分
好.

一會兒

43. 我一會兒就來了.

最好

44. 我們最好不去.

也賣書
也賣筆
也賣紙

45. 他們也賣書,也賣筆,
也賣紙.

他戴了
他沒有戴

46. 他戴了沒有?

表戴了
表沒戴

47. 表戴了沒有?

那個學生
很聰明

48. 那個學生很聰明.

很聰明
是很聰明的

49. 那個學生是很聰明
的.

PATTERN DRILLS

Pattern 14. 1.　他用筆寫字 (p. 200)
　　　　　　　他給你買書.
　　　　　　　他對你說甚麼?

1. 白先生能用毛筆寫
字.

2. 張先生不能用毛筆
寫字.

3. 白先生能用毛筆寫
字嗎?

4. 王先生用中文寫信.

5. 張小姐能用英文寫
信.

6. 高小姐喜歡用藍墨
水寫字.

7. 白先生可以用毛筆
寫很好的中國字.

8. 昨天毛先生來對你
說甚麼?

9. 今天高太太對高小

姐說了很多話.

10. 高小姐給你寫信了
嗎?

11. 白先生對高小姐說
他們要考試了.

12. 白先生對高小姐說
他笨極了.

13. 錢先生對高先生說
他看電影兒了.

14. 張先生說他對文學
沒有興趣.

15. 錢先生說他對文學
有興趣嗎?

16. 錢太太對錢先生說
他去拜訪朋友.

17. 高小姐對他母親說

他到圖書館去.

18. 毛先生給白先生借
了很多書.

19. 錢先生對他朋友說
他對文學沒興趣.

20. 錢先生對他太太說
今天晚上他不回家
吃晚飯.

21. 錢小姐對張先生說

他不喜歡看電影兒.

22. 高小姐對看電影兒
很有興趣嗎?

23. 錢先生對看書沒有
興趣.

24. 張先生給你買了很
多書嗎?

25. 白先生對說外國話
有興趣嗎?

Pattern 14. 2a.　學生借的書　(p. 201)

Pattern 14. 2b.　借書的學生　(p. 201)

1. 他寫的字很好.

2. 你說的話我都懂.

3. 昨天高小姐借的那
本書真有意思.

4. 他說的都是真話.

5. 他昨天看的書今天
就忘了.

6. 那位美國學生我們
說的話他都懂.

7. 我昨天借的那本書
很難念.

8. 白先生借的那本書
最有意思.

9. 張先生買的那張畫
兒很好看.

10. 昨天來的那個學生
是研究語言學的.

11. 那位從英國來的學
生是研究科學的.

12. 那個學畫畫兒的女
學生不懂中文.

13. 高小姐昨天買的那
本書是研究畫畫兒
方法的.

14. 昨天毛先生在圖書
館借的書都沒有意

思.

15. 上星期我在三友書店買的書我看了都不懂.

16. 那位能用毛筆寫字的外國學生聰明極了.

17. 在那個學校念書的差不多都是外國學生.

18. 今天晚上到高家吃飯的都是高先生的好朋友.

19. 到中國來念書的外國學生差不多都是研究語言或者文學的.

20. 在那個大學念書的學生差不多有二十個美國學生.

21. 那個孩子太笨了.先

22. 錢先生昨天買的筆都不能用.

23. 在那個大學念書的學生男學生少女學生多.

24. 這是我在圖書館借的書.

25. 錢先生今天買的是美國筆.

26. 那位買書的外國學生就是白先生嗎?

27. 高小姐聰明極了.寫的字,畫的畫兒都好.

28. 那位看書的先生是高先生的朋友.

29. 賣書的毛先生是英國人嗎?

30. 高先生買的房子在山上嗎?

Pattern 14.3a. 我沒吃過中國飯. (p.203)

Pattern 14.3b. 他昨天說過了. (p.203)

1. 我到過日本.

2. 你吃過美國飯沒有?

3. 那個老人沒看過電
　　影兒.

4. 我學過語言學.

5. 我沒學過科學.

6. 我在中學念書的時
　　候沒用過鋼筆.

7. 我母親沒坐過飛機.

8. 毛先生沒看過中文
　　書.

9. 你到過山東嗎?

10. 你看見過他畫的畫
　　兒嗎?

11. 錢先生昨天來過了.

12. 他昨天說過了他今
　　天不來了.　　　　·

13. 他已經吃過晚飯了.

14. 高小姐昨天到過錢
　　小姐家.

15. 我今天到過圖書館
　　了.

16. 這個字我昨天學過,
　　可是今天又忘了.

17. 白先生今天到書店
　　去過了.

18. 你昨天到過高先生
　　家嗎?

19. 你上星期看過王先
　　生了嗎? 我去過了,
　　可是他沒在家.

20. 你昨天找過毛先生
　　了嗎? 我沒找過他.

Pattern 14.4. { 我們看不見湖.   (p.205)
               我們看的見湖.

A. Resultative-verb Phrases

1. 看見	6. 聽不見	11. 看不懂	16. 買的了
2. 看的見	7. 遇見	12. 聽的懂	17. 買不了
3. 看不見	8. 遇的見	13. 聽不懂	18. 吃的了
4. 聽見	9. 遇不見	14. 好的了	19. 吃不了
5. 聽的見	10. 看的懂	15. 好不了	20. 念的了

21. 念不了　　34. 活的了　　47. 借的到　　60. 念的上

22. 聽的了　　35. 活不了　　48. 借不到　　61. 念不上

23. 聽不了　　36. 用的了　　49. 看到　　　62. 給的上

24. 寫的了　　37. 用不了　　50. 看的到　　63. 給不上

25. 寫不了　　38. 賣的了　　51. 看不到　　64. 吃的下

26. 走的了　　39. 賣不了　　52. 學到　　　65. 吃不下

27. 走不了　　40. 買到　　　53. 學的到　　66. 坐的下

28. 作的了　　41. 買的到　　54. 學不到　　67. 坐不下

29. 作不了　　42. 買不到　　55. 走的到　　68. 寫的下

30. 坐的了　　43. 找到　　　56. 走不到　　69. 寫不下

31. 坐不了　　44. 找的到　　57. 考上　　　70. 念的過

32. 懂的了　　45. 找不到　　58. 考的上　　71. 念不過

33. 懂不了　　46. 借到　　　59. 考不上

B. Sentences Illustrating Use of Resultative Verbs

1. 那位老太太不能吃飯了,好不了了.

2. 那本書太好了,可是我沒錢買不了.

3. 這本書在書店裏買不到你一定賣的了.

4. 這本書很多書店都買不到了.

5. 飯太多了,我吃不了.

6. 謝謝您,我吃的太多了,吃不下了.

7. 我昨天買的一本書今天就找不到了.

8. 請問您,高先生家在那個山上? 我怎麼找不到呢?

9. 你看見張先生了嗎? 沒有,他家離我家太遠,我看不見他.

10. 這條路西邊兒有一個小紅房子. 你看的見嗎?
  太遠了. 我看不見.

11. 今天買了一本書. 容易極了. 我都看的懂.

12. 他說話說的太快了. 我聽不懂.

13. 我說的話你聽見了嗎? 你說的話我沒聽見.

14. 我太笨了. 我一定念不了大學.

15. 我沒錢. 我想我念不上大學.

16. 用中文寫信你寫的了嗎? 我寫不了. 太難了.

17. 你明天到公園去嗎? 因為我有很多事, 明天我
  去不了.

18. 他走的太慢了. 一天走不了二里路.

19. 他的事太麻煩了. 我作不了.

20. 他不能說話了. 一定活不了了.

21. 他的房子太小了. 有朋友就坐不下了.

22. 一枝鋼筆兩塊錢. 用不了五塊錢.

23. 我在圖書館遇見張小姐了.

24. 這本書請你給王小姐可以嗎? 我今天遇不見
  他.

25. 這本書在圖書館借的到嗎?

26. 你到圖書館去走的到三友書店嗎? 如果走的
  到請你給我買一本書.

27. 那張紙太小了. 寫不下很多字. 你字寫的小一點
  兒就寫的下了.

28. 他說話說的太快了. 我都聽不懂.

29. 王先生中文説的好極了，我都聽的懂。

30. 我想下星期我們學不到第十七課。

31. 張小姐考上大學了。

32. 他又聰明又用功一定考的上大學。

33. 那個學生又笨又不用功考不上大學。

34. 王先生太聰明了，我雖然很用功可是還念不過他。

35. 那個學生太聰明了，他一定念的過張先生。

      Pattern 14.5a. 三萬　四千　五百　六十　(p. 210)

    Pattern 14.5b. 三萬　四千　五百　六十　萬　(p. 210)

1. 聽説美國現在差不多有兩萬萬人。

2. 中國人最多差不多有九萬萬人。

3. 美國離中國很遠----一萬多里路。

4. 錢先生很喜歡念書，他今年已經買了一百九十本書了。

5. 他的錢太多了，差不多有七百五十萬塊錢。

6. 張先生有錢就買書，他一共有一萬五千多本書了，他的家就是一個小圖書館。

7. 如果我有兩三千塊錢我就到外國去。

8. 王先生買了一所兒大房子用了九萬五千多塊錢。

9. 那個學校一共有三千學生：男學生一千九百人，女學生一千一百人。

10. 這個城很大差不多有十七萬五千人。

SUBSTITUTION TABLES (p. 211)

I

我	用	毛筆	寫	信	----
你		鉛筆		字	嗎
他		鋼筆			

II

我	給	先生	買	票	----
你		太太	寫	信	嗎
他		小姐	借	書	

III

我	對	王	先生	說	話
你		錢	太太		甚麼
他		高	小姐		

IV

我	借	的	字典
你	買		書
他	要		本子

V

	借	字典	的		先生
----*----	借	字典	的	----*----	先生
這個	買	書		這個	人
那個	要			那位	

VI

你	----	用	過	毛筆	----
他	沒	借		鋼筆	嗎
		見		鉛筆	

VIIa

看	的	見
聽	不	懂

VIIb.

借	的	到
寫	不	了
買		

VIII

一	萬	一	千	一	百
二		二		二	
三		四		五	
六		七		八	

CONTRASTS IN STRESS (p. 213)

1. 是王先生來的是王太太來的?

2. 是王先生來的是白先生來的?

3. 他是今天買的車還是賣的車?

4. 他是今天買車還是買房子?

5. 他今天來還是明天來?

6. 他今天來還是今天走?

7. 我說今天,沒說昨天.

8. 我說今年,沒說今天.

THE TOPIC-COMMENT CONSTRUCTION (p. 213)

1. 你買了票了嗎? ----票買了.

2. 你可以說中國話嗎? ----中國話可以說.

3. 白先生買了筆沒有? ----他筆買了.

4. 錢先生到圖書館了嗎? ----錢先生圖書館到過了.

5. 張小姐昨天看過電影兒了嗎? ----張小姐昨天電影兒看過了.

6. 那個學生念過大學了嗎? ----他中學念過了,大學還沒念呢.

7. 你念書了嗎? ----書念了.

8. 你買書給錢沒有？----- 錢給了.

9. 你吃了飯了嗎？----- 飯吃過了.

10. 你能寫中國字嗎？----- 中國字能寫.

11. 你給你母親寫信了嗎？----- 給我母親的信寫了.

12. 你買墨水了沒有？----- 墨水買了.

13. 你昨天說買字典,買地圖,都買了沒有？----- 字典買了,地圖還沒買呢.

14. 你寫字了嗎？----- 字寫了.

15. 高先生買了那所兒大房子嗎？----- 那所兒大房子他買了.

MONOLOGUE (p. 214)

我是一個美國學生.我到中國來念書.現在中國書我能看的懂了.中國話也都能說了.我對寫字最有興趣.我每天都用毛筆寫字.高先生、錢先生他們看見我寫的字,都說寫的好極了.不知道他們是客氣呢還是真話呢.用毛筆寫字很難.中國人差不多也都用鋼筆或者鉛筆寫字了.高先生對寫字很有研究.我寫的字常請他看.他也告訴我寫字的方法,所以我很謝謝他.

CHECKING UP (p. 215)

1. 高小姐學校一共有多少學生?

2. 到遠東大學考試的學生一共有多少人?

3. 高小姐說他怎麼考不上大學?

4. 白先生說高小姐考的上大學嗎?

5. 高小姐說他如果考不上大學他就學甚麼?

6. 白先生希望高小姐學甚麼?

7. 高小姐學過畫畫兒嗎?

8. 白先生原來想學甚麼呢?

9. 遠東大學有多少學生？

10. 多少人考上遠東大學了？

11. 學語言學怎麼學呢？

12. 白先生給中國朋友寫信,用中文還是用英文？

13. 高小姐的父親字寫的好不好？

14. 高小姐說現在中國人都用甚麼筆寫字？

15. 誰對白先生說高小姐的字寫的很好？

1	2	3	4	5
必	別	病	才	當
6	7	8	9	10
得	藩	該	跟	將
11	12	13	14	15
錄	紐	始	市	完
16	17	18	19	20
玩	音	應	約	住

LESSON 15

VOCABULARY (p.224)

1.	必	bì	must, have to		11.	錄	lù	record
2.	別	bié	other; don't		12.	紐	niǔ	button
3.	病	bìng	sick, sickness		13.	始	shǐ	beginning, first
4.	才	cái	(only) then		14.	市	shì	metropolis, city
5.	當	dāng	ought		15.	完	wán	finished, done
6.	得	děi	must, have to		16.	玩	wán	amuse oneself
		dé	get (see Lesson 23)		17.	音	yīn	sound
		de	(adverbial suffix, resultative infix)*					
7.	藩	fán	frontier		18.	應	yīng	should
8.	該	gāi	should, ought to		19.	約	yuē	agree
9.	跟	gēn	(together) with		20.	住	zhù	live (at)
10.	將	jiāng	about to					

21.	必得	bìděi	must		25.	東西	dōngxi	thing
22.	別的	biéde	other		26.	將來	jiānglái	in the future
23.	當然	dāngrán	of course		27.	機會	jīhui	opportunity
24.	地方	dìfang	place, space		28.	開始	kāishǐ	begin (to do)

*See Notes pages 113 and 203.

29.	錄音	lùyīn	recording
30.	錄音機	lùyīnjī	(tape) recorder
31.	那麼	nènmo nàme	in that case, so, that
32.	紐約	Niǔyue	New York
33.	三藩市	Sānfánshì	San Francisco
34.	一塊兒	yíkuàr	together
35.	應當	yīngdāng	should, ought to
36.	應該	yīnggāi	should, ought to
37.	這麼	zènmo, zhènmo	so, this
38.	鐘頭	zhōngtóu	hour

DIALOGUE (p. 221)

高: 白先生,您學了
幾年的中文了?

白: 我在中學就開始
念中文.高中
5   二年級我就念中
文了.

高: 您中文學的真
不少了.

白: 我念中文差不
10   多已經有五年了.

高: 所以您的中文

那麼好呢.您在
美國學中文怎
麼學呢?

15 白: 我們開始學的時
候每天上一個
鐘頭的課.教員
教我們說.下課
以後我們就聽
20   錄音機的錄音.

高: 聽錄音是學語言
最好的方法了.

白：對了.
高：您每天聽錄音
25　要聽多少時候
　　呢?
白：在中學的時候
　　聽的少一點兒每
　　天聽三四十分
30　鐘的錄音在大
　　學的時候每天要
　　聽一兩個鐘頭.
高：您真用功.
白：學語言必得用功.
35　學語言很有意思.
　　開始的時候很難
　　學以後就容易了,
　　更有興趣了.我
　　那個時候就想
40　將來一定到中
　　國去念書.
高：您現在真到
　　中國來念書了----
　　您到中國坐飛機
45　還是坐船來的呢?
白：我先從紐約坐
　　汽車到三藩市我
坐了六天的汽車
才到那兒.
50 高：聽說三藩市中國
　　人很多.是真
　　的嗎?
白：那兒中國人不少
　　在三藩市住了八
55　天我又坐了十天
　　的船到日本在日
　　本住了一個星期,
　　就坐飛機到中國
　　來了.
60 高：從日本坐飛機到
　　中國要多少
　　時候呢? 要不要
　　七八個鐘頭呢?
白：用不到七八個鐘
65　頭三四個鐘頭就
　　到了.
高：您坐過幾次飛機了?
白：我已經坐過很多
　　次了.
70 高：我還沒坐過飛機
　　呢有機會我得坐一次.
白：將來你畢業以後

應該坐飛機到別
的地方去玩兒玩兒.

75 高:我想畢業以後跟
我父親母親他們
一塊兒到日本玩
兒玩兒.很多人說
日本很有意思.我

80 希望到日本以後
在那兒住一兩個月.

白:日本是很有意思
應該去玩兒玩兒.

高:我父親母親都去過

85 日本.他們很喜歡
日本.他們在那兒
住了兩個多月呢,
還買了很多日本
東西.

90 白:你怎麼沒跟他們
一塊兒去呢?

高:因為我們學校
考試,我沒工夫去.
我原來想考完

95 以後跟兩三個
朋友一塊兒去,可
是我病了,所以就
沒去.

白:你畢業以後希望

100 你真能去一次.

高:當然能去了.因
為我父親母親他
們都喜歡去.畢業
以後或者跟他們

105 一塊兒去.

白:你父親母親他們
去日本住在那兒呢?

高:我父親在日本有
一位日本老朋友

110 他們去到日本就
住在他家.

白:你會畫畫兒更
應該到別的地方
去看看.

115 高:你這麼說我一定
得到日本去一次.

SENTENCE BUILD-UP (p.225)

月
十二個月
1. 一年有十二個月.

鐘頭
二十四個鐘頭
2. 一天有二十四個鐘頭.

錄
音
3. 我們現在錄音可以嗎?

錄音
錄的不好
4. 這個錄音錄的不好.

錄音機
用錄音機
5. 我們用錄音機學語言.

開始
開始學中文
6. 我們是九月開始學中文的.

住
住美國
7. 他們都住美國.

在美國
在美國住
8. 他們都在美國住.

紐約
住紐約
9. 你喜歡住紐約嗎?

三藩市
在三藩市住
10. 聽說在三藩市住很有意思.

教
教他們

11. 我教他們中文.

教
教書

12. 他在紐約教書.

教書
教一個鐘頭書

13. 我現在要教一個鐘
頭書.

教書
教兩個鐘頭的書

14. 我每天教兩個鐘頭
的書.

在紐約住
三個月

15. 我想在紐約住三個
月.

病
有病

16. 他有甚麼病?

病
病了

17. 他去年病了八天.

玩兒
玩兒玩兒

18. 我們到那兒去玩兒
玩兒好嗎?

玩兒
玩兒了
玩兒了一個星期

19. 他們二月玩兒了一
個星期.

教四個鐘頭書
教了四個鐘頭書

20. 我昨天教了四個鐘
頭書.

才
才走

21. 他不在家才走.

完
完了
22. 都完了嗎？

吃完
吃完了飯
23. 我們吃完了飯才走.

吃的完
吃不完
24. 你十分鐘吃的完吃
不完？

當然
當然寫不完
25. 我一刻鐘當然寫不
完.

別的
沒有別的
26. 你有別的沒有？

別的
別的事
27. 我沒有別的事.

地方
那個地方
28. 那個地方沒有外國
人.

東西
這個東西
29. 這個東西叫甚麼？

將來
比現在
說的好
30. 你將來說的比現在
好.

得
31. 我得走了.

必得
必得看完
32. 我今天必得看完這
本書.

不必
不必寫

33. 只念,不必寫.

    該
34. 我現在該走了.

    應該
35. 我應該明天去.

    應當
36. 我應當去看他.

    跟
    跟誰?
37. 他跟誰說話?

    那麼
    那麼大
38. 那麼大的我不要.

    這麼
    這麼笨
39. 你怎麼這麼笨?

    這麼
    這麼客氣

40. 你怎麼這麼客氣?

    機會
    有機會
41. 他沒有機會看書.

    一塊兒
    一塊兒去
42. 我們一塊兒去好嗎?

    次
    說一次
43. 請您再說一次.

    吃三次
    吃三次中國飯
44. 我只吃過三次中國飯.

    你去
45. 是你去嗎?

    他明天去
46. 他是明天去嗎?

用

有 用

47. 這 個 字 典 没 有 用.

在 家 裏
寫 字

48. 他 在 家 裏 寫 字.

寫 在

49. 他 寫 在 紙 上.

住 在

50. 他 住 在 紐 約.

PATTERN DRILLS

Pattern 15.1. 我 要 看 一 個 鐘 頭 的 書. (p. 229)

1. 錢 先 生 要 到 日 本 去 半 年.

2. 因 為 要 考 試 了, 白 先 生 要 念 兩 個 星 期 書.

3. 高 小 姐 說 他 考 試 以 後 要 畫 兩 個 月 的 畫 兒.

4. 我 想 下 星 期 去 買 一 個 錄 音 機, 下 課 以 後 每 天 聽 一 個 鐘 頭 的 錄 音.

5. 張 先 生 很 喜 歡 三 藩 市. 他 想 一 個 星 期 以 後 到 三 藩 市 住 兩 三 個 星 期.

6. 毛 先 生 想 請 一 位 先 生 教 他 一 年 的 英 文.

7. 高 太 太 想 到 紐 約 去 兩 個 月.

8. 張 小 姐 想 每 天 學 兩 個 鐘 頭 的 英 文.

9. 他 想 到 湖 南 去 兩 個 星 期.

10. 他 想 從 明 天 開 始 他 要 學 三 個 月 的 中 文.

11. 毛太太説他要到山
    東去半年.

12. 張先生説他想到英
    國去一年,再到美國
    去三個月.

13. 我想半年以後到中

國去住一年.

14. 我對寫中國字很有
    興趣.我想以後每天
    寫一個鐘頭的字.

15. 毛先生想到中國去
    一個月.

Pattern 15.2. 我看了一個鐘頭的書. (p. 230)

1. 高小姐學了三年的
   畫兒.

2. 錢先生病了半年才
   好.

3. 去年我到日本玩兒
   了兩個月.

4. 這本英文書我學了
   一年.

5. 他對中文没興趣就
   學了半年.

6. 我學了六年的中文,

可是説的還不好.

7. 王先生學了五年的
   日本話.

8. 他念了兩個星期的
   書就不念了.

9. 張先生在中國教了
   五年半的書.

10. 我很喜歡吃中國飯
    在中國的時候吃了
    一年的中國飯.

Pattern 15.3. 我看了一個鐘頭的書了. (p. 231)

1. 白先生學中文學了
   五年了.

2. 錢先生在日本已經
   住了半年了.

3. 我今天念了五個鐘
   頭的書了.

4. 毛小姐學了兩年半
   的英文了.

5. 高先生說他到美國
   來了有五年多了.

6. 王先生教了差不多
   三十五年書了.

7. 我今天在圖書館看
   了四個鐘頭的書了.

8. 我今天聽了一個半
   鐘頭的錄音了.

9. 我今天寫了一個鐘
   頭字了.

10. 他們已經談了五十
    分鐘的話了.

11. 那個孩子已經坐了
    兩個鐘頭的電車了,
    還不想下車.

12. 他們走了一個鐘頭
    的路了.

13. 毛先生作了一個鐘
    頭事了.

14. 張先生教了兩個鐘
    頭的書了.

15. 我今天就學了半個
    鐘頭的中文.

Pattern 15.4. 我看書已經有一個鐘頭了 (p.232)

1. 他作事已經一個鐘
   頭了.

2. 錢先生住在日本有
   兩年了.

3. 我教書已經三十多
   年了.

4. 我學中文已經有五
   年了.

5. 白小姐學畫畫兒已
   經五年了.

6. 錢先生學文學已經
   三年了.

7. 毛先生來英國有兩
   個星期了.

8. 我到美國已經一個
   月了.

9. 王先生學中文有一
   年了.

10. 我認識他已經有五
    年了.

Pattern 15.5.　我坐了三次飛機　(p.233)

1. 那個電影兒太有意
思我看了兩次

2. 上星期我看了兩次
電影兒

3. 去年我去了一次日
本

4. 那個字我寫了五次
還不會寫

5. 我不懂請您再說一
次

6. 那個中國字不容易

寫教員教了我四次
我還不會寫

7. 我到中國來已經吃
過九次中國飯

8. 考試以後我得去
看一次電影兒

9. 高先生病了我應當
去看他一次

10. 中山公園我還不知
道在那兒呢明天我
得跟他去一次

SUBSTITUTION TABLES (p.234)

I			II		
半	年		一	年	----
一	個月		兩	天	半
兩	天		三		多
三	個鐘頭		六		
四			七		
五			八		

III

一	個	----	月
兩		半	星期
三		多	鐘頭
九			
十			
十一			

IV

他	要	教*	幾	個	鐘頭	----	書*
	想	錄	一	天		的	音
		聽		個	星期		錄音
		念					書

V

他	作*	了	幾	個	鐘頭	----	事
	教		兩	天		的	書
	聽			個	星期		錄音
	念						書

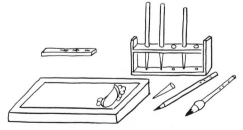

VI

他	作*	了	幾	個鐘頭	----	事*	了
	教	三	天		的	書	
	聽		個星期			錄音	
	念		個月			書	
			年				

VII

他	念	了	--------	----	一	個鐘頭	了
	住		已經	有	兩	天	
	教				四		
	學						

VIII

他	着*	----	幾	次	電	影*	兒
	去	了	一		日	本	本
	吃	過	四		中	國	飯
	拜訪		五		高	先	生
	坐				飛	機	
	來				中	國	

IX

他	幾	年	沒	吃	中國	飯	----
	一	個月		念	中文		了
	兩	天		看見	他		

EXPANSION DRILLS (p. 236)

I

看

看 完

看 的 完

書 看 的 完

這 本 書 看 的 完

這 本 書 他 看 的 完

這 本 書 他 今 天 看 的 完

這 本 書 他 今 天 可 以 看 的 完

這 本 書 他 今 天 一 定 可 以 看 的 完

這 本 書 他 是 不 是 今 天 一 定 可 以 看 的 完?

你 說 這 本 書 他 是 不 是 今 天 一 定 可 以 看 的 完?

II

書

看書

看中文書

我看中文書

我看三個鐘頭中文書

我看三個鐘頭的中文書

我看了三個鐘頭的中文書

我看了三個鐘頭的中文書了

我看了差不多三個鐘頭的中文書了

我已經看了差不多三個鐘頭的中文書了

我現在已經看了差不多三個鐘頭的中文書了.

A LITTLE VARIETY (p. 237)

1. 張先生是教員.----張先生在學校教書.

2. 他以前是學科學的.----原來他是學科學的.

3. 這個字不容易寫.----這個字很難寫.

4. 王先生很有錢.----王先生錢很多.

5. 他家離這兒不很遠.----他家離這兒很近.

6. 那個孩子很奇怪一歲半就會跑.----那個孩子一歲半就會跑真奇怪.

7. 他在圖書館作事.----他作事是在圖書館.

8. 我們都歡迎您到這兒來.----您到這兒來我們都歡迎.

9. 你走以前不要忘了戴表.----你走以前先戴表.

10. 那本書比這本書簡單.---- 那本書比這本書容易念.

11. 現在差五分鐘十點了.----現在九點五十五分了.

12. 這兒離中山路不遠.----從這兒到中山路很近.

13. 因為我沒錢,所以不買房子.----我不買房子是因為我沒有錢.

14. 只有一塊錢不能買那本書.----一塊錢買不了那本書.

15. 他在大學念書是學文學的.----他在大學念文學.

16. 錢先生希望到英國去一次.----錢先生希望去英國一次.

17. 到公園去太遠了,所以我不想去.----公園那麼遠我不想去.

18. 這麼說你今天不一定來了.----聽你這麼說你今天或者不來了.

19. 他活不了了,不能說話了.----他話已經不能說了,一定活不了了.

20. 我常到城裏頭去.----城裏頭我常去.

ANSWERING QUESTIONS (p. 238)

1. 白先生很喜歡學語言學----他對甚麼很有興趣?

2. 他每天早晨八點鐘吃飯他那個時候吃的是早飯還是晚飯?

3. 去年是一九六一年今年是幾年?

4. 他昨天聽了二十五分鐘的錄音我聽了二十分鐘誰聽的多?

5. 今天是十一月十六號我是今年九月十六號開始念中文的我已經念了幾個月的中文?

6. 我朋友念高中二年級----他念中學還是念大學?

7. 那個人笨極了他念了六年的高中還沒畢業呢你說他考的上大學考不上大學?

8. 這個字典字太少了這個字典有用沒有用?

9. 我會説中國話,不會寫中國字----我會不會用中國字寫信?

10. 十個人想坐一個小汽車----你説他們坐的下坐不下?

NOTE

In resultative verbs such as <u>kàndejiàn</u> 'can see' the syllable <u>de</u> is traditionally represented by the character 的. Some writers prefer to use instead the character 得. (See No. 6 in this lesson.) The latter is used with increasingly greater consistency in the People's Republic of China. In this and the following lessons we shall continue to use 的, but in the Supplementary Lessons, which emphasize PRC usages, we shall use 得 in these resultative verbs. To provide further practice we shall also use 得 in the Memorization Exercises.

1	2	3	4	5
把	出	錯	但	而
6	7	8	9	10
杭	介	進	句	連
11	12	13	14	15
亮	旅	媽	拿	內
16	17	18	19	20
漂	且	紹	授	蘇
21	22	23	24	
堂	行	仰	州	

LESSON 16

VOCABULARY (p.248)

1.	把	bǎ	take		13.	媽	mā	mother
2.	出	chū	exit from		14.	拿	ná	hold, grasp, carry, take
3.	錯	cuò	wrong, mistaken		15.	内	nèi	interior
4.	但	dàn	merely		16.	漂	piào	elegant
5.	而	ér	and		17.	且	qiě	moreover
6.	杭	háng	Hangchow		18.	紹	shào	connect
7.	介	jiè	introduce		19.	授	shòu	give
8.	進	jìn	enter		20.	蘇	sū	Soochow;(a surname)
9.	句	jù	(measure for sentences)		21.	堂	táng	hall
10.	連	lián	even (including); (a surname)		22.	行	xíng	go
11.	亮	liàng	bright		23.	仰	yǎng	look up to
12.	旅	lǚ	travel		24.	州	zhōu	sub-prefecture

25.	不但	búdàn	not only	
26.	而且	érqiě	but also	
27.	法子	fázi	method, plan	
28.	杭州	Hángzhou	Hangchow	
29.	教授	jiàoshòu	professor	
30.	介紹	jièshao	introduce	

205

31.	久仰	jiúyǎng	pleased to meet you
32.	客人	kèren	guest
33.	旅行	lǚxíng	travel
34.	內人	nèiren	(one's own) wife
35.	漂亮	piàoliang	attractive, elegant, beautiful
36.	山水	shānshuǐ	scenery, landscape
37.	所有的	suóyǒude	all (before nouns)
38.	蘇州	Sūzhou	Soochow
39.	天堂	tiāntáng	heaven
40.	學問	xuéwen	learning, scholarship
41.	有的	yǒude	some (before nouns)

DIALOGUE (p.244)

高：已經到了前頭
公園門口兒就
是車站我們
就下車下了車
5　上山就到了.
白：府上這個地方很
好啊又有山又
有水這麼漂
亮!
10 高：所以我父親每天

都要出去走走.
連星期天他沒
事都要出去出
去回來都是走路.
15 白：你父親也喜歡旅
行嗎?
高：他最喜歡旅行了.
他每年都旅行
幾次.
20 白：他都到過甚麼

地方？

高：中國差不多所
　　有的地方他都到
　　過了.

25 白：他最喜歡甚麼
　　地方？

高：因為他是杭州
　　人，所以他說他最
　　喜歡蘇州杭州.

30 白：旅行是很有意思.
　　你喜歡旅行嗎？

高：我喜歡，可是沒
　　機會，我甚麼地方
　　都沒去過------ 到

35　了.我們下車吧.

白：往那邊兒走？

高：往左拐就上
　　山.

白：這個地方真好.

40　你每天到學校
　　坐車還是走路呢？

高：我差不多都坐車.

白：坐車要多少時
　　候呢？

45 高：二十分鐘就到了.

白：府上離學校也不
　　很近.

高：不太遠------到了.

高太太：誰啊？

50 高小姐：我媽！開門！
　　客人來了.

（高太太出來對白
　　先生說：）

高太太：噢，白先生
55　來了，好久不見.
　　你好嗎？忙不
　　忙？

白：高太太，好久不
　　見.您好？高
60　先生好嗎？

高太太：好，謝謝你.

（高先生聽見白
　　先生來了也出來
　　了.）

65 高先生：白先生，
　　好嗎？來來，我
　　給你們兩位介
　　紹介紹.這位是
　　萬教授.這位
70　是白先生.

白：久仰.

萬：你好.

萬：我常聽老高
　　談到你.

75　高：今天好極了.你們
　　　兩位都說中
　　　文.如果你們
　　　說英文我內人
　　　連一個字也聽不

80　懂.他就沒法子跟
　　客人說話了.你們
　　兩位不但能說,
　　而且說的十分好.

白：高先生客氣.

85　萬：白先生,你甚
　　　麼時候到中國
　　　來的？

白：我是去年八月來
　　的.您呢？

90　萬：我已經來了兩年
　　　了.你在那個大學？

白：我在遠東大學
　　念書.

萬：遠大我還有幾個
95　朋友.你是學甚

麼的？

白：我學語言跟文學.

萬：好極了.我們都是
　　研究語言跟文學
100　的.

白：我看過您作的
　　那本中國文學
　　研究.您寫的真
　　好.對我們學文
105　學的人很有用.

萬：我現在又寫了
　　一本研究文學的
　　書.

高：白先生,老萬
110　的學問真不錯.
　　你們兩個人可以
　　常在一塊兒研究
　　研究.

萬：老高,你別這麼
115　客氣好不好？

（萬教授對高小姐
　說：）

美英,來,坐下.我
們一塊兒談談.高
120　小姐聰明漂亮.

書念的好,畫兒畫
的好.

白:對了高小姐,
我們得看看你的
125　　畫兒了.

高小姐:別看了我畫
的不好.

白:別客氣了請你把
畫兒拿出來我們
130　　看看.

高先生:美英,把你
所有的畫兒都拿
出來請他們兩位
看看.

135 高小姐:我這兒只有
幾張畫兒.

(高小姐拿出四五張
畫兒來.)

白:畫的好極了你學
140　　過幾年了.?

高先生:這個孩子他
很喜歡畫畫兒學

了没有幾年.

高小姐:我學了三年

145 萬:真聰明,學了
三年就畫的這
麼好都是現在
畫的嗎?

高小姐:不是有的是
150　　開始學的時候
畫的有的是現
在畫的.

白:這張山水畫兒
真好畫的是
155　　那兒啊?

高小姐:這就是杭州啊.

白:噢,這就是杭州
啊真漂亮.

萬:中國有一句話
160　　説:
上有天堂,
下有蘇杭
説的一點兒也不錯

SENTENCE BUILD-UP (p. 249)

別
別聽
1. 你別聽他的話.

拿
別拿
2. 別拿我的東西.

進
進城
3. 汽車不可以進城.

出
出城
4. 我們一塊兒出城可
以嗎?

進
進來
5. 請進來!

進去
可以進去

6. 我們可以進去嗎?

出
出來
7. 請您出來看看.

出去
8. 他們都出去了.

拿
拿去
9. 都拿去了沒有?

拿來
10. 你拿來吧!

內人
我內人
11. 我內人不在家.他出
去了.

客人
請客人

12. 請客人進來.

                                           媽

        教授
        毛教授

13. 毛教授下課了沒有?

18. 媽! 我們甚麼時候
    吃飯?

        走來
        走去
        走來走去

        旅行
        旅行兩次

14. 孩子在路上走來走
    去.

19. 我每年旅行兩次.

        杭州
        大城

        想來想去
        應該怎麼作

20. 杭州是大城嗎?

15. 我想來想去不知道
    應該怎麼作.

        蘇州
        離蘇州

        回家
        回家去

21. 杭州離蘇州不遠.

16. 你甚麼時候回家去?

        有的
        有的好

        回家
        回家來

22. 有的好,有的不好.

17. 他今天不回家來.

        所有的
        所有的人

23. 請所有的人都來.

進去
拿進去
24. 都拿進去了沒有？

拿的進去
拿不進去
25. 有的拿的進去,有的
拿不進去.

水
沒有水
26. 湖裏沒有水.

法子
這個法子
27. 這個法子不太好.

沒有法子
沒法子念書
28. 因為我沒錢,所以沒
法子念書.

開
開門
29. 請你去開門.

開
開汽車
30. 你會不會開汽車？

拿回去
拿回家去
31. 你都拿回家去了嗎？

句
兩句話
32. 這兩句話是甚麼意
思？

學問
他的學問
33. 他的學問好極了.

學問
有學問
34. 萬教授很有學問.

漂亮
35. 那個女學生很漂亮.

山水

這兒的山水
36. 這兒的山水很漂亮.

山水
山水畫兒
37. 這張山水畫兒多少
錢?

不但
而且
38. 他不但漂亮,而且很
有錢.

念到
念到第幾課?
39. 我們今天念到第幾
課?

念不到
念不到第二十課
40. 我們下星期念不到
第二十課.

跑到
跑到那兒去?

41. 他跑到那兒去了?

把
把所有的書
42. 請你把所有的書都
給他.

錯
錯了
43. 我知道我錯了.

不錯
很不錯
44. 那個電影兒很不錯.

錯
念錯
45. 這個字你念錯了.

寫錯了
再寫一次
46. 把寫錯了的字再寫
一次.

介紹

你們兩位

47. 我給你們兩位介紹
介紹.

介紹萬教授
給白先生

48. 請你給白先生介紹
介紹萬教授.

連
連萬教授

49. 連萬教授也不懂.

連紐約

50. 我連紐約都沒去過.

一分錢

51. 我一分錢都沒有.

久仰

52. 兩個人都說:"久仰."

天堂
上不了

53. 他一定上不了天堂.

有幾塊錢?

54. 你有幾塊錢?

有幾塊錢

55. 我只有幾塊錢.

誰說?
誰都說

56. 誰都說他很有錢.

要甚麼?
甚麼也不要

57. 我甚麼也不要.

他寫書

58. 書是他寫的.

PATTERN DRILLS

Pattern 16.1.　　他 上 山　　(p. 254)

1. 教員對學生說:"上課的時候別忘了拿書"

2. 明天他想出城看朋友.

3. 白先生進城買了很多東西.

4. 我每天晚上八點鐘回家.

5. 毛先生明天早晨上船.

6. 他住在山上.每天都要上山下山.

7. 學校在湖左邊兒.我家在湖右邊兒每天要過湖.

8. 我們今天甚麼時候下課?

9. 王先生還有三個月就回國了.

10. 毛先生今天晚上九點鐘上飛機.

Pattern 16.2.　　他 上 去　　(p. 255)

1. 書買了,可是沒拿來.

2. 我內人還沒回來呢.

3. 昨天我去找高先生.我還沒進去,他就出來了.

4. 你怎麼來的?----- 我走來的.

5. 我今天家裏頭有事.我現在就回去.

6. 我有一本很好的字典萬教授借去了.

7. 那個字我忘了.想來想去還不認識.

8. 客人來了,那個孩子跑來跑去.

9. 今天路上過來過去的人很多.

10. 白先生不在家.出去了.

Pattern 16.3. 他上山去. (p.256)

1. 我上山去拜訪高先生.

2. 我父親出城去了.

3. 我是昨天進城來的.

4. 媽！請你上這兒來.

5. 白先生錢先生他們都上山來了.

6. 我很希望上杭州去旅行.

7. 我有機會也上蘇州去看看.

8. 那個孩子現在還沒回家來呢不知道他上那兒去了.

9. 已經十點了我要回家去了.

10. 王教授今年九月回國去.

Pattern 16.4. 他跑上來. (p.256)

1. 有的孩子跑上來了, 有的孩子跑下去了.

2. 山太高,走不上去.

3. 那個山太高所有的人都走不上去.

4. 我的書拿不回來了.

5. 昨天我從書店走回去的.

6. 那個孩子走回來的.

7. 那個門太小,没有法子走進去.

8. 這個東西太大拿不進去.

9. 那條路有水,走不過去.

10. 那個東西不太大,一定拿的進去.

Pattern 16.5. 他跑上山來. (p.257)

1. 他開門走進房子去了.

2. 有的拿回書店去,有

的拿回圖書館去.

3. 那個東西應當拿進

房子來

4. 他昨天晚上十一點半鐘才走回家去的.

5. 昨天他們三個人一塊兒走上山去了.

6. 我忘了拿本子了.我得跑回家去拿.

7. 你以前借的書請拿

回圖書館來

8. 昨天我看電影兒以後,我是走回家去的.

9. 你買的書都要拿回美國去嗎?

10. 錄音機明天你要拿回學校來.

Pattern 16.6. 他回到山上去. (p.258)

1. 先拿到這兒來,後拿到外頭去.

2. 這本書已經學到第十六課了.

3. 我們下星期學的到學不到第十九課?

4. 我母親回到美國去了.

5. 他寫的那本書已經寫到那兒了?

6. 高先生沒坐車,是走到城裏去的.

7. 我的書都拿到家去了.

8. 你們聽錄音一定要聽到第十六課.

9. 請問,我們今天學到那兒了?

10. 車開到那兒去了?

Pattern 16.7. 我把字典給他. (p.258)

1. 白先生把他的書都拿到學校去了.

2. 我把他們的名子都

忘了.

3. 你把那本書都看完了嗎?

4. 我如果有錢,把那個
   書店的書都買來.

5. 他把録音機賣了.

6. 白先生把今天學的
   字都寫在本子上.

7. 請你把學語言的方
   法告訴我.

8. 那個學生真笨,把最
   簡單的字都寫錯了.

9. 今天我把表看錯了.

10. 毛先生把書店裏的

中英字典都拿出來
給我看看.

11. 你把書都買了嗎?

12. 王先生把山上那所
    兒房子賣了.

13. 他把我的書都拿去
    了.

14. 別把這本書給他,我
    還看呢.

15. 你不把錢給他,他怎
    麼買呢?

Pattern 16.8a. 連他也去了. (p. 259)

Pattern 16.8b. 連他我也不請. (p. 259)

1. 今天我只請你一個
   人,連白先生我都不
   請.

2. 那個字不但我們不
   認識,連教員也不認
   識.

3. 昨天我們去看電影
   兒,連父親都去了.

4. 你怎麼這麼笨啊?
   這個字也不認識.

5. 我今天太忙了,連

飯都沒吃.

6. 我今天一毛錢都沒
   有.

7. 我今天早晨到學校
   的時候,學校裏一個
   人也沒有.

8. 王先生太聰明了,學
   了兩年的中文,不
   但會說中文,連書
   都能看懂了.

9. 那個人一個朋友都

沒有.　　　　　　　　怎麼連這個字都不
10. 這個字太容易了. 你　　　會寫?

Pattern 16.9a.　我有幾本書. (p.260)
Pattern 16.9b.　誰都沒來. (p.260)

1. 你到那兒去? 我不
　　到那兒去.

2. 你學中國話學了幾
　　年了? 我學了已經
　　有幾年了.

3. 你有多少書? 我沒
　　有多少書.

4. 高小姐今天到那兒
　　去了? 他今天那兒
　　也沒去.

5. 你要買甚麼書? 我
　　甚麼書都不買.

6. 今天晚上你家裏有幾

個客人? 今天晚上
沒幾個人.

7. 王教授很有學問嗎?
　他沒甚麼學問.

8. 你在這兒住了幾年
　了? 我在這兒沒住
　幾年.

9. 你想上那兒去? 我
　那兒也不想去.

10. 錢小姐怎麼那麼漂
　　亮? 我說他不怎麼
　　漂亮.

Pattern 16.10.　這本書是他寫的. (p.261)

1. 這張山水畫兒是高
　　小姐畫的.

2. 那個朋友是高先生
　　介紹的.

3. 那本書好極了是張

先生買的.

4. 買書的錢是我給的.

5. 那本字典是白先生
　借的.

6. 這所有的字都是高

先生寫的嗎？

7. 今天晚上我們去看
   電影兒票是毛先生
   買的他請我們.

8. 那個中文信寫的真
   好是王先生寫的嗎?

9. 昨天我聽了一會兒

錄音那個錄音是王
先生錄的中文說的
好極了.

10. 山上那所兒房子真
    漂亮是高先生住的
    嗎?

SUBSTITUTION TABLES (p. 262)

I

你們	----	上	船	----
他們	想	下	山	嗎

II

男人	回	來	----
女人	過	去	了
他們	跑		
	拿		
	進		
	出		
	上		
	下		

III

先生	上	山	----	----
孩子	下	車	來	嗎
他們			去	

IV

跑	----	上	來
走	不	過	去
拿	的	回	
		進	
		出	

V

孩子	----	上	山	----
他們	跑	下	船	來
	走			去

VI

跑	到	圖書館	來	----
走		書店	去	了
回		杭州		
拿		蘇州		

ANSWERING QUESTIONS (p. 265)

1. 如果你給兩個人介紹,是一個人説久仰還是兩個人説久仰呢?

2. 他認識二百個中國字,我認識三百五十個中國字,誰認識的字多?

3. 王先生去過杭州,張先生去過蘇州,他們兩個人誰去過杭州?

4. 錢先生的太太很漂亮,王先生的太太不漂亮,你説誰的太太好看?

5. 王太太從高家到書店去,高太太在家裏頭,是誰在路上?

6. 高小姐喜歡畫畫兒. 王小姐很喜歡畫兒. 他們兩個人誰會畫畫兒?

7. 白先生來中國一年. 萬教授來中國二年. 他們兩個人誰先到中國的?

8. 王先生昨天開了三個鐘頭的車. 王太太不會開車.誰會開車?

9. 王先生回到英國去了．王太太還在中國呢誰到
英國去了．?

10. 高先生走回來的高太太坐車回來的走路的是
誰？

1	2	3	4	5
杯	茶	長	等	夠
6	7	8	9	10
瑰	喝	和	划	婚
11	12	13	14	15
結	酒	露	玫	暖
16	17	18	19	20
拳	像	些	樣	贏

LESSON 17

VOCABULARY (p. 274)

1.	杯	bēi	cup	10.	婚	hūn	marry
2.	茶	chá	tea	11.	結	jiē	to knot
3.	長	cháng	long	12.	酒	jiǔ	wine
		zhǎng	grow	13.	露	lù	dew
4.	等	děng	wait	14.	玫	méi	rose
5.	够	gòu	be enough	15.	暖	nuǎn	warm
6.	瑰	guì	rose	16.	拳	quán	fist
7.	喝	hē	drink	17.	像	xiàng	resemble
		he	Gosh! My!	18.	些	xiē	few
8.	和	hé, huo	harmonious	19.	樣	yàng	kind
9.	划	huá	play guess-fingers	20.	贏	yíng	win

21.	杯子	bēizi	cup	27.	玫瑰	méigui	rose
22.	不得了	bùdéliǎo	awfully	28.	明白	míngbai	understand
23.	從前	cóngqián	formerly	29.	暖和	nuǎnhuo	warm
24.	好些	hǎoxiē	good many	30.	天氣	tiānqi	weather
25.	划拳	huá-quán	play guess-fingers	31.	為甚麼	wèi-shénmo?	why?
26.	結婚	jiēhūn	marry	32.	一樣	yíyàng	same

33. 有名　　yǒu-míng　　famous
34. 怎(麼)樣　zěnmoyàng　like what? How about it? well?

DIALOGUE (p. 270)

高先生、萬教授、
白先生他們三個
人喝茶的時候,他
們談蘇州杭州.
5 高:你們談到
　　上有天堂
　　下有蘇杭
　　我現在跟你們
　　談一談我的老家
10　杭州.
　白:您是在杭州
　　長大的嗎?
　高:我是在杭州
　　生的我二十
15　幾歲才離開杭
　　州.
　萬:我在英國就聽說
　　杭州很好英
　　國人到中國旅

20 行一定要到杭
　　州去.回來都說
　　杭州好的不得了.
　高:你沒去過杭州嗎,
　　老萬?
25 萬:我沒去過.
　高:杭州有個湖叫
　　西湖是很有名
　　的.從前的人把
　　西湖比作一個最
30　漂亮的女人西施
　　　　　　　　shi
　　那麼你就知道這
　　個湖是怎麼樣的
　　漂亮了.
　萬:我來過中國幾次
35　都沒去過杭州.
　　希望將來去一次
　高:天氣暖和的時候
　　有好些人到杭

州旅行.

40 白:我希望將來有機
會到杭州旅行.
蘇州怎麼樣? 蘇
州跟杭州一樣
嗎?

45 高:蘇州沒有杭州
那麼大.山水不
一樣,可是也很漂
亮.

白:您府上這個地方
50 也很漂亮.差不
多跟高小姐畫
的那張畫兒一樣
漂亮.

高:因為我喜歡杭
55 州,所以從前就
想,將來我一定
找一個地方像
杭州一樣好我
才住呢.後來朋
60 友介紹這個地方.
雖然沒有杭州
那麼好,可是有一
點兒像杭州.我

65 就在這兒買了這
所兒房子.

白:聽說蘇州女人
漂亮.是真的
嗎?

高:不一定.有的漂
70 亮,有的也很難
看.

萬:是.蘇州女人是
漂亮.你看高
小姐多麼漂亮.

75 白:高小姐是蘇州
人啊?

萬:高小姐是在蘇
州生的.高太
太是蘇州人.老
80 高在蘇州認識的
高太太.他們兩
個人在蘇州結婚,
高小姐是在蘇
州生的.高小
85 姐長的跟高太
太一樣漂亮.

白:噢,所以高太太高
小姐那麼漂亮.

呢!

90 萬: 杭州山水有
名.蘇州女人有
名.

高: 我們只說話了.
我忘了請你們
95 兩位喝酒了.老
萬,白先生,
請.

萬: 這酒真好是
甚麼酒啊?

100 高: 是玫瑰露.老
萬,怎麼樣,我們
喝了這杯划拳
好不好?

萬: 好.

105 高: 白先生,你看
見過划拳的嗎?

白: 我還沒看見過
呢.

高: 老萬,來,我們划
110 拳吧.

高: 四個啊! 萬:七啊!

萬: 你贏了,我喝.

高: 十個十個啊! 萬:

五啊!

115 高: 我贏了,你喝.

高: 五個五個啊!萬:六啊.

高: 七個七個七個啊! 萬:
八啊!

萬: 你贏了,我又喝.

120 高: 白先生,你看.
有意思嗎?

白: 很有意思.我很
奇怪為甚麼贏
的人不喝酒呢?

125 高: 你等一會兒就明
白了.

高: 七個七個啊!萬:九啊!

高: 我又贏了,你又
喝.

130 萬: 老高,你看,酒杯
真不小啊.

高: 老萬,再划.

萬: 夠了,再划就喝的
太多了.

135 白: 噢.現在我才明
白為甚麼贏的
人不喝酒.

SENTENCE BUILD-UP (p. 275)

像
像他的父親
1. 他很像他的父親．

　　有一點兒
　　有一點兒像
2. 他有一點兒像他的
　母親．

　　樣
　　這樣
3. 這樣人很少．

　　那樣
　　那樣的
4. 我想買那樣的筆．

　　一樣
5. 這兩個東西一樣．

　　一樣
　　不一樣
6. 這兩個錄音機不一

樣．

　　這個
　　跟那個
7. 這個跟那個一樣．

　　像那本書
　　像那本書一樣
8. 這本書像那本一樣．

　　天氣
　　這兒的天氣
9. 這兒的天氣不跟那
　兒的天氣一樣．

　　湖南的天氣
　　跟東北的天氣
10. 湖南的天氣跟東北
　的天氣不一樣．

　　湖北的天氣
　　差不多
11. 湖南的天氣差不多

跟湖北的天氣一樣

不像
不像我的一樣

12. 你的筆不像我的一樣

酒

13. 這個酒很好

杯
酒杯

14. 中國酒杯很小.

杯子
三個杯子

15. 拿三個杯子來.

杯
三杯酒

16. 請你拿三杯酒來

跟那個杯子一樣
跟那個杯子一樣
　小.

17. 這個杯子跟那個一樣小.

暖和
跟湖南一樣暖和

18. 湖北跟湖南一樣暖和嗎?

暖和
跟湖南一樣暖和
不跟湖南一樣暖和

19. 山東不跟湖南一樣暖和.

像山西一樣
像山西一樣大

20. 山東差不多像山西一樣大.

玫瑰
有的玫瑰

21. 有的玫瑰是紅的,有的是白的.

露
玫瑰露
像玫瑰露

22. 這個酒像玫瑰露一
    樣好.

喜歡看電影兒
一樣喜歡看電影
    兒

23. 我跟你一樣喜歡看
    電影兒.

喜歡吃中國飯
一樣喜歡吃中國
    飯

24. 我不像他一樣喜歡
    吃中國飯.

你像他
那麼聰明

25. 你像他那麼聰明.

他像你
這麼聰明

26. 他像你這麼聰明.

那麼用功

27. 你有他那麼用功.

那麼喜歡吃中國
    飯

28. 你沒有他那麼喜歡
    吃中國飯.

茶
拿茶來

29. 請拿茶來.

喝
喜歡喝茶

30. 我像你一樣喜歡喝
    茶.

喝
好喝

31. 這個茶真好喝.

名
有名

32. 蘇州沒有杭州那麼

有名.

結婚

33. 他們是去年結婚的.

王先生跟王太太
是去年結婚的

34. 王先生跟王太太是
去年結婚的.

長
長大

35. 他是在中國長大的.

長高

36. 那個孩子現在長高
了.

夠
夠不夠

37. 飯夠不夠?

划拳

38. 你會划拳嗎?

跟他父親
一樣高

39. 他長的跟他父親一
樣高.

跟他一樣好

40. 你划拳划的跟他一
樣好.

從前

41. 跟他一樣多
我從前吃的跟他一
樣多.

42. 像他那麼多
你買書買的像他那
麼多.

43. 沒有他那麼多
你買書買的沒有他
那麼多.

贏

44. 贏了三次
我也贏了三次.

生
45. 他是在湖南生的.

生在
46. 他生在湖南.

明白
明白你的意思
47. 我不明白你的意思.

為甚麼?
48. 你為甚麼不去?

等
等一等
49. 請你等一等.

你看
怎麼樣?
50. 你看那本書怎麼樣?

怎麼樣?
不怎麼樣
51. 那本書不怎麼樣

些
這些書
52. 這些書都是你的嗎?

那些
那些人
53. 那些人都是甚麼人?

好些
54. 好些房子都是一樣的.

有些
有些人
55. 有些人喜歡旅行,有些人不喜歡旅行.

比
比一比
56. 那兩個學生比一比.

把這個學生
跟那個學生
57. 把這個學生跟那個學生比一比.

比的上
比不上

58. 他的學問比的上比
不上萬教授？

比作
比四年級的學生

59. 教授都把他比作四
年級的學生.

看作
看作一個中國人

60. 我把那個日本人看
作一個中國人.

好看
好看的很

61. 玫瑰好看的很.

不得了
大的不得了

62. 他的房子大的不得
了.

沒有人
喜歡買

63. 那所兒房子大的沒
有人喜歡買.

那麼
我們一塊兒去

64. 那麼我們一塊兒去
好不好？

PATTERN DRILLS

Pattern 17.1. 這個顏色跟那個顏色一樣 (p. 280)

1. 我的表跟你的表一
樣.

2. 那枝筆跟這枝一樣.

3. 今天的天氣跟昨天
的天氣一樣.

4. 山東不跟山西一樣.

5. 日本飯不像中國飯
   一樣

6. 這兒的天氣差不多
   跟那兒的天氣一樣

7. 中國筆不像美國筆
   一樣

8. 大學不像中學一樣

9. 早飯跟晚飯不一樣

10. 日本字跟中國字有
    的一樣有的不一樣

Pattern 17.2.　他跟你一樣用功　(p.281)

他跟你一樣喜歡看書

1. 王太太像王先生一
   樣用功

2. 念中國書跟寫中國
   字一樣難

3. 這個飯跟我母親作
   的一樣好吃

4. 湖南的山水跟湖北
   的一樣好看

5. 高小姐寫的字跟高
   先生寫的字一樣好
   嗎?

6. 這個茶杯跟那個一
   樣大

7. 你的字典跟我的一
   樣小

8. 王小姐像他母親一
   樣漂亮

9. 他說的中文跟中
   國人說的一樣好

10. 他念書像你念書
    一樣好

11. 湖北不跟山東一樣
    大嗎?

12. 電車不像公共汽車
    一樣快

13. 我的錢不像你的錢
    一樣多

14. 王太太畫的畫兒像
    錢太太畫的一樣好

15. 王先生不像張先生
    一樣聰明

16. 中國人跟外國人一
    樣喜歡玩兒

17. 我像他一樣希望到

中國去.

18. 錢先生不像高先生
一樣喜歡旅行.

19. 毛先生像高先生一

樣喜歡看書.

20. 我跟他一樣希望到
中國去念書.

Pattern 17.3.   我有他那麼高. (p.282)

我有他那麼喜歡看書.

1. 王太太有王先生那
麼聰明.

2. 那張地圖沒有這張
這麼好.

3. 坐船沒有坐飛機那
麼快.

4. 錢先生寫的字沒有
高先生寫的那麼好.

5. 這本字典沒有那本
那麼好.

6. 那本書沒有這本書
這麼容易.

7. 錢小姐沒有王小姐
那麼漂亮.

8. 我弟弟像白先生那
麼用功.

9. 這兒的人沒有那兒
的那麼多.

10. 念中國字沒有寫中
國字那麼難.

11. 我不像你那麼希望
到外國去.

12. 王先生沒有白先生
那麼喜歡吃中國飯.

13. 我像你那麼喜歡旅
行.

14. 高太太不像高先生
那麼希望美英到外
國去念書.

15. 我不像你那麼希望
結婚.

Pattern 17.4. 你念書念的跟他一樣好. (p.283)

1. 他想的跟你一樣快.

2. 萬教授說的跟中國人一樣好.

3. 他念書念的跟你一樣好.

4. 他走路跟你一樣快.

5. 他吃飯跟你一樣多.

6. 高先生買書買的跟

   我一樣多.

7. 他考試考的像我一樣忙.

8. 高小姐畫山水畫的像他一樣好.

9. 他划拳划的跟你一樣好.

10. 他說話跟你一樣慢.

Pattern 17.5. 你念書念的有他那麼好. (p.284)

1. 張先生寫字寫的沒有你這麼好.

2. 王先生說中文說的像你這麼好.

3. 他考試考的沒你這麼忙.

4. 他吃的像你這麼快.

5. 毛先生認識字認識的沒你這麼多.

6. 毛先生看書像高先

   生那麼多.

7. 錢先生說英文說的像英國人那麼好.

8. 三友書店賣書賣的像王先生書店那麼多.

9. 他借書借的沒有你這麼多.

10. 他聽錄音不像你這麼多.

Pattern 17.6.
$$\left\{\begin{array}{l}\text{他 好 的 很} \\ \text{他 好 的 不 得 了.} \qquad \text{(p.285)} \\ \text{他 漂 亮 的 人 都 喜 歡 他.}\end{array}\right.$$

1. 山 上 那 所 兒 房 子 大
   的 很.

2. 那 個 地 方 漂 亮 的 不
   得 了.

3. 紐 約 人 多 的 不 得 了.

4. 這 個 茶 好 喝 的 不 得
   了.

5. 我 忙 的 沒 機 會 看 電
   影 兒.

6. 那 個 小 姐 漂 亮 的 很

      多 人 想 跟 他 結 婚

7. 杭 州 山 水 好 看 的 沒
   法 子 說

8. 那 個 學 生 太 笨, 笨 的
   連 一 個 字 都 不 認 識.

9. 那 個 地 方 漂 亮 的 差
   不 多 所 有 的 人 都 想
   到 那 兒 去 旅 行.

10. 那 個 房 子 太 大, 大 的
    沒 人 要 買.

SUBSTITUTION TABLES (p. 286)

I

這 兒 *的 天 氣	----	像	那 兒 *的 天 氣	一 樣	----
三 藩 市	不	跟	紐 約		嗎
大 學			中 學		
鋼 筆			毛 筆		

II

這本書	----	像	那本書	一樣	----
我的筆	不	跟	你的筆		好
蘇州			杭州		
這個顏色			那個顏色		

III

湖南	(沒)有	湖北	這麼	遠
	(不)像	東北	這麼	大
			那麼	好

IV

我	說話	說的	像	他	一樣	----
	念書	念的	跟			好
	寫字	寫的				快
	作事	作的				慢

V

| 我 | 說話 | 說的 | (沒)有 | 他 | 這麼 | 好 |
| | 寫字 | 寫的 | (不)像 | | 那麼 | 快 |

EXPANSION DRILLS (p. 290)

I

他

跟他

跟他一樣

跟他一樣好

不跟他一樣好

你不跟他一樣好

你不跟他一樣好嗎

II

快

那麼快

吃的那麼快

吃的有你那麼快

他吃的有你那麼快

他吃的沒有你那麼快

他吃飯吃的沒有你那麼快

III

一樣

一樣慢

跟他一樣慢

你跟他一樣慢

你作事跟他一樣慢

你作事作的跟他一樣慢

SENTENCE CONVERSION (p. 291)

I

1. 高太太很喜歡拜訪外國朋友.
2. 萬太太很喜歡拜訪外國朋友.
3. 萬教授很喜歡拜訪外國朋友.
4. 萬教授很喜歡看外國朋友.
5. 萬教授不喜歡看外國朋友.
6. 萬教授不喜歡看外國書.
7. 萬教授不喜歡看中文書.
8. 萬教授不會看中文書.

II

1. 我明天也買五塊錢的筆.
2. 我明天也買五分錢的筆.
3. 我明天也買五分錢的書.

4. 我明天就買五分錢的書.

5. 他明天就買五分錢的書.

6. 他每天就買五分錢的書.

7. 他每天就看五分鐘的書.

8. 他每天就看十分鐘的書.

ANSWERING QUESTIONS (p. 291)

1. 錢先生喝了三杯茶錢太太喝了四杯茶他們一共喝了幾杯茶?

2. 高先生說杭州話高太太高小姐都說蘇州話說杭州話的人多還是說蘇州話的人多?

3. 王先生划拳贏了六次張先生贏了三次誰贏了?

4. 毛先生去過杭州五次白先生去過四次誰去的多?

5. 王先生喝玫瑰露王太太喝茶誰喝酒?

6. 高小姐畫了五張山水畫兒萬小姐畫了兩張畫五張的是誰?

7. 張先生結婚五年了王先生結婚七年了誰先結婚?

8. 我去過西湖兩次他去過西湖一次他去過幾次?

9. 我離開杭州十五年他離開杭州十二年誰先離開杭州?

10. 他喜歡暖和的天氣我喜歡不暖和的天氣誰喜歡暖和的天氣?

LESSON 18

ANALOGY DRILL (p. 296)

他不姓王. 他不姓王姓甚麼? 他姓張.

今天不是星期一. 今天不是星期一是星期幾?
今天是星期二.

這不是鋼筆. 這不是鋼筆是甚麼? 這是鉛
筆.

我不念書. 你不念書作甚麼? 我作事.

Section A (p. 296)

1. 我不吃中國飯. 你不吃中國飯吃甚麼? 我
吃美國飯.

2. 這不是我的書. 這不是你的書是誰的書?
是張先生的書.

3. 我不畫畫兒. 你不畫畫兒作甚麼? 我寫字.

4. 我今天不聽錄音. 你不聽錄音作甚麼? 我
念書.

5. 我不上杭州. 你不上杭州上那兒? 我上蘇
州.

6. 我明天不去旅行. 你不旅行作甚麼? 看電
影兒.

7. 我不喝酒. 你不喝酒喝甚麼? 我喝茶.

8. 他寫信不用毛筆. 他不用毛筆用甚麼? 他用鋼筆.

9. 我不上學校. 你不上學校上那兒? 上圖書館.

10. 錢先生今年不到美國去. 他不到美國到那兒去? 他到日本去.

11. 高先生五點鐘不來. 他五點鐘不來幾點鐘來? 他六點鐘來.

12. 我母親四月不到美國來. 他四月不來甚麼時候來? 他八月來.

13. 錢先生今年不到英國去. 他今年不到英國去到那兒去? 他到美國去.

14. 我今天不買書去. 你今天不買書買甚麼? 我買墨水去.

15. 我不在遠東大學念書. 你不在遠東大學念書在那兒念書? 我在中學念書.

16. 我父親不喜歡吃中國飯. 他不喜歡吃中國飯喜歡吃甚麼飯? 他喜歡吃美國飯.

17. 他不像他母親. 他不像他母親像誰? 他像他父親.

18. 我不想買表. 你不買表買甚麼? 我想買書.

19. 他不在中學教書. 他不在中學教書在那兒教書? 他在小學教書.

20. 我們不歡迎他. 你們不歡迎他誰歡迎他？
    沒人歡迎他.

21. 我今天不上課. 你不上課作甚麼？ 我聽錄
    音.

22. 我不在四年級. 你不在四年級在幾年級？
    我在三年級.

23. 我對科學沒有興趣. 你對科學沒有興趣對甚
    麼有興趣？ 我對語言學有興趣.

24. 我不喜歡這個方法. 你不喜歡這個方法喜歡
    那個方法？ 我喜歡那個方法.

25. 我不十分喜歡吃中國飯. 你不喜歡吃中國飯
    喜歡吃甚麼飯？ 我喜歡吃日本飯.

26. 我不用中文寫信. 你不用中文寫信用甚麼文
    寫信？ 我用英文寫信.

27. 那個孩子最不喜歡念書. 他不喜歡念書喜歡
    作甚麼？ 他喜歡玩兒.

28. 我們今天念不完第三課. 你們念不完第三課
    念的完第幾課？ 我們念的完第二課.

29. 我今天不想聽兩個鐘頭的錄音. 你不想聽兩
    個鐘頭的錄音想聽幾個鐘頭的錄音？ 我想
    聽一個鐘頭的錄音.

30. 他沒把字典給我. 他沒把字典給你把甚麼給
    你了？ 他把地圖給我了.

31. 這個法子不好. 這個法子不好甚麼法子好？
    沒有好法子.

32. 我給你介紹的那位朋友不是教授. 他不是教授是甚麼? 他是中學教員.

33. 別把這些東西拿進房子去. 不拿進房子去拿到那兒去? 拿到書店去.

34. 不是我告訴先生的. 不是你告訴先生的是誰告訴先生的? 是他告訴先生的.

35. 他不是在中國長大的. 他不是在中國長大的是在那兒長大的? 他是在美國長大的.

36. 今天不是五號. 今天不是五號是幾號? 今天是六號.

37. 西山不在西南邊兒. 西山不在西南邊兒在那邊兒? 西山在西北邊兒.

38. 我們不在這兒下車. 我們不在這兒下車在那兒下車? 我們在公園門口兒下車.

39. 我們不賣紅墨水. 你們不賣紅墨水賣甚麼顏色墨水? 我們就賣黑墨水,藍墨水.

40. 我不是等高小姐. 你不是等高小姐等誰? 我等高先生.

41. 他不是去年結婚的. 他不是去年結婚的是甚麼時候結婚的? 他是今年結婚的.

42. 天氣不好的時候我不到公園去. 你不到公園去到那兒去? 我不到那兒去.

43. 他划拳不是贏了三次. 他不是贏了三次贏了幾次? 他贏了兩次.

44. 吃的東西不是我買的. 不是你買的是誰買的?

是他買的.

45. 兩個本子不夠　兩個本子不夠幾個本子夠呢?
　　三個本子才夠呢.

Section B (p.299)

1. 我今天不到圖書館
　去.

2. 我沒有一百塊錢.

3. 我不給他錢.

4. 他原來不喜歡研究
　科學.

5. 我將來不念大學.

6. 他不喜歡教書.

7. 我今天不想出去.

8. 我不喜歡住在山上.

9. 他不喜歡開電車.

10. 我不想買茶杯.

11. 我不喜歡旅行.

12. 他不是在湖南生的.

13. 他不是早晨來的.

14. 他不念一年級.

15. 他不對高先生說話.

16. 他不給我母親買書.

17. 這個不叫鉛筆.   21. 這個字典不是我的.
18. 我們今天不念第十   22. 我們不往北拐.
    九課.   23. 他不姓白.
19. 這個字不是我寫的.   24. 他不住紐約.
20. 我不坐飛機去.   25. 不是他告訴我的.

REPLACEMENT DRILL (p. 300)

1. 他的中國話不錯 (很好)
2. 我最好等幾分鐘 (一會兒)
3. 我們必得到別的地方去 (得)
4. 你為甚麼沒戴表? (買)
5. 你看這張山水畫兒好不好? (怎麼樣)
6. 你們應當每天聽兩個鐘頭錄音 (該)
7. 他說的話我都懂 (明白)
8. 他請了很多客人,可是連一個人都沒來 (也)
9. 這個東西跟那個東西一樣 (像)
10. 那個老先生很有錢 (名)
11. 一千塊錢夠不夠? (萬)
12. 我們吃飯以前先喝茶 (划拳)
13. 我只有三塊錢 (就)
14. 如果我有機會我一定到那兒去旅行 (工夫)
15. 我們都忙的很 (不得了)
16. 我把他看作一個學生 (教員)

17. 我們快要考書了. (考試)

18. 我一點兒都不明白. (甚麼)

19. 這樣不像那樣那麼好 (沒有)

20. 他們當然吃中國飯. (一定)

INSERTION DRILL (p. 300)

我忙連飯都不能吃.　　　(的)

我忙的連飯都不能吃.

1. 我沒工夫,不能去看電影兒. (因為----所以)

2. 他畢業了,到日本去了. (以後----就)

3. 那個學校有中國學生,有外國學生 (也----也)

4. 他沒有錢還要去看電影兒. (雖然----可是)

5. 他們都笨,沒有人喜歡他們. (的)

6. 他會說中國話,會寫中國字. (也----也)

7. 你沒有錢,不能買書. (如果----就)

8. 他吃飯,到圖書館去. (先----後)

9. 我想去拜訪朋友,沒有工夫. (可是)

10. 我要考試了,不能去玩兒. (因為----所以)

11. 我今天沒念書,也沒寫字. (不但----而且)

12. 白先生聰明,而且用功. (又----又)

13. 我有工夫,一定到您家去. (如果)

14. 那個學生很笨,也不用功. (不但----而且)

15. 我能看中文書,不能寫中國字. (雖然----可是)

16. 我學語言每天聽錄音 (的時候)

17. 我沒有工夫去玩兒沒有錢 (不但----而且)

18. 他念過大學沒畢業 (可是)

19. 他學了一年的中國話了一句中國話也不能說
    (雖然----可是)

20. 我作完了事我們可以走 (以後----就)

TRANSFORMATION DRILL (p. 301)

A

1. 他昨天來了. 他昨天沒來.

2. 他是在東北生的. 他不是在東北生的.

3. 他在湖南長大的. 他不是在湖南長大的.

4. 他考的上大學. 他考不上大學.

5. 你得走. 你不必走.

6. 他到那兒去? 他不到那兒去.

7. 他的學問很好. 他的學問不很好.

8. 他在高先生家吃飯. 他不在高先生家吃飯.

9. 他說中國話說的很好. 他說中國話說的不很好.

10. 我們下星期念的到第二十課. 我們下星期念不到第二十課.

B

他們買書. 書是他們買的.

1. 高小姐畫畫兒. 畫兒是高小姐畫的.
2. 萬教授寫了這本書. 這本書是萬教授寫的.
3. 他買了那個字典沒有? 那個字典是他買的嗎?
4. 他買票. 票是他買的.
5. 高太太作中國飯. 中國飯是高太太作的.
6. 他寫了三本書了. 三本書是他寫的.
7. 他在圖書館借書. 書是他在圖書館借的.
8. 我給他錢. 錢是我給他的.
9. 王先生教我中文. 中文是王先生教我的.
10. 我寫信. 信是我寫的.

MISCELLANEOUS SENTENCES (p. 302)

1. 下課以後我就回家.
2. 高小姐昨天買了一個表.
3. 他高中還沒念完就要考大學.
4. 我星期六想去看電影兒.
5. 那位教員很好我們都歡迎他.
6. 請你看我寫的這幾個中國字對不對.
7. 學語言有一定的方法.
8. 你吃過中國飯嗎? 我吃過了很多次了.

9. 我有五千塊錢我就到英國美國去旅行.
10. 高小姐長的十分漂亮.
11. 錢先生用五萬塊錢買了一所兒房子.
12. 今天我還沒給我女朋友寫信呢.
13. 毛先生對科學很有興趣.
14. 高先生來了一會兒就走了.
15. 白先生原來是學科學的後來又學文學了.
16. 我每天必得聽一個鐘頭的錄音.
17. 因為他病了,所以今天不到學校來.
18. 你明天三點鐘一定到圖書館去嗎? 我當然去了.
19. 快要考試了,我得用功念書了.
20. 我希望將來能上中國去念書.
21. 我們都喜歡那位教員.他教書教的好極了.
22. 我將來有機會也到外國去旅行.
23. 白先生認識毛先生是錢先生介紹的.
24. 昨天跟幾個朋友一塊兒上山了.
25. 我們學語言應當每天聽錄音.
26. 王先生病了,我應該去看看他.
27. 他家住在山上買東西很麻煩.
28. 白先生不但書念的好,而且字也寫的好.
29. 遠東大學考試寫中國字一共考了二百多個字.
白先生連一個字都沒寫錯.
30. 學語言,聽錄音這個法子真好.
31. 兩個人開始認識一定得說"久仰,久仰."

32. 那個孩子四歲了連一句話也不會說。

33. 高太太給高小姐開門。

34. 那個孩子笨極了念了一年書連一個字也不認識。

35. 他把家裏頭所有的書都拿到學校去了。

36. 有的人喜歡旅行,有的人喜歡看電影兒。

37. 萬教授真有學問他寫的書好極了。

38. 他戴他父親的表。

39. 毛先生不在家他出去了。

40. 您請進來坐一會兒。

DIALOGUE (p. 304)

萬教授要回英國去了,他的學生,張
東生,想請他吃飯他們兩個人談話。

張: 萬教授,您好嗎?

萬: 噢東生,我好你好嗎?

張: 我好,謝謝您我聽說您要回英國去了。

萬: 對了,我二十五號就走了。你考試以後到英國去玩兒玩兒。

張: 我很想到英國去,可是太忙考試以後也必得用功念書我想得畢業以後才有機會到英國去呢。

萬: 希望你畢業以後到英國去我們在英國見。

張 ： 好.我也是這麼想.萬教授.您快走了.我想這個
　　　星期裏頭請您吃飯.我還請幾個別的朋友.您
　　　甚麼時候有工夫呢？請您說一個時候.

萬 ： 你太客氣.

張 ： 您別客氣.

萬 ： 那麼星期五好不好？

張 ： 好.我想請您到我家裏頭來請您吃中國飯好
　　　不好？

萬 ： 好極了.我最喜歡吃中國飯可是太麻煩了.

張 ： 您別客氣.

萬 ： 你府上在那兒啊？

張 ： 我家就在中山路一百五十八號離三友書店
　　　不遠請您星期五晚上七點鐘到我家來.

萬 ： 好.我們星期五見.

張 ： 星期五晚上見.

萬 ： 謝謝你.

NARRATIVE (p. 305)

　　昨天天氣很暖和我們學校不上課,所以我找了
幾個朋友也有高美英小姐我們一共七個人去旅
行我們就想："到那兒去好呢" 高小姐說："我們
上北湖那邊兒,那個大山上去玩兒吧." 他說那個

山上漂亮極了。他說那個山上最高的地方就是一個大公園，那兒有很多玫瑰，因為他很喜歡玫瑰，他說到那兒去，所以我們就去了。

　　去的時候我們先坐公共汽車，因為我們是旅行，所以我們坐到中山路就下車了。中山路離那個大山還有很遠呢。我們七個人一塊兒走路談話，很有意思。我們往山上走的時候，遇見了毛先生毛太太跟他們兩個孩子也來上山。有的朋友不認識毛先生、毛太太，我給他們介紹了以後就都認識了。我們幾個人都喜歡他們那兩個孩子都很漂亮。現在又有毛先生他們四個人，我們一共是十一個人了。

　　我們到山上已經差不多十二點了，都想吃東西了。把我們在山下買的東西都拿出來，我們在一塊兒吃。雖然我們吃的東西買了不少，可是我們忘了拿水。我們沒有水喝，毛太太他們拿水來了。我們每個人都喝了一點兒水。

　　吃完了東西以後毛先生說："現在我們開始玩兒了。"高小姐畫畫兒。我們幾個人有的走走，有的看玫瑰，有的談談。最有意思的還是那兩個孩子跑來跑去的。

　　今天我們玩兒的很好，已經快到五點鐘了，毛先生說："我們該下山回家了。"可是那兩個小孩子還不想走。

ANSWERING QUESTIONS (p.305)

1. 張先生沒有錢,所以他不能去看電影兒,王先生也不能去,因為他沒有工夫,張先生為甚麼不能去看電影兒?

2. 我想買六本書,已經買了四本了,我還要買幾本?

3. 我用鋼筆寫字,他用毛筆寫字,誰用毛筆寫字?

4. 王先生吃了飯就到圖書館去了,他借了書以後就回家,他先作甚麼?

5. 念文學的學生都是女人,念科學的都是男人,女學生念甚麼?

6. 王先生王太太上星期病了,王先生現在好了,王太太還沒好呢,誰還有病?

7. 現在已經三點了,我要走了,現在幾點鐘了?

8. 我弟弟沒念過科學,他說科學沒有意思,他對科學有興趣嗎?

9. 王先生到中國來以後就開始學中文,他在美國的時候學了中文沒有?

10. 沒有學過中國話的學生看的懂看不懂中文書?

11. 一共有一萬萬中學的學生,一千萬大學的學生,是中學的學生多還是大學的學生多?

12. 高先生不在圖書館了,他回家了,高先生還在圖

書館嗎？

13. 白先生昨天念了五個鐘頭書．高小姐從兩點到
    五點鐘念書．誰念的多？

14. 外頭有兩個人．我請他們進來．我在裏頭還是在
    外頭？

15. 他把中文書都拿到圖書館去了．把英文書都拿
    回家來了．中文書在那兒？

16. 我姓王．我不會作中國飯．連我內人也不會作．王
    太太會不會作中國飯？

17. 他甚麼都沒買．他買了書沒有？

18. 五個字是我寫的．十個是他寫的．誰寫的多？

19. 他説中國話説的比你好我説的沒有你這麼好
    我們三個人誰説的好？

20. 有的日本字跟中國字一樣有的不一樣所有的
    日本字都跟中國字一樣嗎？

21. 他昨天借了兩本書今天又借了三本他一共借
    了幾本書？

22. 弟弟念大學四年級妹妹念二年級誰先畢業？

23. 因為他沒有錢所以不能去看電影兒他為甚麼
    不去看電影兒？

24. 王先生很喜歡研究科學王小姐很喜歡研究文
    學王先生對甚麼有興趣？

25. 張先生在中國學了兩年的中國話在英國學了
    一年中文他在英國學過沒有？

26. 萬教授在中國研究了五年語言二年文學他研
    究甚麼的時候最多？

27. 錢先生很忙他沒工夫看電影兒錢太太常看電
    影兒誰不看電影兒？

28. 我是在中國長大的他在日本長大的誰是中國人？

29. 我父親給我五塊錢我母親給我三塊錢他們兩
    個人一共給我多少錢？

30. 這枝筆不是我買的是王先生買的這枝筆是誰
    買的？

CROSSWORD PUZZLE (p.307)

從左往右

1. 中國最漂亮的城

5. 我沒有他----聰明

7. 方法

8. 先生,太太,小姐,學生, 孩子都是甚麼?

10. 把

11. 一跟三的中間兒

13. 有的人用這個寫字

從上往下

1. 從湖南來的人

2. 他們不是女人是甚 麼?

3. 你每天早晨吃甚麼?

4. 明白了以後,常用這 個字

6. 我不能去看電影兒, ----我沒有錢

9. 跟上頭十一一樣

12. 母親

1	2	3	4	5
飽	便	菜	炒	除
6	7	8	9	10
醋	豆	腐	廣	雞
11	12	13	14	15
獎	筷	牛	肉	燒
16	17	18	19	20
獅	酸	隨	湯	糖
21	22	23	24	25
特	甜	魚	着	豬
26				
做				

LESSON 19

VOCABULARY (p.315)

1.	飽	bǎo	full, satiated		15.	燒	shāo	roast, braise
2.	便	biàn	convenient		16.	獅	shī	lion
3.	菜	cài	course; vegetable		17.	酸	suān	sour
4.	炒	chǎo	sauté, fry		18.	隨	suí	follow
5.	除	chú	except for		19.	湯	tāng	soup
6.	醋	cù	vinegar		20.	糖	táng	sugar
7.	豆	dòu	bean		21.	特	tè	special
8.	腐	fǔ	curd		22.	甜	tián	sweet
9.	廣	guǎng	broad		23.	魚	yú	fish
10.	雞	jī	chicken		24.	着	zháo	(suffix indicating accomplishment)
11.	奬	jiǎng	praise				zhe	(suffix indicating progressive action)
12.	筷	kuài	chopsticks		25.	豬	zhū	pig
13.	牛	niú	cow, ox		26.	做*	zuò	do, make
14.	肉	ròu	meat					

27.	白菜	báicài	cabbage		29.	除了	chúle	except for
28.	便飯	biànfàn	plain food		30.	豆腐	dòufu	beancurd

*This is an alternate form for 作. It is the preferred form in some phrases, such as 做菜 <u>zuò cài</u> "cook food."

31. 飯館兒	fànguǎn fànguǎr	restaurant
32. 廣東	Guǎngdong	Canton, Kwangtung
33. 過獎	guòjiǎng	(you) flatter (me)
34. 筷子	kuàizi	chopsticks
35. 獅子	shīzi	lion
36. 隨便	suíbiàn	as you please, any way one likes
37. 特別	tèbié	special
38. 以外	yǐwài	besides, except for

DIALOGUE (p.311)

高太太: 飯好了. 萬
　　先生白先生,
　　請吃飯吧.
高先生: 老萬白
5　先生, 我們吃飯.
萬: 高太太, 今天太
　　麻煩您了.
高太太: 沒甚麼便
　　飯, 很簡單.
10 高先生: 請坐, 請
　　坐. 我們隨便坐.
白: 高太太高小姐,
　　請來一塊兒吃吧.

高先生: 美英來. 我
15　內人得把菜做完.
　　我們先吃他一
　　會兒就來.
萬: 喝! 不得了! 怎麼
　　這麼多的菜啊!
20 高先生: 便飯沒有甚
　　麼菜. 你們
　　兩位隨便坐. 隨
　　便吃. 我內人也
　　不怎麼會做菜.
25　不是魚就是肉.
　　沒甚麼好菜.

白：高太太,菜太多
　　了.您别忙了.
　　請來,我們一塊兒
30　　吃飯吧.
　　高太太：你們幾位先
　　　　請還有一個菜
　　　　我就來了.
　　高先生：我們先
35　　吃.
　　白：菜真漂亮.都
　　　　叫甚麼?
　　高先生：這個叫獅
　　　　子頭.
40　白：怎麼叫獅子頭呢?
　　　　名子很奇怪.
　　高先生：我想或者
　　　　是因為每一個都
　　　　很大,所以叫獅子
45　　頭.
　　白：這個菜是甚麼?
　　高先生：這是炒
　　　　白菜.
　　白：這個呢?
50　高先生：這是紅
　　　　燒雞*

白：這個我知道是
　　　　炒豆腐.
　　(高太太把菜做好了
55　　拿着菜出來了.)
　　高太太：没甚麼好
　　　　菜.請多吃一
　　　　點兒.我想來想
　　　　去也想不出特別
60　　的菜來.
　　萬：您太客氣了.菜太
　　　　好了,比飯館兒的
　　　　菜都好.
　　高太太：過獎,過獎.
65　萬：獅子頭做的好極
　　　　了.我特別喜歡吃.
　　高太太：白先生,你
　　　　都喜歡吃甚麼
　　　　菜?
70　白：我喜歡吃紅燒
　　　　的,像紅燒肉、
　　　　紅燒雞、紅燒
　　　　魚----我都喜歡吃.
　　高先生：白先生,
75　　你在美國也常
　　　　吃中國飯嗎?

白：常吃我很喜
歡吃,常跟朋
友一塊兒去吃中
80　國飯館兒.
高太太：所以你用筷
子用的那麼好呢.
高小姐：在美國的
中國飯館兒多
85　嗎?
白：不少
高小姐：美國的中
國飯好吃嗎?
白：在美國的中國
90　飯館兒差不多都是
廣東飯館兒他們
做的好是好,可是
沒有高太太做
的這麼好吃獅
95　子頭在美國除了
三藩市紐約幾個
大城以外就吃不
着.
萬：這個糖醋魚很好
100　吃.
白：高太太,請問,這

個糖醋魚裏頭都
有甚麼?
高太太：糖醋魚裏頭
105　有白糖有醋因
為又有糖又有
醋所以又甜又
酸.
白：白菜必得用豬肉
110　炒嗎?
高太太：不一定如果
你喜歡吃牛肉,就
用牛肉炒.
白：那麼炒豆腐呢?
115　高太太：隨便豬肉牛
肉都可以.
白：高小姐,你會做
飯嗎?
高小姐：我不會做飯
120　高太太：他也會做幾
樣菜,做的還不
錯
白：您菜做的這麼
好,我想高小
125　姐一定做的也不
錯

高太太: 希望你常來,　　　　　　菜.
　　　就在這兒吃便飯.　　萬: 我們已經吃飽了,
白: 謝謝您.　　　　　　　　又喝很多湯.
130 高太太: 你下次來我　　145 高先生: 老萬白
　　　叫美英做.　　　　　　　先生,再吃一
高先生: 請吃菜.　　　　　　　點兒吃的太少.
　　太太,該拿湯了.　　萬: 我一點兒也沒客
高太太: 我跟白先　　　　　氣吃的很飽謝謝
135　生說話說的　　　150 白: 謝謝吃的太多
　　　忘了拿湯了.　　　　　了.
　　　(他把湯拿來)　　　高太太: 真吃飽了
白: 這是甚麼湯?　　　　　嗎?
高太太: 牛肉湯.　　　　萬: 飽了謝謝.
140 白: 湯真好.　　　155 高先生: 那麼就請
高先生: 請多吃　　　　　　喝茶吧.

SENTENCE BUILD-UP (p.316)

菜　　　　　　　　　2. 我們要四個菜一個
幾個菜　　　　　　　　湯.
1. 我們今天吃幾個菜?

　湯　　　　　　　　　糖
　一個湯　　　　　　　白糖
　　　　　　　　　　3. 最好的糖是白糖.

筷子
用筷子吃飯
4. 你會用筷子吃飯嗎?

喝一點兒
多喝一點兒
5. 多喝一點兒湯吧.

慢一點兒
說慢一點兒
6. 我不懂.請您說慢一
點兒.

慢一點兒
慢一點兒說
7. 我不明白.請您慢一
點兒說.

豆腐
用筷子吃豆腐
8. 用筷子吃豆腐不容
易.

白菜
喜歡吃白菜

9. 中國人很喜歡吃白
菜.

飯館兒
在飯館兒吃飯
10. 我很喜歡在飯館兒
吃飯.

飯館兒
吃飯館兒
11. 你不喜歡吃飯館兒
嗎?

廣東
吃廣東飯館兒
12. 我們吃廣東飯館兒
可以嗎?

聽
聽着
13. 我聽着錄音呢.

吃着飯
聽錄音
14. 我吃着飯聽錄音.

炒
　炒白菜
　炒豆腐
15. 炒白菜炒豆腐都很
　　容易做.

肉
　用甚麼肉?
16. 做炒白菜用甚麼肉?

豬
　豬肉
　豬肉吃的多
17. 中國人豬肉吃的多.

牛
　牛肉
　牛肉吃的多
18. 美國人牛肉吃的多
　　呢還是豬肉吃的多
　　呢?

獅子
　沒有獅子
19. 中國有老虎沒有獅

子
　頭
　獅子頭
20. 這個菜叫獅子頭.

不是英國人
　就是美國人
21. 那個外國人不是英
　　國人就是美國人.

不吃豬肉
　就吃牛肉
22. 我們不吃豬肉就吃
　　牛肉.

不是吃豬肉
　就是吃牛肉
23. 我們不是吃豬肉就
　　是吃牛肉.

燒
24. 這個肉是燒的.

　紅燒

紅燒肉

25. 你喜歡吃紅燒肉嗎？

買
買着

26. 你買着了沒有？

買着
買不着

27. 這個現在買不着.

我等了半天
他也沒來

28. 我等了半天,他也沒
來.

我等了半天
他都沒來

29. 我等了半天,他都沒
來.

拿出來
拿出書店來

30. 把書都拿出書店來.

拿出來
拿出畫兒來

31. 請您拿出畫兒來,我
要看看.

特別

32. 那個人很特別.

特別喜歡

33. 我特別喜歡吃獅子
頭.

魚

34. 這是魚是肉呢？

醋
用完了

35. 醋用完了嗎？

除了
除了茶

36. 除了茶他甚麼都不
喝.

以外
茶以外
37. 茶以外他甚麼都不
喝.

除了茶以外
38. 他除了茶以外甚麼
都不喝.

甜
甜的
39. 我不喜歡吃甜的.

酸
40. 醋是酸的.

過獎
客氣話
41. "過獎"就是客氣話.

飽
太飽了
42. 我太飽了.

吃飽
43. 你吃飽了沒有?

吃飽
吃不飽
44. 飯太少,我吃不飽.

好
寫好
45. 字都寫好了嗎?

寫好
寫不好
46. 我一個鐘頭寫不好.

好是好
沒有那個那麼好
47. 這個好是好,可是沒
有那個那麼好.

便飯
好吃是好吃
48. 便飯好吃是好吃,可

是我不喜歡吃．

隨便
49. 我們隨便坐好不好？

隨便
可以
50. 隨便甚麼時候都可
以．

隨便甚麼時候可
以來
51. 你隨便甚麼時候都

可以來．

雞
52. 你喜歡吃雞嗎？

喝！
53. 喝！怎麼這麼多的
人呢？

要
要菜
54. 我們在飯館兒要了
三個菜．

PATTERN DRILLS

Pattern 19.1a. { 多喝 (一) 點兒茶．
少給一塊錢． (p.321)

Pattern 19.1b. 走慢一點兒． (p.321)

Pattern 19.1c. 慢一點兒走． (p.321)

1. 你應該少要一點兒．
2. 請你走快一點兒．
3. 你寫的字太小了請
你再寫大一點兒．
4. 請你多買一些筆．
5. 多拿點兒錢．
6. 要考試了我得多念
一點兒書．

7. 這張畫兒我得畫好
   一點兒.

8. 你說的話他不懂你
   得慢一點兒說.

9. 我不喝湯我要多喝
   點兒茶.

10. 在那個書店買了一
    本字典他們少要五
    毛錢.

11. 筷子不容易用我得
    慢點兒吃.

12. 你得多給幾塊錢.

13. 買這本書你可以少
    給幾毛錢.

14. 今天我病了少念一
    點兒書.

15. 我沒懂請你說慢一
    點兒.

Pattern 19.2a. 我吃着飯呢 (p.322)

Pattern 19.2b. 我吃着飯看書 (p.323)

1. 現在不能去了我跟
   朋友說着話呢.

2. 他來找我的時候,我
   吃着飯呢.

3. 我聽着錄音呢,他叫
   我去看電影兒.

4. 我回家的時候我母
   親做着飯呢.

5. 昨天我跟毛先生到
   圖書館去走着路說
   着話,很有意思.

6. 孩子喜歡看着電影
   兒吃東西.

7. 我們跟朋友說着話
   喝茶.

8. 那個孩子拿着紙,拿
   着筆,要寫字.

9. 高小姐戴着一個很
   漂亮的表.

10. 王小姐拿着很多玫
    瑰.

11. 你到圖書館來,坐車
    來的還是走着來的?

12. 昨天晚上在飯館兒
    吃着飯的時候,王先
    生也來吃飯.

13. 昨天跟朋友到圖館
去走着路說着話,一
會兒就到了.

14. 我病着呢還得考試.

15. 他沒有錢作着事念
大學.

Pattern 19.3. 不是豬肉就是牛肉. (p.324)

不(是)吃豬肉就(是)吃牛肉.

1. 我不知道他是那國
人.不是美國人就是
英國人.

2. 那個孩子很用功每
天不是看書就是寫
字.

3. 高先生每天不到書
店就到圖書館.

4. 毛先生很喜歡吃炒
的菜.不是吃炒豆腐
就是吃炒白菜.

5. 萬教授很喜歡吃肉.

不是豬肉就是牛肉.

6. 我小的時候很喜歡
旅行.不是到杭州就
是到蘇州.

7. 我每天不是聽錄音
就是寫字.

8. 我寫字不是用毛筆
就是用鋼筆.

9. 毛先生不吃中國飯
就吃美國飯.

10. 我不學科學就學語
言學.

Pattern 19.4. 找來找去也沒找到. (p.324)

1. 王小姐學了半年英
文也不會說英國話.

2. 他說了很多的話,我
也不懂.

3. 張先生想找白先生.

他不認識路,找了半
天都沒找着.

4. 這個字我忘了.想來
想去都想不出來.

5. 我說了好多次,他也

不懂.

中國字

6. 我等了半天,他也沒來.

7. 我找他四五次,他都不在家.

8. 我在大學學了二年了,也不能寫很好的

9. 我昨天去看王先生.我等了半天他也沒出來.

10. 我忘了問毛先生在那兒住了.找來找去都找不着.

Pattern 19.5. 除了你以外 (p.325)

除了走以外

1. 在美國除了吃的着中國飯也吃的着日本飯.

2. 除了毛先生以外,我們都喜歡吃紅燒魚.

3. 除了甜的以外,我還喜歡吃酸的.

4. 萬教授除了特別喜歡吃高太太做的飯,中國飯他不怎麼喜歡吃.

5. 萬教授喜歡糖醋魚以外也喜歡吃紅燒魚.

6. 我除了聽教員教中文,還每天聽錄音.

7. 我們說高太太做的菜好,他除了說"過獎"以外還說很多別的客氣話.

8. 我學說中文以外又學寫中國字.

9. 他除了研究中國語言以外也研究日本語言.

10. 除了他以外別的學生都對我很好.

Pattern 19.6.　來是來 (p.326)

1. 用筷子吃飯,難是難,
可是吃中國菜必得
用.

2. 中國菜好吃是好吃,
就是容易吃的太飽
了.

3. 獅子頭大是大可是
我得吃兩個.

4. 我今天請高小姐吃
便飯他吃是吃了,我
想他沒吃飽.

5. 昨天我到高先生家
去是去了,可是沒看
見他.

6. 我告訴他是告訴他
了.他懂不懂我就不
知道了.

7. 今天王小姐來是來
了.坐一會就走了.

8. 那個飯館兒的菜好
是好.可是給的很少.

9. 這本書我看是看過
了.現在都忘了.

10. 書買是買了,可是買
錯了.

SUBSTITUTION TABLES (p.327)

I			
多	喝*	點兒	湯*
少	給	一點兒	錢
	吃		糖
	買		豆腐

		II	
吃	快	點兒	吃
喝	慢	一點兒	喝
走			走
做			做

		III	
--------	----	獅子頭	--------
除了	吃	炒豆腐	以外
	做	紅燒魚	
		炒白菜	
		糖醋魚	

SENTENCE CONVERSION (p.330)

I

1. 他也要一點兒茶嗎?
2. 他也要一點兒錢嗎?
3. 他也要一塊錢嗎?
4. 他也給一塊錢嗎?
5. 他多給一塊錢嗎?
6. 你多給一塊錢嗎?
7. 你多給一塊錢吧.

II

1. 誰叫你們都來借書?
2. 誰叫他們都來借書?
3. 誰說他們都來借書?
4. 我說他們都來借書.
5. 我說他們沒來借書.
6. 我說他們沒有借書.
7. 我說他們沒有好書.
8. 我說他們沒有好朋友.

III

1. 誰都會做炒白菜.
2. 我們都會做炒白菜.
3. 我們不會做炒白菜.
4. 我們不喜歡做炒白菜.
5. 我們不喜歡吃炒白菜.
6. 我們不喜歡吃飯館兒.

ANSWERING QUESTIONS (p.330)

1. 萬教授吃的很多.白先生吃的不多.誰吃的太飽?
2. 白糖是甜的,醋是酸的.甚麼是甜的?
3. 高先生特別喜歡吃魚.萬教授特別喜歡吃肉.誰

不喜歡吃魚?

4. 王先生是廣東人,張先生是山東人,那個廣東人姓甚麼?

5. 十個人要喝湯,四個人要喝茶,喜歡喝湯的人多呢,還是喜歡喝茶的人多呢?

6. 糖是甜的,醋是酸的,你說對不對?

7. 飯館兒的菜沒有高太太做的好吃,是飯館兒做的好還是高太太做的好呢?

8. 朋友說:"高太太你的小姐又漂亮又聰明",高太太應該對朋友說甚麼客氣話?

9. 萬教授喝湯,白先生喝茶,喝湯的人是誰?

10. 高小姐說他不會做飯,高太太說美英會做飯,你說他會做飯不會做飯?

1	2	3	4	5
部	猜	場	打	放

6	7	8	9	10
附	概	糕	故	唉

11	12	13	14	15
假	件	接	恐	歷

16	17	18	19	20
目	怕	片	起	情

21	22	23	24	25
史	數	提	題	演

26	27			
院	糟			

LESSON 20

VOCABULARY (p.339)

1.	部	bù	(measure for movies and sets of things)	15.	歷	lì	successive
2.	猜	cāi	guess (that), figure out (that)	16.	目	mù	eye
3.	場	chǎng	field; (measure for showings of movies)	17.	怕	pà	fear
4.	打	dǎ	hit, strike	18.	片	piān	movie, film
5.	放	fàng	let go	19.	起	qǐ	rise
6.	附	fù	adjoin	20.	情	qíng	feeling, emotion
7.	概	gài	summary	21.	史	shǐ	history
8.	糕	gāo	cake	22.	數	shù	number
9.	故	gù	old	23.	提	tí	carry, lift, take bring (up), mention
10.	唉	hai	(sigh of dejection, regret, etc.)	24.	題	tí	topic
11.	假	jià	vacation	25.	演	yǎn	act
12.	件	jiàn	(measure for matters, tasks, etc.)	26.	院	yuàn	hall
13.	接	jiē	greet, meet; receive (guests, etc.)	27.	糟	zāo	dregs
14.	恐	kǒng	fear				

28.	北方	běifāng	the North, northern region
29.	打開	dǎkai	open
30.	大概	dàgài	likely, probable; probably; in all probability; approximately
31.	電話	diànhuà	telephone

279

32.	電影(兒)院	diànyǐng(r)yuàn	movie theater
33.	放假	fàngjià	have vacation
34.	附近	fùjìn	vicinity
35.	高興	gāoxìng	be happy
36.	國文	guówén	Chinese
37.	故事	gùshi	story, narrative
38.	恐怕	kǒngpà	fear (that), be afraid (of), be afraid (to)
39.	歷史	lìshǐ	history
40.	南方	nánfāng	the South; southern region
41.	片子	piānzi	reel, movie
42.	起來	qǐlai	get up
43.	事情	shìqing	matter, affair, business
44.	數學	shùxué	mathematics
45.	題目	tímu	topic
46.	演員	yǎnyuán	actor
47.	糟糕	zāogāo	messed up

DIALOGUE (p. 336)

白：喂，是一六七八嗎？

高太太：是．你找誰？

白：我是文山．您
　　是高太太嗎？您
5　　好？

高太太：噢，文山啊，你
　　好嗎？

白：好，謝謝您．美英
　　在家嗎？

10 高太太：在家．你要跟

他說話嗎？
白：是.
高太太：好請你等
一等.
15 高小姐：喂文山我
一猜就是你我想
你今天早上一定
給我打電話.
白：真聰明你一猜
20 就猜對了.美英,
怎麼樣？考完了
嗎？考的好不好？
高：唉別提了.英文國
文考的還好,可是
25 數學考的糟糕極
了.我看錯了題目.
白：這也是考試常
有的事情.
高：在考試的時候我
30 一點兒也不知道是
錯了.考完了以後,
一看題目才知道
是錯了.你考的怎
麼樣呢？
35 白：英文考的我想

還可以中文恐
怕不太好.
高：語言學呢？
白：大概也不怎麼樣.
40 高：現在我告訴你一
件事情昨天我父
親母親說了,現在
我放假了,下星期
叫我跟他們一塊
45 兒去旅行你猜我
們到那兒去.
白：到日本去.
高：你怎麼知道呢？
白：高先生高太太
50 他們兩位都喜歡
日本麼,所以你一
說旅行我就知道
是到日本去.
高：你真聰明.
55 白：去多少時候？甚
麼時候回來呢？
高：我父親母親他們
想在那兒住兩個
月,可是我不高興
60 住那麼多的時候

我想跟他們說一
個月就回來.
白：好極了那麼我得
請你吃飯.
65 高：怎麼那麼客氣呢?
白：你甚麼時候有
工夫? 我們一塊
兒吃飯吃飯以後
我們再去看電
70 影兒,好不好?
高：好我們已經放
假了我那天都
有工夫.
白：還是你說甚麼
75 時候好.
高：星期三好不好?
你有工夫嗎?
白：好你喜歡吃甚
麼呢?
80 高：我甚麼都喜歡吃.
中國飯外國飯
我都喜歡我想
起來了書店附近
有一個北方飯館
85 兒叫萬年飯館兒.

你知道嗎?
白：在書店那邊兒?
高：在書店東邊兒.
白：噢你說我想起來
90 了.可是我沒去吃
過聽說那兒的菜
做的很好.
高：我們到萬年飯
館兒吃北方菜好
95 不好?
白：好極了我很喜歡
吃北方飯我們
就到那兒去吃.
高：好吧.
100 白：我們到那兒看電
影兒去呢?
高：聽說中國電
影兒院演的那部
片子不錯是一部
105 歷史片子.故事寫
的好,演員演的好.
你喜歡歷史片子嗎?
白：我喜歡我們就到
中國電影兒院去
110 看吧.

高: 聽說那部片子很
多人看. 怕買不着
票吧.

白: 我先去買票. 我
115 們看九點那場
好嗎?

高: 可以.

白: 星期三晚上六
點鐘我到府上
120 去接你.

高: 好, 謝謝你.

白: 一定了.

高: 一定. 再見.

白: 再見, 再見.

SENTENCE BUILD-UP (p.340)

一
我一聽他說話
就知道他不是中
國人
1. 我一聽他說話, 就知
道他不是中國人.

你一說
我才知道
2. 你一說我才知道.

我一吃
真是廣東飯
3. 我一吃真是廣東飯.

故事
一聽他要說故事
4. 一聽他要說故事孩
子都跑來了.

放假
大學一放假
我就回國
5. 大學一放假我就回
國.

國文
跟英文
6. 國文跟英文一樣難嗎?

怕
學生都怕他

7. 那個先生學生都怕
他.

恐怕

8. 恐怕吃不完那麼多
菜.

起來
甚麼時候起來?

9. 你早晨甚麼時候起
來?

拿
拿起來

10. 我們一塊兒拿起來
吧.

拿起來
拿起書來

11. 拿起書來念一次.

拿起來
拿不起來

12. 那麼多的東西我拿
不起來.

件
這件事

13. 這件事很容易作.

事
事情

14. 這件事情很難作.

電影兒
電影兒院

15. 飯館兒離電影兒院
很近.

打

16. 別打他.

電話
打電話
給他打電話

17. 我得給他打電話.

打

打飯館兒

18. 打飯館兒到書店有三里路.

打開

19. 請你們把書打開.

打到
附近

20. 已經打到城的附近.

題目
問題目

21. 先生問你甚麼題目?

歷史
學中國歷史

22. 我們今天開始學中國歷史.

部
這部書

23. 這部書一共有三本.

片子

那部片子

24. 那部片子好的不得了.

演
演電影兒

25. 我們學校今天演電影兒.

演員
演的很好

26. 那個演員演的很好.

場
演了三場

27. 那部片子今天演了三場.

那場
八點那場

28. 我們看八點那場好不好?

大概
大概不來

29. 他明天大概不來.

大概
大概有一里路
30. 飯館兒離這兒大概
有一里路.

猜
31. 你猜他是那國人.

數學
32. 中國人對數學很好.

提
提起來
提起來那個人
33. 你提起來那個人我
也認識.

接
34. 我得到車站去接他.

接到
35. 你接到了你朋友的
信沒有？

接着

沒接着
36. 我來晚了沒接着他.

北方
37. 我最喜歡吃的是北
方菜.

南方
38. 廣東人當然是南方人.

糟糕
39. 那個片子糟糕極了.

唉
40. 唉,我學不會中文.

麼
考的上
他很聰明麼
41. 我想他一定考的上,
因為他很聰明麼.

高興
高興您能來
42. 我很高興您能來.

PATTERN DRILLS

Pattern 20.1.　你 一 告 訴 他　(p.344)

1. 那個學生真聰明上
課的時候,先生一教
他就明白.

2. 我學英文怎麼學也
不會.我學中文一學
就會了.

3. 我一看表,已經八點
鐘了.恐怕他不來了.

4. 我母親說了,我一放
假我們就到湖南去
了.

5. 今天我一出去就遇
見白先生了.

6. 那枝筆我一看就知
道是高小姐的.

7. 廣東菜太好吃了.我
一吃就吃的太飽了.

8. 錢先生的那幾個孩
子很喜歡聽故事.我

一去他們就叫我說
故事.

9. 昨天看見那個女孩
子.我一看他就是英
國人.

10. 高太太好極了.我一
去他就請我在他家
吃飯怕太麻煩他了.

11. 我很喜歡研究科學.
我一到圖書館就看
科學書.

12. 中國字很難寫.我一
寫就寫錯了.

13. 那個學生很奇怪.一
考試他就病.

14. 我恐怕用筷子用的
不太好.我一用筷子
吃飯別的人都看我.

15. 我一吃真好吃極了.

Pattern 20.2.　拿起來　(p.345)

想起來

1. 昨天想看電影兒到
了電影兒院才想起
來忘了拿錢了.

2. 那個孩子很喜歡畫
畫兒一拿起筆來就
畫畫兒.

3. 看起來這件事情很
麻煩

4. 語言學研究起來很
有意思.

5. 坐車很近走起來很
遠.

6. 那個人我見過可是
我想不起來他姓甚
麼了.

7. 說起來我也得走了.

8. 獅子頭很好吃可是
做起來很麻煩.

9. 我想起來了今天是
星期六我們得去看
電影兒.

10. 那個字我忘了念甚
麼了怎麼想也想不
起來.

11. 那本書我拿起來一
看是一本故事書.

12. 做中國菜學起來很
容易.

13. 那個孩子你一說起
老虎來他就怕.

14. 我拿不起那個東西
來.

15. 那個孩子太小他拿
不起那本大書來.

Pattern 20.3a.　打門　(p.346)

打電話

Pattern 20.3b.　打這兒　(p.346)

Pattern 20.3c.　打開　(p.346)

1. 昨天我回家打門打了有一個鐘頭也沒人開門

2. 我就怕我妹妹打電
話一打就説兩個鐘
頭.

3. 上課的時候教員説:
"請你們把書先打開."

4. 昨天高小姐給我打
了三次電話.

5. 兩個孩子打起來了.

6. 人都跑了因為已經
打到南湖附近了.

7. 那個教員教書的法

子真好教歷史的時
候他不叫我們打開
書他先問我們題目.

8. 打紐約到三藩市坐
船不知道要幾天.

9. 今天我給高小姐打
電話打了四次他都
不在家.

10. 打這兒往北拐就到
高先生家.

Pattern 20.4. 聽不明白 (p.347)

1. 不要説話請你們把
書打開.

2. 這個門開不開了怎
麼打也打不開.

3. 我説了半天你聽明
白了沒有?

4. 他很聰明一學就學
會.

5. 我吃够了不能多吃
了.

6. 那個學生真不聰明
那個字都沒寫對.

7. 那個先生常把我的
名子寫錯了.

8. 請你把車門打開.

9. 學校的飯不好吃我
每天都吃不飽.

10. 你把我的事情跟他
説好了沒有?

11. 他説我昨天去看電
影兒了他真猜對了.

12. 他説的話我一點兒
也聽不明白.

13. 開汽車怎麼學我也

學不會.

14. 我很喜歡吃中國飯
我怎麼吃也吃不夠.

15. 那個教員的題目很
特別你怎麼猜也猜
不着.

16. 你為甚麼來晚了呢?

17. 你想我學中文學得

會學不會?

18. 他今天到學校去晚
了.

19. 晚飯六點鐘做的好
做不好?

20. 我坐汽車來一定來
不晚.

SUBSTITUTION TABLES (p. 348)

	I		
教員	一	看見	我
教授		告訴	你
先生		問	他
太太		叫	

A CONVERSATION (p. 350)

毛：白先生,您好嗎？好久不見了.

白：噢,毛先生,你好,我們好久不見了.

毛：怎麼樣太忙嗎?

白：對了,有一點兒忙.

毛：您要到那兒去?

白：我不到那兒去,我在這兒等朋友.

毛：您等誰?

白：我等高小姐,他叫我四點鐘在這兒等他,現在已經快五點了,他還沒來呢.

毛：高先生他們要到日本去了,是嗎?

白：對了,大概他們下星期就走了.

毛：高先生最高興到日本去了,他們在日本要住多少時候呢?

白：恐怕要住一兩個月吧.

毛：可是您跟高小姐要好久不見了.

白：對了.

毛：您以後請常到書店來.

白：我現在已經考完了,不太忙了,可以常到書店去,毛先生,請問你這附近有電話嗎？我想給高家打個電話,問問高小姐已經出來了沒有.

毛：公園裏邊兒，往左拐那個小房子就是打電話
　　的地方.

白：謝謝你.

毛：再見.

白：再見.

ANSWERING QUESTIONS (p. 352)

1. 高小姐每一個星期看兩次電影兒王小姐兩個
　　星期看一次電影兒誰最喜歡看電影兒？

2. 考試的時候，歷史題目我一看就懂數學題目我
　　看了半天也沒懂你說甚麼容易？

3. 王先生一放假就看電影兒張先生雖然放假，還
　　是看書寫字你說他們兩個人誰是好學生？

4. 這個孩子喜歡打人那個孩子不打人你說那個
　　孩子好？

5. 演電影兒是在那兒演呢？

6. 錢先生家離你家很近他附近就是圖書館你家
　　離圖書館遠嗎？

7. 你喜歡看電影兒你知道演電影兒的人叫甚麼？

8. 白先生看五點那場電影兒毛先生看七點那場

電影兒,你說誰先回家,誰後回家?

9. 如果你朋友三點鐘坐船到這兒來,你四點鐘才去接他,你接的着接不着?

10. 我們看電影兒在那兒看?是在家裏頭看嗎?

1	2	3	4	5
幫	費	剛	壺	鬆

6	7	8	9	10
計	較	餃	醬	覺

11	12	13	14	15
烤	麵	其	全	仁

16	17	18	19	20
剩	算	碗	蝦	心

21	22	23	24	25
杏	鴨	驗	油	尤

26	27	28		
賬	種	助		

LESSON 21

VOCABULARY (p.358)

1.	幫	bāng	help		15.	仁	rén	kernel
2.	費	fèi	spend		16.	剩	shèng	left over
3.	剛	gāng	just (now)		17.	算	suàn	reckon (as), calculate
4.	壺	hú	pot		18.	碗	wǎn	bowl, cup
5.	夥	huǒ	partner		19.	蝦	xiā	shrimp
6.	計	jì	plan		20.	心	xīn	heart
7.	較	jiǎo	compare		21.	杏	xìng	almond
8.	餃	jiǎo	dumpling		22.	鴨	yā	duck
9.	醬	jiàng	soy sauce		23.	驗	yàn	verify
10.	覺	jué	feel		24.	油	yóu	oil
11.	烤	kǎo	roast		25.	尤	yóu	still more
12.	麵	miàn	noodles		26.	賬	zhàng	bill
13.	其	qí	its		27.	種	zhǒng	kind of, sort of, variety of
14.	全	quán	the whole		28.	助	zhù	help

29.	幫助	bāngzhu	help
30.	比較	bǐjiǎo / bǐjiào	relatively
31.	打算	dǎsuan	plan to
32.	點心	diǎnxin	dessert, pastry, cakes, etc.

33.	對不起	duìbuqǐ	sorry, excuse me
34.	剛才	gāngcái	just (now), just a moment ago
35.	夥計	huǒji	waiter, clerk
36.	醬油	jiàngyóu	soy sauce
37.	餃子	jiǎozi	dumplings
38.	經驗	jīngyan	experience
39.	就是	jiùshi	even (if)
40.	覺得	juéde	have the feeling that
41.	剩下	shèng(xia)	have left over, be left over
42.	蝦仁兒	xiārér	shelled shrimp
43.	小費	xiǎofèi	tip
44.	杏仁兒	xìngrér	almond
45.	鴨子	yāzi	duck
46.	(要)不然	(yào)burán	otherwise
47.	尤其是	yóuqíshi	especially, above all

DIALOGUE (p.355)

夥計：先生、小姐，兩位坐那兒？

白：我們就在這兒坐吧，給我們先來

5　　一壺茶。

夥計：是，先生。

白：請把菜單兒拿來。

高：我們簡單一點兒吃，要不然電影兒

10　　該晚了。

夥計：給您菜單兒。

白：請你幫助我們

想兩個菜

影計：好,我介紹您幾

15　樣我們這兒最

好的菜,我們這兒

紅燒魚、炒蝦

仁兒、烤鴨子,都好

尤其是那個烤鴨

20　子大概我們可以

說是全國第一了.

白：我們兩個人要

兩個菜一個湯吃

飯你看夠吃吧?

25 影計：差不多,我們這

兒的餃子、炒麵也

不錯還有炒豆腐

白：好,美英,你要

甚麼?

30 高：我隨便

影計：小姐我們這兒

炒蝦仁兒好的很.

您要個炒蝦仁兒吧.

高：可以我要炒蝦仁

35　兒,文山,你要甚麼?

白：我要紅燒魚.

影計：兩位來個甚麼

湯呢?

白：美英,你說要

40　甚麼湯好呢?

高：牛肉白菜湯好

不好?

白：好極了給我們來

牛肉白菜湯,美

45　英,我們再要點兒

餃子,好不好?

高：我想夠了,要多

了我們吃不了.

白：影計,餃子怎麼要?

50　賣多少錢?

影計：餃子您吃多少

就要多少一塊

兩毛錢十個.

白：好,我們不夠再

55　說吧.

高：吃完了我們要個

甜點心.

白：甚麼甜點心?

高：杏仁兒豆腐

60 白：影計,杏仁兒豆腐

有嗎?

影計：對不起,剛賣完.

您要點兒別的吧？

高：有杏仁兒茶嗎？

65 影計：有.

白：請來兩碗----

(菜來了.)

白：美英,你看,菜
做的不錯

70 高：你看,這個炒
蝦仁兒多漂亮.

白：這個紅燒魚也
不錯,可是我吃
飯館兒的菜都沒

75 有府上的菜好
吃.

高：因為我父親喜歡
吃,我母親也沒
事做,他每天就

80 研究怎麼做飯,
他還說將來他
把做飯的經驗
要寫一本書呢.
做中國飯沒

85 有科學的方法,就
是一種經驗.

白："紅燒魚"這個

名子為甚麼叫
紅燒魚？

90 高：紅燒的就是多
放醬油,燒的
時候長一點兒.
因為紅燒的菜
是醬油顏色,所以

95 叫紅燒的.

白：在美國的中國
飯館兒差不多都
是廣東飯館兒.

高：你喜歡吃廣東

100 菜嗎？

白：我也喜歡,可是我
覺得還是北方飯
比較好吃一點兒.
你都喜歡那兒的

105 菜呢？

高：當然我也喜歡
吃北方菜了.我
對肉不大喜歡.
我特別喜歡吃魚、

110 蝦雞.

白：中國飯真好
吃,就是做起來麻

煩

高：也不怎麼麻煩----

115 今天菜還不錯

白：美英，你吃飽了
嗎？再要點兒甚
麼？

高：我吃飽了，甚麼

120 也不要了。

白：再來點兒餃子好
不好？

高：我吃的太飽了，就
是你要我也不吃

125 了。

白：那麼我們再喝

點兒茶，夥計，再來
點兒茶。

夥計：來了。

130 高：八點半了，我們
該走了。

白：夥計，算賬。

夥計：是一共四塊三
毛六。

135 白：這是五塊，不必找
了，剩下的給
小費了。

夥計：謝謝您兩位，
慢走，再見。

SENTENCE BUILD-UP (p.359)

醬油
1. 這兒買不着醬油。

放在
3. 把書放在這兒。

放
能放肉
2. 這個菜裏能放肉嗎？

放
放下
4. 把東西放下。

你要吃甚麼?

放甚麼?

5. 你要吃甚麼就放甚麼.

誰要用毛筆?

誰就買毛筆

6. 誰要用毛筆誰就買毛筆.

杏仁兒

杏仁兒茶

7. 我沒喝過杏仁兒茶.

點心

8. 你不吃點心嗎?

小費

9. 小費隨便給.

就是

就是他給我

我也不要

10. 就是他給我我也不要.

就是

就是連

11. 就是連他給我我也不要.

就是他

不認識這個字

12. 就是他也不認識這個字.

蝦

13. 你喜歡吃蝦嗎?

蝦仁兒

14. 炒蝦仁兒很好吃.

壺

三壺茶

15. 我們兩個人喝了三壺茶.

壺

茶壺

16. 這個茶壺是日本做的.

賬

17. 這個賬錯了.

算
算賬

18. 書店還沒算賬呢.

算
算好

19. 他的中文不算好.

算
算是

20. 獅子頭算是北方菜
嗎?

算
打算

21. 我打算明天去看他.

比較

22. 英文比較容易.

碗
兩碗飯

23. 我一個人可以吃兩
碗飯

碗
這個碗

24. 這個碗是那兒買的?

長
一條比較長的路

25. 中山路是一條比較
長的路.

單兒
開一張單兒

26. 你把你要買的東西
開一張單兒.

單兒
菜單兒
你能看中國菜單兒
嗎?

幫助
幫助我

28. 請你幫助我找書.

有幫助
對學語言很有幫
助
29. 聽錄音對學語言很
有幫助.

剛
剛走了
30. 白先生剛走了.

剛
剛才
31. 我剛才吃完了飯.

對不起
32. 對不起,我找不着單
兒了.

大
不大喜歡
33. 我不大喜歡吃蝦.

老
老客氣
34. 你老這麼客氣.

白
白來了
35. 他昨天白來了,我沒
在家.

鴨
36. 鴨比雞大.

鴨子
37. 鴨子沒有雞好吃.

烤
烤鴨子
38. 北方的烤鴨子特別
好.

夥計
39. 這些夥計就會說廣
東話.

麵
飯
40. 你吃飯吃麵?

覺得

41. 我覺得這個菜太酸.

經驗
42. 我覺得他的經驗不夠.

全
全學校
43. 我們全學校都考試.

種
這種菜
44. 我覺得這種菜不好吃.

尤其
尤其是
45. 我們都吃的很多, 尤其是我.

尤其是得

46. 你們尤其是得多聽錄音.

剩
剩了很多菜
47. 昨天剩了很多菜.

剩
剩五毛錢
48. 我就剩五毛錢.

剩下
剩下很多菜
49. 今天沒剩下很多菜.

賣
賣多少錢?
50. 這個茶壺賣多少錢?

要不然
51. 快走吧要不然晚了.

PATTERN DRILLS

Pattern 21.1a. 要甚麼就買甚麼. (p. 364)

Pattern 21.1b. 誰要吃飯誰就吃飯 (p. 364)

1. 你想我吃甚麼好呢?
   ---- 你要吃甚麼就吃
   甚麼.

2. 昨天我父親説我畢
   業以後想到那兒念
   書就到那兒念書.

3. 我明天放假了.你説
   我到那兒去旅行呢?
   ---- 你要到那兒去就
   到那兒去.

4. 我今天説話的題目
   不一定我要説甚麼
   就説甚麼.

5. 我想吃餃子你呢?
   ---- 你吃甚麼我就吃
   甚麼.

6. 我父親最喜歡我弟
   弟了.我弟弟要買甚
   麼他就買甚麼.

7. 你説我要多少餃子
   呢?----你吃多少就

要多少.

8. 我應該給多少小費
   呢?----這不一定要
   給多少就給多少.

9. 這個菜要放多少醬
   油呢?-----不一定要
   放多少就放多少.

10. 這個甜點心很好吃.
    我多吃一點兒可以
    嗎?-----可以.你要吃
    多少就吃多少.

11. 這件事情你説怎麼
    作好呢?-----你要怎
    麼作就怎麼作.

12. 這幾本書你説我借
    那本好呢?----- 你要
    借那本就借那本.

13. 你説我看那個電影
    兒好呢?----- 你要看
    那個就看那個.

14. 你説我學中文好呢

還是學歷史好呢?
----你要學甚麼就學
甚麼.

15. 誰會做餃子誰就做
餃子.

16. 那個好就給我那個.

17. 你們誰會說中文
就說中文如果不

會說中文就說英
文.

18. 你有多少就給我多
少.

19. 那位學的最好就不
必考試.

20. 那個先生教的好我
就跟他學.

Pattern 21.2a. 就是你去我也不去 (p.366)

Pattern 21.2b. 就是他也去 (p.366)

1. 那本書我不喜歡就
是你買我也不買.

2. 我最不喜歡吃杏仁
兒豆腐就是你要了
我也不吃.

3. 那件事情我是不會
告訴別人的就是你
說我都不說.

4. 我今天很忙就是我
父親來我也不能去
接.

5. 那個小茶壺太小了.
就是你買我也不買.

6. 這件事情他也不知

道就是他知道他也
不會說.

7. 我最喜歡吃炒蝦仁
兒就是你不吃我也
要.

8. 他說那個表很好就
是你不叫我買我也
要買.

9. 這幾天不想看書就
是你看我都不看.

10. 他的那個茶壺太漂
亮了就是你要他也
不給你.

11. 這個學校真難考就

是大學畢業的學生
也考不上.
12. 這本書很難念就是
我父親也不都懂.
13. 炒蝦仁兒很好吃就
是不喜歡吃魚的人
都喜歡吃.

14. 這個學校教中文教
的很好就是連一年
級的學生都能說很
好的中國話.
15. 我弟弟字寫的真好
就是大學的學生也
沒有他寫的好.

Pattern 21.3.   吃飯   飯吃   (p.367)

1. 你一會兒請我喝茶
好不好?----別提喝
茶了因為沒有水,我
們今天都沒茶喝.
2. 我們沒有醬油放在
炒菜裏頭.
3. 我已經跟他說了很
多話現在沒有話說
了.
4. 現在學校放假了,打
算看點兒書可是圖
書館書太少,沒書借.
5. 那個孩子十五歲了

還沒念書.因為家裏
沒有錢,所以沒有書
念.
6. 現在房子太少,買不
着好房子住.
7. 錢先生有車坐不必
走路.
8. 請你給他五塊錢.
我沒錢給他.
9. 我想買錄音機有錄
音機賣嗎?
10. 現在人太多,事太少.
我找不着事作.

Pattern 21.4.   老吃   (p.368)

1. 電影兒院離這兒很近我們再喝一點兒茶吧我.

們可以慢走.

2. 我不喜歡那個人每
天老說話.

3. 這條路車不容易走.
請你慢開.

4. 你說的話我不大明
白.

5. 我們這兒離城太遠.
少有人來.

6. 這本書我白學了.先

7. 張先生喜歡吃鴨子.
他老吃烤鴨子.

8. 他一到飯館兒就大
吃.不是紅燒肉就是
獅子頭.

9. 對不起,我要考試了.
我得晚回去.

10. 我不大喜歡看電影
兒.

生没考.

SUBSTITUTION TABLES (p. 369)

I

我	想	吃	多少	就	吃	多少
你	要	買	甚麼		買	甚麼
他		給			給	

II

就是	你	----	*去	我	也	----	*去
	他	不	來		都	不	來
			給				給

CHINESE MENU (p.372)

菜單

湯

豬肉湯   豬肉白菜湯

牛肉湯   白菜豆腐湯

白菜湯   豬肉白菜豆腐湯

豆腐湯   牛肉白菜湯

雞湯   豬肉豆腐湯

白菜雞湯

炒菜

炒豆腐   牛肉炒豆腐

炒白菜   豬肉炒豆腐

炒雞   豬肉炒白菜

炒蝦仁兒   牛肉炒白菜

炒牛肉   炒豬肉

飯

白飯   牛肉炒飯

炒飯   豬肉炒飯

雞炒飯   牛肉白菜炒飯

蝦仁兒炒飯   豬肉白菜炒飯

餃子

蝦仁兒餃子	蝦仁兒豬肉餃子
豬肉餃子	豬肉白菜餃子
牛肉餃子	牛肉白菜餃子

烤

烤鴨子	烤豬肉
烤雞	烤牛肉

紅燒

紅燒魚	紅燒牛肉
紅燒雞	紅燒豆腐
紅燒肉	獅子頭
紅燒鴨子	

糖醋

糖醋魚	糖醋肉
糖醋白菜	

麵

炒麵	牛肉炒麵
雞炒麵	豬肉炒麵
蝦仁兒炒麵	牛肉白菜炒麵
豬肉白菜炒麵	

<u>點心</u>

杏仁兒豆腐   杏仁兒茶

<u>茶</u>

紅茶

ANSWERING QUESTIONS (p. 374)

1. 吃完了飯館兒以後,剩的錢給夥計,那叫甚麼錢?

2. 王先生開車的經驗很多,張先生的經驗不夠,誰開車開的好?

3. 毛小姐剩了很多炒蝦仁兒,毛先生把紅燒魚都吃完了,誰沒剩菜呢?

4. 如果兩個人去吃飯,你要獅子頭、炒白菜,我要紅燒魚、烤鴨子,你說剩的了嗎?

5. 王先生喜歡吃餃子,張先生喜歡吃炒麵,他們兩個人誰吃餃子?

6. 高小姐吃炒蝦仁兒,白先生吃紅燒魚,那個菜裏頭放的醬油放的多?

7. 我們到飯館兒吃完了飯以後,叫誰來給我們算賬?

8. 白先生要杏仁兒豆腐,夥計說剛賣完,那個飯館兒還有杏仁兒豆腐嗎?

9. 毛小姐很聰明,他弟弟念書念的沒他那麼好,毛小姐能不能幫助他呢?

10. 這個學校教員都是女的,學生都是女學生,你說全學校有男的沒有?

1 處	2 詞	3 短	4 發	5 關
6 漢	7 劃	8 已	9 記	10 節
11 練	12 拼	13 輕	14 聲	15 送
16 同	17 習	18 於	19 越	20 注
21 正	22 重	23 準	24 自	

LESSON 22

VOCABULARY (p.384)

1.	處	chù	place	13.	輕	qīng	light (in weight)
2.	詞	cí	word	14.	聲	shēng	sound, tone
3.	短	duǎn	short	15.	送	sòng	escort; send, give
4.	發	fā	put out, emit	16.	同	tóng	same
5.	關	guān	shut	17.	習	xí	practice
6.	漢	hàn	China, Chinese	18.	於	yú	at
7.	劃	huá / huà	stroke (in a character)	19.	越	yuè	the more
8.	己	jǐ	self	20.	注	zhù	take note of
9.	記	jì	note, remember	21.	正	zhèng	just (now), precisely
10.	節	jié	joint	22.	重	zhòng	heavy
11.	練	liàn	practice	23.	準	zhǔn	accurate
12.	拼	pīn	spell (out)	24.	自	zì	self

25	比方	bǐfang	example
26.	部分	bùfen	section, part, member
27.	短處	duǎnchu	disadvantage, shortcoming
28.	發音	fāyīn	pronunciation
29.	關於	guānyú	concerning, regarding
30.	漢字	Hànzì	Chinese characters

313

31.	好處	hǎochu	advantage
32.	會話	huìhuà	dialogue, conversation
33.	記住	jìzhu	remember, memorize
34.	句子	jùzi	sentence
35.	練習	liànxi	practice, learn how to
36.	難處	nánchu	difficulty
37.	拼音	pīnyīn	alphabetic writing, transcription
38.	輕重音	qīngzhòngyīn	stress
39.	聲音	shēngyin	noise, sound
40.	四聲	sìshēng	(four) tones
41.	同時	tóngshí	same time, simultaneously
42.	文法	wénfǎ	grammar
43.	問題	wèntí	problem, question, theme
44.	音節	yīnjié	syllable
45.	語法	yúfǎ	grammar
46.	注意	zhùyì	pay attention to
47.	自己	zìjǐ	self

DIALOGUE (p.378)

高先生、高太太、高小
姐到日本去旅行回來
以後,白先生來看他
們,高先生很高興,請
5　白先生在他們家裏
頭吃晚飯,跟他談關
於中國語言跟文學
的一些問題.
　　(白先生打門)
10 高小姐:誰啊?
　　白:是我,美英.
　　　(美英開門)
　　高小姐:文山,好嗎?
　　　你早晨打電話
15　　說今天來,我父親
　　　很高興,等着你
　　　來呢.
　　白:美英,你作甚麼呢?
　　　畫畫兒呢,還是念
20　　書呢?
　　高小姐:也沒畫畫兒
　　　也沒念書,幫助母
　　　親做飯呢.

高先生:文山,你來
25　　了,好嗎?
　　白:高先生,您好?
　　　今天沒出去嗎?
　　高先生:沒有,請
　　　坐,我們喝茶,吃
30　　點心,美英,拿點兒
　　　日本點心來,再給
　　　我一杯茶.我在
　　　日本買了幾本關
　　　於語言學的書,我
35　　看過了,很不錯,對
　　　你很有用,送給
　　　你.
　　白:謝謝您.
　　高先生:我正希望
40　　你來,我們談談這
　　　幾本書裏頭關於
　　　語言跟文學的問題.
　　白:好極了,您在日本
　　　玩兒的很高興吧?
45 高先生:很好,日本
　　　很有意思,原來

想多住幾天,美
英老想回來.

白: 美英,你在日本畫
50   的畫兒拿出來我看看

高小姐: 你忙甚麼?
等一會兒慢慢的
看.我也沒畫幾張.
每天跟着父親母
55   親去玩兒

白: 高先生,您在日
本還天天寫字嗎?

高先生: 沒有.每天
都出去玩兒.那兒
60   有工夫寫字呢?我
們在日本的時候
你都作些甚麼呢?
可以告訴我們嗎?

白: 我那兒也沒去.每
65   天看看書找找朋
友,看了幾次電影
兒,再給父親母親
朋友寫寫信.

高: 你真是一個好學
70   生.字寫的那麼好,
話說的四聲那麼

準.如果沒好好的
學.那兒能這麼好
呢?

75   白: 您過獎.

高: 現在我告訴你.我
買的那幾本書裏
頭有一本是一位
日本教授中山*先
80   生寫的.談到拼
音**跟漢字的問題.
你開始學中文是
怎麼學的呢? 在
美國學校裏教的
85   方法都一樣嗎?

白: 美國學校裏頭教
的法子不一樣.有
的開始就學漢字,
有的用拼音學.

90   高: 你覺得那種方法好?

白: 我覺得拼音的法
子比較好.

高: 我想關於中國
語言我不喜歡用
95   拼音的方法.如果用
拼音方法那不是

念英文了嗎？那
兒是學中文呢？

白：您不喜歡拼音的
100　　法子嗎？我覺得用
拼音的法子比較
好又快又容易.

高：你說拼音的方法
怎麼好呢？

105 白：先學會說了以後
再念書寫字就不
難了.

高：你說怎麼不難？

白：會說了以後知道
110　　他的意思了，再念
書就比較容易明
白了.

高：可是你學拼音不
認識中國字，還
115　　得再學中國字.

白：可是字的意思如
果已經學過了，學漢
字的時候只學漢字
就不必學意思了.

120 高：你那麼一說或者
拼音的方法也有

他的好處.

白：我想是很好.
語言是語言,文學
125　　是文學是兩部
分.

高：你開始學一定很
用功了.

白：那個時候我很用
130　　功每天聽錄音,
自己跟自己說話,
練習發音,把每天
學的都記住越學
越有興趣.

135 高：你開始是先學
說話嗎？

白：是我先學說話.

高：你先學說話是
怎麼學呢？

140 白：我開始學四聲跟
輕重音,以後學
詞兒(比方說書、太
太就是詞兒)跟短
句子,再學會話.

145 高：學語言特別應該
注意的是甚麼？

白： 特別要注意的是
發音跟語法。

高： 拼音對發音有幫
150 助吧。

白： 拼音的法子對發
音很有幫助中國
話最要注意的是
四聲比方說 <u>太太</u>
155 這個詞兒就是兩
個音節第一個音
節是有聲的第四
聲第二個音節是
輕聲就是沒
160 有聲。

高： 如果用漢字短處
在那兒？

白： 比方說 <u>太太</u> 這個
詞兒如果用漢字
165 寫就用兩個一樣
的字用漢字也不
知道這兩個字在
一塊兒念還是不
在一塊兒念是幾
170 聲也不知道如果
兩個字一樣念就

是 <u>太太</u> 那就不是
說話了。

高： 你說的也不錯可
175 是不都對你用漢
字學一定有個中
國先生教你不然
你怎麼學？先生
一定告訴你怎麼
180 念他一定告訴你
念 <u>太太</u> 他不會教
你念 <u>太太</u>。

白： 如果用漢字學
中國語言沒學
185 過的字你沒法子
自己會念。 像 <u>他</u>
這個字左邊兒是
<u>人</u>右邊兒是 <u>也</u> 沒
有 <u>他</u> 字的音如果
190 自己練習的時候
我們一看拼音就
會念了所以拼音
是最好的方法了。

高： 能不能漢字跟
195 拼音一塊兒學呢？

白： 用拼音的法子學，

可以先學發音詞
兒的意思,跟語法.
以後再學漢字.如
200 果同時又學發音、
詞兒、漢字、文法,學
的東西太多了,就
學的比較慢了.
高:學漢字也不太難
205 呢.就是多練習麼.
白:學漢字有兩個難
處.一個是我剛才
說過沒法子知道

210 怎麼念一個是必
得記住怎麼寫,有
幾劃比方他這個
字有五劃,是兩部
分.先寫左邊兒後
寫右邊兒必得記
215 住寫的法子.您看
先學漢字比先學
拼音難的多.
高:拼音的方法好是
好,可是看起來還
220 是漢字漂亮.

SENTENCE BUILD-UP (p.385)

越----越

1. 越多越好.

越吃中國菜
越喜歡吃

2. 我越吃中國菜越喜
歡吃.

越來越

3. 人越來越多.

準

4. 你的表準不準?

聲
四聲

5. 中文有四聲.

音
音很對
6. 他說話音很對.

聲音
聲音太大
7. 這兒聲音太大.

拼
8. 這個音怎麼拼?

拼音
9. 拼音很容易念.

發
發音
10. 他發的音很對.

發音
發音不錯
11. 他說中文發音不錯

注意
12. 開始得注意發音

練習
13. 你得多練習發音.

問題
問問題
14. 我現在問你們幾個問題.

好
好好兒的
15. 你得好好兒的念書.

文
文法
中文的文法
16. 中文的文法跟英文的文法不一樣

語法
17. 文法跟語法意思一樣.

句子
第四個句子
18. 請你念第四個句子.

詞兒
幾個詞兒?
19. 這個句子裏有幾個
詞兒?

送
送朋友
送朋友上船
20. 我明天送朋友上船

送錢
送他一點兒錢
21. 我明天送他一點兒
錢.

送錢
送錢給他
22. 我明天送錢給他.

送給
23. 你明天把錢送給他.

月
月月兒
24. 我月月兒去杭州.

一個詞兒
個個詞兒
25. 你個個詞兒都說錯
了.

人
人人
26. 人人都得吃飯.

不是人人
27. 不是人人都喜歡學
中文.

輕
輕聲
28. 除了四聲以外還有
輕聲.

重
重音
29. 這個詞兒的重音在
那兒?

輕重音
30. 學語言得注意輕重音.

部分
一部分
31. 我的書一部分在中
國。

劃
幾劃?
32. 這個字有幾劃?

短
很短的路
33. 那是一條很短的路。

會話
練習會話
34. 你得好好的練習會
話。

漢
漢英
35. 學中文得有漢英
字典。

漢字
36. 漢字不容易寫。

自己
我自己
37. 飯我自己做自己吃。

關於
關於他的事情
38. 關於他的事情別跟
我說。

音節
39. 這個短句子有幾個
音節?

正
40. 我正寫字呢。

正
正在
41. 我正在寫字呢。

短
短處
42. 他的短處太多了。

記

43. 漢字的寫法很難記.

　　記
　　記住

44. 學中文要記住四
　　聲.

　　比方
　　作個比方

45. 用這個字作個比方.

　　忙
　　忙甚麼?

46. 你忙甚麼?

　　同時

47. 他們兩個人同時來
　　了.

PATTERN DRILLS

Pattern 22.1. 越高越好 (p.389)

1. 我越研究中國語言
   越覺得有興趣.

2. 我越吃中國菜越覺
   得好吃.

3. 學拼音字越學越容
   易.

4. 美國汽車越來越多.

5. 昨天我借的那本書,
   越看越想看.

6. 我越不喜歡他他越
   跟我說話.

7. 你中文越來越說的
   好.

8. 高小姐說他畫的畫
   兒越畫越不好.

9. 高先生越高興越喜
   歡說話.

10. 開始學四聲的時候
    越學越準.

Pattern 22.2. 好好兒的 (p.390)

1. 我得好好兒的念書了,不然考不上.

2. 你們幾個人都喜歡吃獅子頭,下次我多多兒的做點兒.

3. 我們得快快兒的走.不然電影兒要開演了.

4. 我遠遠兒的就看見他往這兒來了.

5. 如果有一個問題得慢慢兒的研究.

6. 你想把中文說的很好,得多多兒的練習發音.

7. 練習寫中國字得好好兒的注意寫的方法.

8. 我吃飽了,請您慢慢兒的吃吧.

9. 請你們別說話,好好兒的聽錄音.

10. 請你快快兒告訴我,這個字是甚麼音.

Pattern 22.3. 本本(兒) (p.390)

1. 王先生有四個孩子.個個兒都那麼用功念書.

2. 張太太最喜歡旅行.他年年兒都到別的地方去一次.

3. 毛先生昨天送給我五本書.本本兒都好看.

4. 學語言得注意個個詞兒發音

5. 我天天兒幫助我母親做飯.

6. 我月月兒都去紐約玩兒一次.

7. 那個孩子很好.人人都喜歡他.

8. 王先生學中文發音、句子,文法樣樣兒都好.

9. 王小姐畫的畫兒張　　10. 那個大學的教授個
　　張兒都很好.　　　　　　　個兒都很有名.

SUBSTITUTION TABLES (p. 391)

I

越	容易	越	----	好
	難		不	
	多			
	快			
	慢			
	來			

II

我	越	*吃	越	喜歡	*吃
你		喝		想	喝
他		看		要	看
		買			買

COMBINING FORMS (p. 394)

1. 外國人學漢語最大　　2. 我最大的短處是學
　　的難處是學發音.　　　　語言不聽錄音.

3. 中文的寫法跟英文
   的寫法不一樣中文
   是從上頭往下寫英
   文是從左邊兒往右
   寫.

4. 學文學必得先學文
   法同樣的學語言必
   得先學語法.

5. 請問,這個詞兒的念
   法是甚麼?

6. 中文跟英文說法不
   一樣.

7. 錄音機的好處是一
   句話可以隨便聽幾
   次.

8. 學文學跟學數學的
   學法不一樣.

9. 畫山水的法子跟畫
   人的法子畫法不一
   樣.

10. 王先生賣給我很多
    書都很有用處.

11. 謝謝你請你把那本
    書拿給我.

12. 學中國語言把每個
    詞兒的四聲記住別
    說錯.

13. 你說他有很多長處.
    他一點兒短處都沒
    有嗎?

14. 那件事情我的看法
    跟你的看法不一樣.

15. 你的問法不對.

16. 糖醋魚跟紅燒魚的
    做法不一樣.

17. 你把那個碗拿住了.

18. 你把那件事情寫在
    本子上要不然記不
    住.

19. 我告訴你的事情記
    得住記不住?

20. 說話一定得注意輕
    重音要不然就像念
    書了.

21. 一個人同時作兩件
    事情一定作的不好.

22. 高小姐跟錢小姐他
    們是同學.

23. 學文學跟學語言學
同樣的難．

24. 高先生毛先生都在
三友書店作事．他們

25. 是同事．

萬教授跟高先生他
們兩位同歲．

MONOLOGUE (p. 396)

　我是一個美國學生．我在中學的時候就開始學
中國語言了．我很小的時候就聽說中國，所以就想
長大了到中國去念書．在高中念書的時候我已經
十幾歲了，也懂了很多的事情．我就想人跟人做朋
友必得用語言才能明白兩個人的意思．我如果到
中國去我就得認識中國朋友．那麼我必得學中國
話，所以在中學就開始學．雖然沒學好可是用了不
少的工夫．

　在開始學的時候很不容易，可是我對他很有興
趣．我開始先學四聲發音拼音．外國人開始學中國
語言對發音是很不容易的一件事．因為中國話跟
英國話的發音一點兒也不一樣，所以很不容易．以
後慢慢兒的練習比較容易多了．

　我開始學中國話是用拼音的方法學的．這個法
子好極了．學會了拼音一看就會念了．有的人說中
國語言必得用漢字學，如果用拼音學了半天還是

不認識中國字,學中國語言跟文學必得用漢字學
才對.我覺得說的不很對我想先學會了拼音發音、
四聲也明白他的意思了也會說以後,再開始學漢
字比較容易的多.要不然漢字是每個音節都有聲
的.

　如果一個開始學中國話的外國人就用漢字學
那麼四聲輕重音都不知道.每個音節發音沒有輕
重音,都一樣那那兒是說話呢？是念字呢比方說
詞兒我們說話是一個音節拼出來也是一個音節.
漢字是兩個字兩個音節,就是詞、兒,這不是說話呢
這是念字.

ANSWERING QUESTIONS (p. 396)

1. 白文山打門高小姐開門誰到高家來了？

2. 高先生高太太都喜歡在日本多住幾天美英老
   想回來.誰不喜歡在日本多住呢？

3. 白先生說學語言最好的方法是用拼音.
   高先生說拼音的方法不好誰喜歡拼音的方法
   呢？

4. 高先生說白先生四聲很準白先生的中國話說
   的好不好？

5. 張先生說學中文先學漢字最容易.王先生說

先學拼音最容易. 王先生說拼音最容易還是張
先生說拼音最容易?

6. 毛先生說應該先練習寫句子. 白先生說先學語
法. 白先生說應該先作甚麼?

7. 請你說你現在念的這個句子是用拼音寫的還
是用漢字寫的?

8. 高興這個詞兒是幾個音節?

9. 漢字的漢是第幾聲?

10. 自己這個詞兒那個音節是第四聲?

1	2	3	4	5
安	餐	帶	封	敢

6	7	8	9	10
掛	化	駕	繼	緊

11	12	13	14	15
京	勞	累	李	馬

16	17	18	19	20
面	平	讓	師	拾

21	22	23	24	25
收	廳	午	笑	續

26	27			
永	祝			

LESSON 23

1.	安	ān	peace		15.	馬	mǎ	horse; (a surname)
2.	餐	cān	meal		16.	面	miàn	face, side, aspect
3.	帶	dài	carry, take along		17.	平	píng	even
4.	封	fēng	(measure for letters)		18.	讓	ràng	let, request; by
5.	敢	gǎn	dare		19.	師	shī	teacher
6.	掛	guà	hang		20.	拾	shí	gather
7.	化	huà	change		21.	收	shōu	collect
8.	駕	jià	mount		22.	廳	tīng	room
9.	繼	jì	continue		23.	午	wǔ	noon
10.	緊	jǐn	urgent		24.	笑	xiào	laugh (at)
11.	京	jīng	capital		25.	續	xù	continue
12.	勞	láo	toil		26.	永	yǒng	eternal
13.	累	lèi	tired		27.	祝	zhù	wish
14.	李	lǐ	plum; (no individual meaning in <u>xíngli</u>)					

28.	不敢當	bùgǎndāng	(I'm) not equal to the honor, I don't deserve it
29.	餐廳	cāntīng	cafeteria
30.	東方	Dōngfāng	Orient, the East
31.	方面	fāngmiàn	side (figurative), aspect

331

32.	飛機場	fēijīchǎng	airport, airfield
33.	繼續	jìxu	continue (doing something)
34.	可能	kěnéng	possible
35.	勞駕	láojià	I've caused you trouble, Sorry to trouble you
36.	老師	lǎoshī	teacher, tutor
37.	馬上	mǎshàng	immediately
38.	明年	míngnián	next year
39.	平安	píng'ān	peaceful, at peace, safe
40.	前天	qiántian	day before yesterday
41.	收拾	shōushi	straighten up, put in order, pack
42.	文化	wénhuà	culture, civilization
43.	笑話(兒)	xiàohua(r)	joke
44.	行李	xíngli	baggage
45.	要緊	yàojǐn	important
46.	永遠	yóngyuǎn	forever, always

DIALOGUE (p.401)

白先生要回國了.
他是坐飛機回去早
晨高先生、高太太、
美英三個人都到白
5　先生住的地方去接
他,幫助他一塊兒到
飛機場去.

白：早！太勞駕了真
　　不敢當.
10　高先生：那兒的話呢.
　　我們應該來的麼.
　　東西都收拾好了
　　嗎？
白：沒甚麼東西了我

的書前幾天有個
朋友坐船回去
都讓他帶走了.
高太太：走吧我們先
到飛機場餐廳在
那兒慢慢兒的談吧.
高小姐：到日本要幾
個鐘頭?
白：大概三四個鐘頭
差不多下午兩點
鐘可以到了美英,
一塊兒到美國去
好不好?
高小姐：這麼忙你還
說笑話兒
高先生：我們早一
點兒到飛機場也
好(他們在門口兒
上汽車)你們三個
人在後邊兒坐我
坐前邊兒.
白：還是讓我在前邊
兒坐吧.
高先生：一樣一樣.
高太太：文山,這幾天

收拾東西一定
忙的不得了.很累
吧.
白：沒甚麼我的東西
少,所以很容易
收拾
高先生：希望你明
年畢業以後再到
中國來.
白：我很希望再回來.
高先生：你回到美
國還是繼續學中
國語言跟文學嗎?
白：是不但繼續學,我
還得好好兒的學呢.
高先生：學一種學
問如果希望學的
好,最要緊的是要
永遠學下去.
白：您說的很對您的
話都是有經驗的
話.
高先生：到日本打
算住幾天呢?
白：大概不到一個星期

65 在東京大學我
有一位老師我
得去看看他那位
老師是一位很有
名的語言學家關
70 於語言學這方面
我跟他得到不少
的學問.
　高先生：對了應
該去看看他.
75 白：我這次到中國
來念書朋友們
對我都很好尤
其是你們兩位.
這是我永遠不
80 能忘的.
　高先生：別客氣.
　白：美英送我的那
張杭州山水
畫兒我到家以後
85 把他掛起來請我
的朋友們看看.
　高小姐：得了得了別
掛畫的不好.
　白：很好.

90 高先生：從日本
幾個鐘頭就到
美國了比坐船
快的多.
　高太太：文山高先
95 生很喜歡旅行.
說不定我們或者
到美國去找你.
　白：那歡迎極了我父
親母親他們很希
100 望認識你們兩位.
我給父親母親他
們寫信常提到你
們幾位如果見到
你們幾位他們一
105 定歡迎的不得了.
　高太太：文山將來
你弟弟妹妹也到
中國來念書
嗎？
110 白：不知道將來他們
學甚麼如果他們
學東方文化
他們可能到中
國來.

115 高先生：到了.時候
早的很我們先
到餐廳.
白：好吧.
高先生：文山,你吃
120 甚麼?
白：我甚麼也不吃.我
已經吃過早飯.你
們兩位跟美英吃
點兒甚麼.
125 高先生：我們吃過
早飯才到你那兒
去的.那麼我們都
喝茶吧.
(高先生、高太太看
130 見他們的老朋友王
先生王太太下飛機,
走過去跟他們談話)
白：美英,那兩位是
誰?
135 高小姐：是王先生
王太太.他們跟
父親母親是老朋
友.他們去年出去
旅行.現在不知道

140 從那兒回來了.
白：美英,在這一年
裏頭我們兩個人
是最好的朋友了.
差不多我們每星
145 期都要見到兩
三次.現在我們要
很長的時候不見
了.希望你常給
我寫信.
150 高小姐：當然給你寫
信了.
白：你幾天給我寫一
封信?
高小姐：你給我寫信,
155 我馬上就給你回
信.
白：好吧.
高小姐：你剛才說
可能又回來.希
160 望你真的回來.
白：真的.我希望不
久就回來.
(高先生高太太回
來了.)

165 高先生：文山,時　　　　　　　一點兒回來.

　　　候差不多了.該　　　白：好.

　　　上飛機了.　　　　　高先生：祝你一路

　高小姐：你再到中　　　　　平安.

　　　國來是坐飛機是　　180 白：謝謝.再見.

170　　坐船？　　　　　高太太：一路平安.回

　高先生：這孩子！他　　　　　家問好.

　　　還沒走呢,你就問　　　白：謝謝您.

　　　他坐甚麼回來.他　　　高小姐：寫信.再見.

　　　現在怎麼知道呢？　185　　一路平安！

175　文山,希望你早　　　　白：再見,再見.

SENTENCE BUILD-UP (p.407)

　　　一　　　　　　　　3. 飛機場怎麼沒有飛

　　一公園的人　　　　　　機？

1. 一公園的人都走了.

　　　　　　　　　　　　　餐廳

　　一天　　　　　　　　　一餐廳的人

　　一天到晚　　　　　4. 一餐廳的人都是外

2. 他一天到晚作事.　　　　國人.

　　飛機　　　　　　　　收拾

　　飛機場　　　　　5. 這幾天圖書館要收

拾書.

行李
收拾行李
6. 我今天一天收拾行
李.

永遠
永遠不會說
7. 我想我永遠不會說
中文.

科學
科學家
8. 我希望作科學家.

老師
是科學家
是畫家
9. 他的老師又是科學
家又是畫家.

孩子
孩子們
10. 孩子們都喜歡玩兒.

笑
11. 你笑甚麼?

笑
笑話
說笑話
12. 我的老師很會說笑
話.

文化
西方文化
13. 西方文化沒有東方
文化那麼老.

可能
14. 這件事很可能

可能
作畫家的可能
15. 我沒有作畫家的可
能.

繼續
16. 請你繼續念.

累

17. 你一定很累了吧.

讓

18. 讓他作.

讓
讓我

19. 書讓我買來了.

讓他
讓他買走
讓他給買走了.

20. 書都讓他給買走了.

掛
掛起來

21. 這張畫兒是誰掛起
    來的?

封
這封信

22. 這封信是誰寫的?

帶

帶筆

23. 糟糕！我忘了帶筆
    了.

早
很早起來

24. 我天天很早起來.

早
早回家了

25. 他們都早回家了.

明年
明年開始念

26. 我明年開始念大學.

南
南京

27. 你去過南京嗎?

北
北京

28. 南京沒有北京大.

北京

北京話
29. 他的北京話說的好
極了.

不要緊
36. 他去不去都不要緊.

祝
37. 祝你考第一.

東
東京
30. 現在東京比紐約
人多.

平安
平安回家
38. 希望你平安回家.

午
中午
31. 我明天中午走.

方面
39. 這個問題有兩方面.

上午
32. 船上午十點鐘開.

幾方面
40. 中國文化有幾方面.

下午
33. 請您下午三點半來.

一方面
對語言一方面
41. 我對語言一方面很
有興趣.

午飯
34. 我們午飯不吃肉.

得
42. 二四得八.

要緊
最要緊的
35. 最要緊的是發音.

得了

43. 飯 得 了 嗎？

    得 了
    寫 得 了
44. 你 寫 得 了 嗎？

    得 到
    得 到 他 的 信
45 我 昨 天 得 到 了 他 的
信.

    勞 駕
46. 勞 駕 你 給 我 買 一 枝
筆 來.

    不 敢 當

47. 謝 謝 你, 我 不 敢 當.

    前
    前 天
48. 他 是 前 天 走 的.

    前 幾 天
49. 他 是 前 幾 天 走 的.

    馬 上
50. 我 馬 上 就 來.

    東 方
    東 方 歷 史
51. 我 學 東 方 歷 史.

PATTERN DRILLS

Pattern 23.1.　一 學 校　(p. 411)
　　　　　一 天

1. 一 城 人 都 跑 了.
2. 一 飛 機 場 的 人 都 是
接 朋 友 的.
3. 一 餐 廳 的 人 都 喝 茶
吃 點 心.
4. 一 圖 書 館 的 人 都 是

來看書的嗎?

5. 一房子人都是幫助
   他收拾行李的.

6. 我一天沒出門兒.

7. 一家人永遠那麼好.

8. 他一杯子水都喝了.

9. 一學校的學生都走
   了.

10. 一路上的人都是到
    公園去的.

11. 我一年也沒作事了.

12. 那個學生一星期都
    沒念書了.

13. 我一天甚麼事也不
    作就看書.

14. 一船的人一天都沒
    吃飯了.

15. 一本子的字都是白
    先生寫的.

Pattern 23.2a. 歷史家 (p.412)

Pattern 23.2b. 孩子們 (p.412)

1. 他的老師是一位最
   有名的語言學家.

2. 他是一個研究東方
   文化的歷史家.

3. 王先生雖然是一個
   很有名的畫家了,可
   是他還繼續學.

4. 那位文學家最喜歡
   說笑話.

5. 那位科學家真聰明
   研究出很多東西.

6. 那個孩子數學很好.
   永遠是他考第一.將
   來可能是一個數學
   家.

7. 今天我們下課很早.
   先生們有事.

8. 跟朋友們在一塊兒
   是最高興的一件事.

9. 孩子們最喜歡聽人
   說笑話.

10. 學生們都喜歡到高

先生開的那個書店去買書.

Pattern 23.3. 飯讓他(給)吃了. (p. 413)

1. 你送我的那張畫兒
讓他給掛起來了.

2. 小孩子叫大孩子給
打了.

3. 那些點心讓我弟弟
給吃了.

4. 那封信很要緊讓他
給忘了送了.

5. 這本書書店裏只有
這一本了.叫他給買

來了.

6. 那些書叫王先生給
帶去了.

7. 你的筆叫他拿去了.

8. 那本書已經讓一個
學生借去了.

9. 那所兒房子早已經
叫別人買去了.

10. 你的字典讓我弟弟
給拿走了.

SUBSTITUTION TABLE (p. 413)

I						
畫兒	讓	誰	----	買	去	了
書	叫	他	給	借	去	
				拿	走	
				帶	去	

MISCELLANEOUS SENTENCES (p. 416)

1. 昨天買的電影兒票
我記錯時候了.票是
五點那場的票.我七
點鐘才去.

2. 從現在開始,我得繼
續寫漢字了.

3. 關於學中文一方
面,最要緊的是發音.

4. 我們馬上走吧.兩點
場電影兒快開演了.

5. 我最近對日本文化
一方面很有興趣.

6. 前幾天我得到了王
教授給我的一封信.

7. 我已經跟我父親說
好了,明年到英國去
念書.

8. 昨天張先生在電話
裏頭跟我說了很多
的事情.

9. 昨天一下課萬教授
馬上就跑到飛機場
去接朋友.

10. 那個學生很會說笑
話.他說的笑話真可
笑.

11. 那個老師病了很久.
好不了了.他完了.

12. 在很早以前中國就
開始有了文化.

13. 如果你最好的朋友
永遠看不見了,你怎
麼樣呢?

14. 我昨天帶我弟弟到
飛機場去看飛機.

15. 我這幾個月事太多
了.忙的不得了.所以
我累極了.

16. 這兒的山水多麼漂
亮! 我得把他畫下
來.

17. 過去的一個星期裏
頭我都幫助朋友收
拾東西.

18. 過一兩天我得勞駕
你幫助我收拾行李.

19. 天不早了,我們得走.
20. 昨天那個孩子跟他父親要五塊錢買書.
21. 我的意思是先學寫字,後學念書,你的意思怎麼樣?
22. 我們在餐廳喝茶的時候談的很有意思.
23. 他叫了半天的門也沒人開,他還是繼續的叫.
24. 這兒的山水如果畫出來很漂亮.
25. 因為我們是老朋友,不用太客氣隨便吃一點兒.
26. 我太忙只好請朋友幫助我收拾行李.
27. 我的老師寫了一本說中國文化的書.
28. 我讓餐廳的影計給我拿菜單兒來.
29. 我到日本去,可能不到兩個星期就回來.
30. 我明年到中國旅行回來以後就開始學中文.

MONOLOGUE (p. 418)

　　我跟父親母親剛從飛機場回來,是送一個朋友回國.這個朋友名子叫白文山,是美國人.他的中文很好,他說的中國話跟中國人一樣.你跟他在一塊兒一點兒也不覺得他是一個外國人.我們開始認識是在我們那個書店裏頭.有一天,我跟父親母親我們到書店去了.正遇見白文山也去買書.父親就跟他說話,而且也介紹母親跟我認識他.

有一次父親請他到我們家裏頭來吃飯正好我在公共汽車上遇見他我們兩個人一塊兒回到家裏頭來從這個時候我們慢慢兒的就是很好的朋友了.

從那個時候開始關於數學一方面如果我有問題或者不明白的地方他都能告訴我.

他來到中國一年了在這一年裏頭前幾個月我們不怎麼常見可是以後每個星期我們都見兩三次有的時候我們一塊兒到圖書館去看書或者一塊兒去看電影兒.

他是一個很用功而且也很聰明的人父親很喜歡他他一到我們家裏頭來父親很高興父親很喜歡跟他談關於中國語言跟文學的問題同時母親對他也很好他喜歡吃紅燒菜每次到我們家母親差不多都是做燒菜給他吃.

現在他回國了一個最好的朋友走了你想是怎麼樣呢？他雖然走的時候說他回去畢業以後還回來可是他是不是真的能回來呢？

ANSWERING QUESTIONS (p. 419)

1. 老師都是老人嗎？一個二十多歲的先生可以不可以算是老師？
2. 戴表的戴跟帶東西的帶用漢字寫是不一樣的.

如果用拼音寫一樣嗎？

3. 中國有三千多年的文化美國呢？

4. 一個朋友是三號離開東京六號到的紐約你說是坐飛機來的還是坐船來的呢？

5. 如果我說明天是明年的第一天，那麼今天是幾月幾號？

6. 船是上午七點鐘開的下午三點鐘到的一共走了幾個鐘頭？

7. 美國最大的城是紐約日本呢？

8. 如果你要帶很多行李，是坐飛機好是坐船好？

9. 我的行李讓一個朋友給收拾好了我一定對他說"你太客氣"還是"太勞駕"呢？

10. 這本書你快要念完了念完了以後，你還繼續念中文嗎？

LESSON 24

PATTERN REVIEW

Unit I (p.424)

1.1. 行李不太多.

1.2. 我們都吃杏仁兒豆腐.

1.3. 飛機場不太遠嗎?

2.1. 張教授不是南京人嗎?

2.2. 我們應當研究這件事情.

2.3. 你會不會用筷子吃中國飯?

2.4. 王先生是你的老師不是?

3.1. 一碗飯夠不夠?

3.2. 這所兒房子賣多少錢?

3.3. 這三張畫兒都是他畫的.

5.1. 他的學問也不錯.

5.2. 最聰明的學生是誰?

Unit II (p.424)

7.1. 飯館兒在圖書館跟書店的中間兒.

7.2. 張先生在遠東大學學科學.

7.3. 在他家附近有一個小飛機場.

7.4. 在那兒念書的人差不多都是外國人.

7.5. 我們寫漢字還是寫拼音?

8.1a. 他家離飛機場太近.

8.1b. 電影兒院離三友書店有一里多路.

8.2. 有很多演員演的不好.

8.3. 獅子頭不容易做.

8.4. 是自己做好還是請別的人做好?

9.1. 我每天到三友書店去.

9.2a. 我們甚麼時候去接他?

9.2b. 他們六點鐘看電影兒去.

9.3. 他下午五點半從圖書館來.

9.4. 從這兒一直往西北走三里路就到了.

9.5. 如果我坐船去我就早一點兒走.

10.1. 這星期的片子比上星期的好.

10.2. 你說的很對.

10.3a. 男孩子比女孩子吃的多.

10.3b. 他來的比我晚.

10.4. 他說笑話說的真好.

10.5a. 我看電影兒比他看的多.

10.5b. 他帶行李帶的比你多.

11.1. 他打算明年二月三號離開中國.

11.2. 王先生是去年六月畢業的.

11.3a. 他是在日本念書的.

11.3b. 我是在飯館兒買的茶.

Unit III (p.425)

13.1a. 我把所有的行李都收拾好了.

13.1b. 昨天晚上我們看了電影兒了.

13.2a. 我們吃完了飯就去看電影兒了.

13.2b. 我買了書就回家了.

13.3a. 我吃的太飽了.

13.3b. 現在已經五月八號了.

13.4a. 我們要了五個菜一個湯.

13.4b. 我已經寫了五封信了還要寫三封.

13.5. 現在天氣暖和了.

13.6a. 學看書以前得先學説話.

13.6b. 我在中國的時候常去看中國電影兒.

13.7. 從一九六二年開始他就不學中文了.

14.1. 我的老師對日本歷史很有研究.

14.2a. 萬教授寫的書都很難懂.

14.2b. 能用漢字寫信的外國人很少.

14.3a. 你沒聽説過這個笑話嗎?

14.3b. 我的那件事他昨天提過了嗎?

14.4. 我一定記不住那麼多漢字.

14.5a. 美國最大的大學有兩萬三千多學生.

14.5b. 那個圖書館差不多有一百五十萬本書.

15.1. 我還得學兩年的數學.

15.2. 從美國我坐了兩個星期船才到日本.

15.3. 我收拾了六個鐘頭的行李了,還沒收拾好.

15.4. 他們在電話裏説話已經有一個多鐘頭了.

15.5. 我看了兩次中國電影兒.

16.1. 小孩子過路要注意車.

16.2. 我每天七點鐘起來.

16.3. 如果我有機會我一定上廣東去旅行.

16.4. 我想起來這個字的意思了.

16.5. 請你們都拿起書來.

16.6. 我的行李都拿到那兒去了?

16.7. 不要把這件事情告訴他.

16.8a. 連我的老師也不認識這個字.

16.8b. 這個句子連一個字我都不認識.

16.9. 我想買這幾本書送給他.

16.10. 餃子也是你做的嗎?

17.1. 中國筷子跟日本筷子一樣嗎?

17.2. 廣東菜跟北方菜一樣好吃嗎?

17.3. 高小姐沒有他父親那麼喜歡寫字.

17.4. 你做糖醋魚做的跟他一樣好.

17.5. 我吃餃子吃的有你這麼多.

17.6. 我累的連飯也不想吃.

Unit IV (p.426)

19.1a. 你應當多練習寫漢字.

19.1b. 我們走快一點兒,要不然我們去晚了.

19.1c. 請你明天早一點兒來.

19.2a. 他們在餐廳裏談着話呢.

19.2b. 他帶着行李上船去了.

19.3. 他不是漢人就是日本人.

19.4. 他說了好些笑話也沒有人笑.

19.5. 除了發音以外他的中文不錯.

19.6. 他四聲練習是練習,可是還說的不準.

20.1. 他一到飛機場就上飛機了.

20.2. 這張畫兒你甚麼時候掛起來.

20.3a. 我打了半天門都沒人開.

20.3b. 打高先生家到飛機場有八里多路.

20.3c. 請你們打開書一塊兒念.

20.4. 這兩個字你寫錯了.

21.1a. 你有多少就給多少.

21.1b. 誰要明天去誰就明天去.

21.2a. 就是你不寫信我也寫.

21.2b. 就是外國人對漢字也有興趣.

21.3. 如果我有錢我一定給他,可是我沒有錢給他.

21.4. 他天天大吃大喝.

22.1. 我越學中國話的發音越覺得難.

22.2. 你好好兒的聽我的話.

22.3. 你寫的字個個兒都是錯的.

23.1. 一家人都對我很好.

23.2a. 美國文學家不太注意中國文學.

23.2b. 中國孩子們外國孩子們都是一樣的喜歡玩兒.

23.3. 我的書讓誰給拿走了.

FOREIGN CORRESPONDENCE (p.427)

美英：

　這是我給你的第一封信，我到了日本下了飛機就去看我的老師，他很高興，請我吃了一次飯，還給我介紹了兩位日本朋友，一位美國朋友，這三個朋友對我都很好，我是第二次來日本了，我覺得日本很有意思，你呢？除了這個以外在日本也沒有甚麼特別有意思的事情告訴你。

　我現在已經到了家，我看見父親母親，把你送給我的那張山水畫兒拿出來給他們看，父親母親都說你畫的好，我也告訴他們你是我最好的朋友，他們都很高興，說希望你能到美國來，我也把高先生高太太對我那麼好告訴他們，父親母親都說謝謝他們兩位。

　我離開家一年，父親母親還跟去年一樣，可是弟弟妹妹長高了很多，弟弟跟我一樣高，妹妹越長越漂亮，父親母親因為我離開他們一年了，我回來了他們高興的不得了，母親每天做很好的菜給我吃。

　我也去看過幾個朋友，都跟以前差不多，我這幾天很累，過一兩天我到大學去看看甚麼時候上課，應該買甚麼書一些問題，我想在這一年裏頭我必得用功念書。

我從上飛機到現在都很好,可是看不見你了.不知道甚麼時候我們再見.希望你常給我寫信.再談.

祝你

平安

文山

九月八號

文山:

昨天接到你的信高興極了.知道你已經平安回到家了.我把你走了以後的一些事情告訴你一點兒.

前幾天我到遠大去過了.我們下星期就開始上課了.我們一年級的學生還得學一年的數學.糟糕!我的數學不太好你是知道的.而且我的數學老師已經回到很遠的美國了.如果我有問題,誰告訴我?我對數學沒興趣讓我再學一年數學我真不高興學.我不明白學文學為甚麼還要學一年數學呢?是不是每一個大學都是一樣呢?

我想上課以後我必得好好兒的用功念書了.尤其是對寫字一方面.我寫的太不好了.父親常叫我寫字,可是老也沒好好兒的用功寫過.

前幾天有一位朋友讓我給他畫一張畫兒.想來想去給他畫甚麼好呢?想起來了.把圖書館畫下來.你看圖書館多麼漂亮啊!畫下來一定很好看.你說是不是?

你 走 了 以 後 父 親 母 親 他 們 每 天 提 到 你 他 們 説
你 是 聰 明 的 好 學 生 希 望 不 久 你 再 到 中 國 來.

過 去 的 一 年 裏 頭 很 有 意 思 你 對 我 的 數 學 幫 助
很 多 我 很 謝 謝 你 我 想 以 後 每 星 期 六 寫 信 把 一 個
星 期 的 事 情 寫 出 來 你 覺 得 怎 麼 樣 ？ 祝
好.

美 英
九 月 十 三

DIALOGUE SUMMARIES

第 一 課 (p.429)

高 先 生 開 了 一 個 三 友 書 店, 離 遠 東 大 學 不 遠. 白
先 生 從 美 國 到 中 國 以 後, 在 書 店 裏 買 書 就 認 識 高
先 生 了. 同 時 也 認 識 了 高 太 太 高 小 姐. 有 一 天 白 先
生 出 去 隨 便 在 路 上 走 走 遇 見 了 高 先 生 白 先 生 問
高 先 生 最 近 好 嗎 白 先 生 又 問 高 太 太 高 小 姐 都 好
嗎 高 先 生 謝 謝 他 告 訴 白 先 生 高 太 太 高 小 姐 都 好.

第 二 課 (p.429)

有 一 次 一 個 中 國 人 請 很 多 朋 友 到 他 家 裏 頭 去
喝 茶 他 請 的 朋 友 裏 頭 有 中 國 人 也 有 外 國 人 白 先
生 跟 錢 先 生 他 們 兩 個 人 在 一 塊 兒 坐 着 因 為 人 太
多 也 沒 有 人 給 他 們 兩 個 人 介 紹 白 先 生 想 跟 錢 先

生説話,他就問錢先生貴姓錢先生告訴他姓錢可是錢先生記錯了.他想白先生是王先生白先生説他不是王先生,他姓白錢先生又問他是英國人不是,白先生又告訴他不是英國人,他是美國人白先生問錢先生會説英國話不會.錢先生説他不會,只會説中國話.

第三課 (p.429)

白先生想買幾枝中國筆,所以他就到高先生的書店去了.他看見有一本中國文學是一位遠大教授寫的因為他研究中國文學他想買,他就問書店裏賣書的人毛先生這本書多少錢毛先生告訴他一塊二毛錢一本他要買兩本.他覺得這本書很好.他想送給朋友一本,所以買兩本.

他又問毛筆多少錢一枝他想他念中文必得寫漢字.毛先生説兩毛錢一枝.他買了五枝筆兩本書.一共用了五塊四毛錢.買好了以後他拿着書跟筆就回去了.

第四課 (p.430)

遠東大學已經上課了白先生應該買的東西很多,比方本子,地圖,字典,墨水,鋼筆,鉛筆他都得買他又跑到書店去.他現在跟毛先生見過很多次毛先生問他要買甚麼東西他要買紅墨水,可是書店裏

頭紅墨水都賣完了只有藍墨水黑墨水了他買字
典地圖鋼筆鉛筆紙他把東西買好了以後毛先生
給他算算賬一共十六塊九毛二分錢他跟毛先生
說再見,拿着東西就走了.

第五課 (p.430)

白先生來到中國已經差不多半年了他常到書
店去買書,所以常看見高先生他跟高先生慢慢兒
的就是很好的朋友了高先生特別喜歡他高先生
有一位英國朋友萬教授很早以前高先生就想請
萬教授跟白先生到他們家裏頭吃飯可是萬教授
太忙老沒工夫有一天萬教授下午三點多鐘他給
高先生打電話說他今天晚上有工夫可以到高家
吃晚飯.

萬教授給高先生打了電話以後高先生馬上就
給白先生打電話,請他今天晚上來吃晚飯而且告
訴他今天晚上還請了一位英國朋友請白先生晚
上七點鐘一定來.

第七課 (p.431)

白先生今天又到書店去了他不是去買書他是
問毛先生高先生請吃飯是在那兒,是在書店是在
他家裏頭因為高先生給他打電話的時候他忘了
問所以他來問毛先生毛先生告訴他是在家裏又
告訴他高先生家在城外頭一個小山上那個山上

有三所兒房子,高先生家是中間兒那所兒房子,山下頭中山路附近還有一個湖,有公園.白先生聽明白以後就走了.

第八課 (p.431)

白先生跟毛先生問了高先生家在那兒以後,他走了.可是他又想起來了.他想他先到圖書館借書後再到高家去,因為他想借的書遠大的圖書館裏頭沒有,這兒的圖書館他也沒去過,還是得問毛先生.又回到書店.

毛先生告訴他圖書館離書店很遠,離高家也不近.毛先生問他要借甚麼書.他說他要借兩本英文書.毛先生還問他在大學學甚麼.他告訴毛先生中國文學英國文學他都學.

第九課 (p.431)

雖然白先生問了毛先生圖書館在那兒,可是他沒告訴白先生怎麼走,往那邊兒走.白先生又問從書店到圖書館怎麼走.毛先生告訴他往南走,再往西拐,過八個路口兒就是圖書館.圖書館的房子很大,很容易看見.

白先生又問坐甚麼車.因為書店附近有公共汽車站,可以坐公共汽車去.毛先生告訴他坐公共汽車,圖書館附近有公共汽車站,下車就是圖書館.

白先生又問毛先生到高家去有公共汽車嗎.毛

先生告訴他從圖書館附近的車站上車到中山路,在公園門口兒下車,上一個小山就到了.

第十課 (p.432)

白先生問完了毛先生以後,他就在書店附近那個公共汽車站上了車要到圖書館去了.那個公共汽車上的賣票員很客氣,他讓白先生買票,可是白先生不知道多少錢,就問他.他就跟白先生說起話來了.

他一看白先生是一個外國人可是說那麼好的中國話,他說白先生的中國話說的真好,還問白先生是那國人,作事還是念書.白先生告訴他在遠東大學念書.他又問白先生遠大的外國學生多不多.他問白先生在美國有沒有外國學生.白先生告訴他美國的大學裏頭外國學生更多.

白先生問賣票員到圖書館得多少時候.賣票員告訴白先生差不多二十分鐘就到了.他問白先生家在那兒.白先生告訴他家在美國,家裏頭有父親母親弟弟妹妹.賣票員又問白先生父親作甚麼事.白先生告訴他父親母親都是教員.

白先生也問他家裏頭都有甚麼人.賣票員說有太太還有兩個孩子,男孩子叫老虎.白先生覺得這個名子很奇怪,可是他沒說甚麼.女孩子叫小妹.賣票員告訴白先生女孩子一歲就會走路.他自己覺得一歲的孩子會走路很奇怪,可是一歲的孩子會走路一點兒也不奇怪.

第十一課 (p.432)

白先生下了公共汽車以後就到圖書館來了.剛一進去他聽見有人跟他說話一看就是前幾個月在朋友那兒喝茶遇見的那位錢先生錢先生問他是不是到圖書館來看書.他告訴錢先生他不看書,他想借書.錢先生問他打那兒來,是不是坐車來的.他告訴錢先生坐公共汽車來的錢先生還問他是不是常來圖書館他告訴錢先生這是第一次錢先生雖然前幾個月見過白先生,可是沒機會跟他多談談.今天在圖書館遇見了,就問白先生甚麼時候來中國的,坐船來的還是坐飛機來的白先生都告訴他了.白先生也問錢先生甚麼時候離開圖書館.錢先生說他有一點兒事,他就要走他還告訴白先生這兒的書很多,可以隨便借.他還說遇見高先生了.高先生告訴他今天晚上請白先生吃飯錢先生說如果晚上白先生有工夫,也請到他家裏頭坐一坐,因為他家離高家很近.

第十三課 (p.433)

白先生在圖書館借好了書以後又到公共汽車站去等車.剛一上汽車看見高小姐在車上呢他就跟高小姐說話.

高小姐告訴他今天學校有事情,所以回家晚了

一點兒高小姐問他是不是到他們家裏頭去他告
訴高小姐是白先生還問高小姐在那兒念書高小
姐告訴他在中學念書,今年就畢業了高小姐問他
在大學幾年級他告訴高小姐他在三年級他們兩
個人說好了考試以後白先生請高小姐看電影兒.
高小姐在車上告訴白先生他父親今天晚上還請
了一位英國朋友因為高先生沒告訴白先生是男
的是女的,高小姐告訴他是一位先生.他們兩個人
在車上談的很高興.

第十四課 (p.433)

白先生又問高小姐學校裏頭有多少學生同時
高小姐也問白先生遠大有多少學生他還問高小
姐將來畢業以後學甚麼? 高小姐恐怕自己考不
上大學白先生希望高小姐也學文學,可是高小姐
說如果考不上大學就學畫兒,因為他對畫畫兒很
有興趣.

他們兩個人還談到學語言的問題因為白先生
是學中國語言跟文學的高小姐就問他學語言怎
麼學白先生告訴他學語言的方法,而且告訴他學
語言學是用科學的法子研究語言他們又說到寫
字一方面白先生能用毛筆寫字高小姐告訴他現
在中國人都不怎麼用毛筆寫字了.

高先生字寫得很好,可是他每天還是繼續的寫
字他寫的字常送給朋友也有很多人跟他要他寫

的字.高先生朋友家裏頭,差不多都掛着高先生寫
的字.

第 十 五 課 (p.434)

　高小姐常聽他父親說白先生很聰明,書念的不
錯.他今天跟白先生在車上談了很多話知道白先
生是很好,所以他問白先生念多少年中國書了.白
先生告訴他已經念過五年了.他還告訴高小姐在
中學怎麼學,在大學怎麼學.他還說學的時候用錄
音機聽錄音.白先生又告訴高小姐學語言是很有
意思的.開始難,以後就比較容易了.

　高小姐問他從美國怎麼來的.他說是從紐約坐
汽車到三藩市,坐船到日本,以後坐飛機到中國來
的.高小姐跟白先生說他沒坐過飛機.父親母親很
喜歡去日本玩兒或者他畢業以後跟他父親母親
坐飛機到日本去.白先生說畫家必得到別的地方
去看山水,對畫畫兒很有幫助.

第 十 六 課 (p.434)

　高小姐白先生談的很有意思.在車上遠遠兒的
就看見山上高家那所兒房子了.白先生一看高家
住的這個地方很好有山有水.高小姐告訴白先生
他父親很喜歡這個地方,所以他們就在這兒住了.

　兩個人下車了,走着路談着話,一會兒就到了高
家門口兒了.高小姐就叫門高太太出來開門.他看

見白先生來了很高興這個時候高先生也出來了跟白先生說話還給他介紹這位英國人英國人是一位教授是高先生的一位老朋友他的中國學問很好而且也能說很好的中國話高先生覺得今天很有意思雖然請兩位外國朋友來吃飯可是都說中國話.

這個時候萬教授跟白先生兩個人談起來了萬教授問白先生甚麼時候來的還談一些關於學校的問題又問他是學甚麼的萬教授是一位文學家他寫了很多書他寫的中國文學研究那本書白先生已經看過了白先生說他寫的好他很高興因為高先生很喜歡白先生他告訴白先生萬教授學問好讓他以後常跟萬教授在一塊兒研究研究.

白先生知道高小姐能畫畫兒所以他想看看可是高小姐是一個女孩子他不想讓他們看他畫的畫兒所以高先生一定叫他拿出來請他們看看同時高先生還告訴他們高小姐很小的時候就喜歡畫畫兒他也沒學多少時候畫兒裏頭有一張杭州山水畫兒杭州的山水是很有名的所以畫出來很漂亮白先生很喜歡那張畫兒.

第十七課 (p.435)

他們正在看着高小姐畫的那張杭州山水畫兒的時候高先生就告訴萬教授跟白先生他原來是杭州人二十幾歲他離開他的老家杭州萬教授說

杭州有名,英國人都知道高先生告訴他們杭州有一個湖叫西湖,很漂亮.他說從前有人拿西湖比作西施.西施在中國歷史上寫的是最漂亮的女人.雖然萬教授到過中國很多次,可是他沒去過杭州.白先生聽他們把杭州說的那麼好,所以他說將來如果有機會他也到杭州去旅行.

白先生看見高小姐畫的那張杭州畫兒跟他們現在住的地方差不多,他很奇怪就問高先生.高先生笑了,告訴他因為他喜歡他的老家他看見這個地方很像杭州就在這兒買了這所兒房子了.

白先生聽人說過蘇州女人漂亮他就問高先生對不對.萬教授說是真的還告訴他高太太是蘇州人,所以高小姐那麼漂亮.

萬教授很喜歡喝酒划拳.這個時候他跟高先生划起拳來了.白先生以前沒看見過他看了半天他很奇怪為甚麼贏了不喝酒呢.他看了他們划了幾次他才明白.

第十九課 (p.400)

高先生萬教授正在划拳的時候,高太太把飯做好了,讓他們吃飯.高太太做了很多的菜萬教授是高先生的老朋友,白先生是學生,所以不用怎麼客氣.他們隨便坐着隨便吃高太太得做菜,不能跟他們一塊兒吃飯客人當然得請高太太來一塊兒吃了.

高太太菜做的真好萬教授跟白先生他們兩個人,雖然常吃中國飯,可是有的菜他們還不知道叫甚麼,雞做的很好吃,他們問那個雞是怎麼做的叫甚麼名子.高家今天做了五個菜一個湯,有炒白菜、獅子頭、糖醋魚、炒豆腐、紅燒雞、牛肉湯.他們都很喜歡吃,而且這兩位外國朋友用筷子用的很好.

幾個人吃着飯談着話,都很高興.白先生問高小姐會做飯不會,高小姐當然說他不會了,可是高太太說他會做.

第二十課 (p.437)

從高家請白先生吃飯以後,高小姐慢慢兒的跟白先生他們兩個人很好.兩個人差不多每個星期都見兩三次.而且白先生常給高小姐打電話.

六月的考試完了以後,有一天白先生給高小姐打電話.高小姐在電話裏頭告訴白先生他這次考的不大好.他也問白先生考的怎麼樣,白先生當然也得說自己考的不怎麼樣了.

高小姐又說父親母親要帶他到日本去旅行了.他父親母親想在日本住兩個月才回來,可是他不想住那麼久.他想跟父親母親說住一個月就回來.白先生當然希望高小姐快回來了.

白先生說想請他吃飯看電影兒,問他甚麼時候有工夫.高小姐說每天都可以,因為已經放假了.白先生想還是讓高小姐說一個時候比較好,所以高小姐説星期三,他又問高小姐喜歡吃甚麼.高小姐知道白先生也很喜歡吃北方飯,他告訴白先生書店附近有個北方飯館兒,到那個飯館兒吃好不好.白先生當然喜歡去了.

　　他們又研究在那兒看電影兒.高小姐聽別的朋友説中國電影兒院演的那部片子不錯,是一部歷史片子.他們説好了吃了晚飯去看九點那一場.可是必得先去買票,因為片子好看的人太多.

<h2 style="text-align:center">第二十一課 (p.437)</h2>

　　白文山先生星期三下午六點鐘就到高家去接高美英小姐兩個人一塊兒到飯館兒去了.到了飯館兒以後夥計過來問他們要吃甚麼.白先生請夥計把菜單兒給他拿來.高小姐告訴他不要太多的菜,簡單一點兒吃,要不然電影兒開演了,就看不見故事的開始是甚麼.夥計告訴他們這個飯館兒最好的菜有獅子頭,紅燒魚,烤鴨子,炒蝦仁兒.他還説尤其是他們這兒的烤鴨子是全國第一了.

　　他們兩個人想要兩個菜一個湯.夥計跟高小姐説,他們的炒蝦仁兒好極了.高小姐就要了個炒蝦仁兒.白先生要一個紅燒魚.他又問高小姐要甚麼湯.高小姐説要猪肉白菜湯.白先生還想再要一點兒餃子.高小姐覺得兩個人兩個菜一個湯一定夠吃了.他不讓白先生再要餃子了.可是高小姐想吃飯以後吃點兒甜點心.他知道北方飯館兒差不多都有杏仁兒豆腐一問夥計說已經賣完了.

夥計把菜拿來.兩個人一看這兒的菜做的真漂亮.可是白先生覺得還是高家的菜好吃.高家的菜做的好是真的,因為高太太他天天研究做飯.高小姐告訴白先生他母親想把做飯的經驗寫一本書呢.白先生覺得中國飯好吃是好吃,可是做起來太麻煩了.高小姐覺得也不怎麼麻煩.

那個時候已經八點半了.他們兩個人喝了一點兒茶,讓夥計把賬算了,給了錢也給夥計一點兒小費,就走了.

第二十二課 (p.438)

高先生高太太高小姐到日本旅行回來的時候,雖然白先生到飛機場去接他們,可是沒說很多的話.第二天早晨白先生給高家打個電話說下午到高家去看他們.高先生很高興告訴高太太讓白先生在他們家裏頭吃晚飯.

白先生來的時候,高小姐開的門.一看見白先生就告訴他高先生等他呢.高先生聽見白先生來了,也出來了.他讓高小姐把日本買來的點心拿出來,請白先生吃.

高先生在日本就想買一點兒東西回來送給白先生.他在書店買書看見一本說拼音跟漢字問題的書,他就買了打算回來就送給白先生.他見了白先生問他這些時候都作些甚麼.白先生告訴他那兒也沒去,天天看書,看看朋友,給父親母親朋友們寫信,還看了幾次電影兒.

高先生告訴白先生日本教授中山先生寫的一本書裏頭說關於漢字跟拼音的問題.他問白先生開始學中文是怎麽學的美國學校教中文都用甚麽方法,叫白先生告訴他.

白先生告訴他每個學校不一樣開始學的時候有的用漢字教有的用拼音教高先生覺得學中文應該用漢字教,如果用拼音跟念英文差不多了,那就不是學中文了.

可是白先生覺得用拼音法子好.先會說了以後,再學漢字就容易了.高先生想白先生說的不對他說學了半天的拼音連一個中國字也不認識如果念中國書還得再開始學漢字白先生跟他說先明白了詞兒跟句子的意思以後,再學漢字就容易多了.不必記意思了,只記漢字就可以了.

高先生聽白先生說的也有一點兒對他又問白先生開始學是怎麽學的白先生告訴他開始學是聽錄音自己練習發音高先生又問他學說話是怎麽學白先生告訴他先學四聲再學詞兒句子,輕重音在那兒以後再學會話.他說學語言最要緊的是注意發音.拼音對發音有幫助最要緊的是四聲要準.白先生說用漢字學,你不認識的字(比方說這個他字)你就沒法子知道怎麽念如果用拼音一看就知道他的音是甚麽,就會念了.高先生覺得白先生說的也有一點兒對他沒法子了.只有說拼音的法子好是好,看起來可是沒有漢字漂亮.

第二十三課 (p.439)

白先生在中國念了一年書,現在要回到美國去
念大學四年級高先生高太太高小姐在走的那一
天早晨很早就到他住的地方去了,幫助他收拾東
西,而且希望跟他多談一會兒以後不知道甚麼時
候才能再看見他.

白先生看見他們很早就來了,很謝謝他們
高太太覺得應該早一點兒到飛機場他們坐着車
就到飛機場去了.

高先生他們都很希望白先生再回來高先生問
他回去以後是不是繼續學語言學跟文學白先生
告訴他還繼續學他還要用功學高先生問他在日
本住幾天,他打算在那兒住不到一個星期就回美
國他在日本要去看他的老師他在美國的時候跟
那位老師得到不少的學問他跟高先生說很謝謝
高先生高太太他們對他那麼好他們正在餐廳坐
着喝茶的時候,高先生看見他們的朋友王先生王
太太下飛機高先生高太太跟他們說話去了.

這兒只有白先生跟高小姐他們兩個人了白先
生就跟高小姐說他走了以後要很久不見了,希望
高小姐給他多寫信高小姐問他走了以後,是不是
真的能回來他說希望真的能回來.

他們兩個人正說着話呢高先生高太太回來了,
高先生說時候到了,白先生就上了飛機.

PRONUNCIATION DRILLS

THE SOUNDS OF CHINESE

2. Tones (p. xxiii)

媽　麻　馬　罵

5. Simple Initials with Group-a Finals (p. xxv)

阿	安	盎	愛	襖
八	般	邦	白	抱
怕	潘	旁	排	炮
媽	慢	忙	買	帽
發	翻	方		
達	單	當	代	到
他	攤	堂	太	套
拿	男	囊	奈	開
拉	藍	狼	賴	老
噶	干	剛	概	告
卡	看	抗	開	靠
哈	寒	航	害	好

7. Simple Initials with Group-o/e Finals (p. xxvi)

玻　潑　摸　佛

餓	恩	鞥 (eng)	杯	偶	
	笨	崩	賠	剖	
	盆	朋	沒	某	
	門	夢	肥	否	
	分	馮	得	都	冬
得		等		偷	同
特		滕	內	耨	農
	嫩 (nèn)	能	雷	簍	龍
	嫩 (lèn)	冷	給	狗	公
勒	跟	更	摳 (kēi)	口	空
哥	肯	坑	黑	候	紅
克	很	橫			
喝					

369

9. Simple Initials with Group-u Finals (p. xxvii)

屋	娃	我	外	未	灣	問	王	翁
布								
鋪								
木								
夫								
杜		多		對	端	蹲		
兔		托		退	團	屯		
奴		挪			暖			
路		羅			亂	輪		
古	瓜	國	怪	貴	管	滾	光	
哭	誇	潤	快	愧	款	坤	筐	
忽	化	活	壞	會	歡	婚	荒	

11. Retroflex and Sibilant Initials with "i" and Group-a Finals (p. xxviii)

知	扎	展	張	宅	招
吃	砸	纏	昌	柴	抄
師	殺	山	商	晒	燒
日		然	讓		饒
自	雜	簪	髒	再	早
澌	擦	餐	倉	猜	草
四	薩	三	桑	賽	掃

12. Retroflex and Sibilant Initials with Group-o/e Finals (p. xxviii)

者	珍	征	這 (zhèi)	周	中
車	陳	稱		抽	沖
舌	身	生	誰	收	容
熱	人	仍		柔	
則	怎	增	賊	走	總
冊	岑	層		奏	從
色	森	僧		叟	送

13. Retroflex and Sibilant Initials with Group-u Finals (p. xxix)

豬	抓	卓	拽 (zhuāi)	追	專	諄	裝
出		綽	踹	吹	川	春	牀
書	刷	説	摔	水	涮	順	雙
入		弱		蕊	軟	潤	
祖		坐		醉	躜	尊	
粗		錯		脆	竄	寸	
俗		所		歲	算	孫	

15. Simple Initials and Group-i Finals (p. xxx)

一	牙	要	也	有	言	因	陽	英	用
比		表	別		編	賓		冰	
皮		飄	撇		偏	拼		平	
米		妙	滅	繆	棉	民		命	
第		刁	爹	丟	顛			丁	
提		挑	貼		天			聽	
你		鳥	轟	紐	年	您	娘	擰	
李	倆 (liǎ)	遼	列	柳	連	林	良	鈴	

17. Palatal Initials with Group-i Finals (p. xxx)

雞	加	交	皆	九	間	今	江	經	烔
七	洽	敲	切	秋	千	親	搶	輕	窮
西	蝦	消	謝	修	先	心	香	星	凶

19. Palatal and Other Initials with Group-u Finals (p. xxxi)

魚	月	遠	雲		蓄	學	宣	訓
居	覺	捲	君		女	虐		
去	確	犬	群		綠	畧		

20. Group-r Finals (p. xxxii)

I 歌   歌兒   封   封兒
II 孩   孩兒   玩   玩兒   分   分兒
III 鷄   鷄兒   魚   魚兒
IV 事   事兒   信   信兒   准   准兒

21. Juncture (p. xxxii)

疑難 = 疑 + 難   陰暗 = 陰 + 暗
民歌 = 民 + 歌   名額 = 名 + 頟

22. Stress (p. xxxii)

王 太 太
王 太 太
我 説 今 天 去

23. Modification of Tones (p. xxxiii)

也高   很好   也很好   媽呢   麻呢   馬呢   罵呢

24. Intonation (p. xxxiv)

他好嗎?   他好.

LESSON 1

I. The Unaspirated-Aspirated Contrast (p.8)

爸怕   搭他   白牌   帶太   該開   飽跑   到套   槁考

II. Contrasts in Tones (p.8)

媽媽   麻媽   馬媽   罵媽
媽麻   麻麻   馬麻   罵麻
媽馬   麻馬   馬馬   罵馬
媽罵   麻罵   馬罵   罵罵

III. Combinations of Tones (p.8)

他搬	還高	買刀	太高
他拿	還來	買糖	太忙
他買	還好	買馬	太好
他怕	還看	買報	太大

IV. Changes in Third Tones (p.9)

我高	我好	我很好
我忙	你好	你很好
我大	很好	我也好
	也好	你也好

V. Intonation Contrast (p.9)

他也好.

他也好嗎?

他們很高.

他們很高嗎?

LESSON 2

I. The e-en, e-eng Contrast (p.18)

歌根　可肯　賀恨　　　　各更　何恒　樂忙

II. Lip-rounding versus No Lip-rounding (p.18)

故各	過各	玻八	館敢	光剛	怪蓋	洪恒
庫克	闊克	破怕	款砍	礦抗	壞害	捆肯
胡何	活河	磨麻	換汗	黃航	共更	

LESSON 3

I. Non-Palatals versus Palatals (p.30)

飽 表　　半 變　　囊 娘　　　　梨 林　　泥 您　　地 定

砲 票　　潘 偏　　狼 良　　　　必 殯　　米 敏　　提 庭

毛 苗　　慢 面　　得 碟　　　　匹 品　　立 賃　　蜜 命

到 掉　　旦 電　　特 帖

LESSON 4

I. Contrast of Retroflexes and Sibilants (p.41)

扎 紫　　折 則　　債 在　　周 鄒　　正 贈　　中 宗

插 擦　　撒 冊　　拆 猜　　臭 湊　　成 層　　蟲 從

沙 撒　　社 色　　晒 賽　　收 搜　　生 僧

II. Practice on Initial r (p.41)

繞　　熱　　讓　　肉

然　　人　　扔　　容

LESSON 5

I. Contrast of Retroflexes and Palatals (p.52)

扎 家　　趙 叫　　戰 見　　張 江　　腫 烟　　肘 九

岔 恰　　吵 巧　　纏 前　　常 強　　蟲 窮　　受 秀

殺 瞎　　邵 笑　　山 先　　商 香

II. Some Sibilant-Retroflex-Palatal Contrasts (p.52)

撒沙蝦　騷燒消　三山先　桑高香　叟字朽

LESSON 6

I. Review of the Four Tones (p.57)

都	八	白	沒	好	兩	話	塊
高	書	您	十	很	買	會	賣
他	枝	錢	文	你	那 (nèi)	就	那 (nà)
說	分	人	誰	請	有	是	那 (nèi)
張	黑	王	紅	本	紙	問	這 (zhè)
英	中	還 (hái)		筆	點	姓	這 (zhèi)
一	吃	毛		五	那兒	二	飯
三	家	國		九	想	四	見
七		藍		幾	找	六	位

II. Review of the Neutral Tone (p.57)

先生	小姐	本子	太太
工夫	甚麼	我們	謝謝
他們	顏色	你們	賣嗎
三個	一個	兩個	飯呢
黑的	時候	我的	
他的	朋友	好嗎	
書呢	誰的	你呢	
吃嗎	藍的	買嗎	

LESSON 7

I. The i-ü Contrast (p.80)

你 女   雞 居   吉 局   力 律   喜 許
離 驢   里 旅   七 區   西 虛

II. The ie-üe Contrast (p.80)

列 畧   轟 虐   桀 絕   切 缺   寫 雪   鞋 學

III. The in-ün Contrast (p.80)

銀 雲   印 運   金 軍   進 郡   秦 群   心 勳   信 訓

LESSON 8

I. The u-ü Contrast (p.98)

屋 淤   努 女   朱 居   出 區   書 虛
無 魚   盧 驢   竹 局   除 渠   贖 徐
五 雨   魯 呂   主 舉   楚 取   屬 許
物 玉   路 律   住 句   處 去   樹 序

II. The un-ün Contrast (p.99)

文 雲   吻 允   問 運   諢 君   純 群   順 訓

III. The uan-üan Contrast (p.99)

完 元   專 捐   賺 倦   喘 犬   拴 宣
亂 戀   轉 捲   穿 圈   串 勸

LESSON 9

I. Contrast of "i" after Retroflexes and "i" after Sibilants (p.115)

知資　　　池詞　　　使死　　　治字　　　赤次　　　是四

II. Contrast of "i" and i (p.115)

知機　　　持旗　　　施西　　　資機　　　詞旗　　　斯西

LESSON 10

I. Contrast of "i" and e after Retroflexes (p.132)

知遮　　　十舌　　　尺扯　　　日熱　　　赤撤
吃車　　　指者　　　使捨　　　治這　　　是社

II. Contrast of "i" and e after Sibilants (p.132)

字仄　　　次冊　　　四色

LESSON 11

I. The Tone-Toneless Contrast (p.148)

東西,東西　　他大,他的
行禮,行李　　埋嗎,埋嗎
老媽,老嗎　　買麻,買嗎
快樂,快了　　道德,到的

II. Tonal Shifts
in Stressed bù and yī (p.149)

不搭　　不高　　一隻
不達　　不忙　　一毛
不打　　不好　　一本
不大　　不累　　一塊
　　　　　　　一個

LESSON 12: I. Review of Two-Syllable Tone Combinations (p.154)

Group 1
三月　山上　知道　今天　家裏　工夫

Group 2
山東　中山　三分　他說　高山　飛機

Group 3
三毛　中文　公園　中學　都來　三條

Group 4
都好　三本　鉛筆　他有　東北　鋼筆

Group 5
三塊　說話　書店　公共　吃飯　三次

Group 6
學生　孩子　昨天　船上　顏色　名子

Group 7
誰說　您吃　十一　您說　能吃　難說

Group 8
文學　雖然　能學　誰來　難學　湖南

Group 9
您好　毛筆　白紙　湖北　還有　誰買

Group 10
多大　一定　十號　離這兒　城外　誰賣

Group 11
母親　那(nèi)個　可是　五月　府上　走的

Group 12
很高　五分　買書　很多　那(nèi)枝　那(nèi)東　遠

Group 13
兩毛　找誰　我來　那(nèi)國　錢　有學　小

Group 14
五里　很少　九所(兒)　我走　也小　很遠

Group 15
我去　很大　晚飯　寫字　走路　五號

Group 16
弟弟　妹妹　父親　告訴　認識　意思

Group 17
姓高　電車　看書　下山　太多　汽(車)

Group 18
地圖　教員　姓白　一直　大學　再來

Group 19
墨水　太少　字典　日本　賣筆　那(兒)　往

Group 20
六塊　四號　貴姓　就會　在這兒　到那兒

II. Review of i and "ï" (p.155)

四 次	弟 弟	幾 枝	一 次	十 一
意 思	四 十	一 里	十 四	四 隻
第 一	一 直	你 吃	第 十	第 七
七 隻	第 四	十 隻	十 次	一 時

LESSON 13 (p.182-183)

I. in-ian-an | II. The ou-uo Contrast | III. h and Zero Initial

I. in-ian-an	II. The ou-uo Contrast			III. h and Zero Initial	
因 煙 安	勾 鍋	都 多	周 棹	挽 花	萬 喚
賓 邊 般	狗 果	樓 羅	收 說	我 火	王 黃
拼 篇 潘	夠 過	扣 括	走 左	外 壞	吳 湖
民 棉 饅	頭 駝	後 或	湊 錯	未 會	問 混
林 連 藍	抽 擂	肉 弱	搜 縮		

LESSON 14

I. Contrasts in ui (p.212) | II. Contrasts in iu and you (p.212)

I. Contrasts in ui (p.212)				II. Contrasts in iu and you (p.212)			
規 鬼	魁 傀	堆 對	隨 歲	牛 紐	究 就	憂 有	由 又
閨 貴	灰 悔	推 腿	追 墜	流 六	休 朽	由 有	
夔 饋	回 會	頹 退	催 翠	究 九	休 秀	憂 又	

III. Contrasts in Stress (p. 213)

1. 是王先生來的是王太太來的？
2. 是王先生來的是白先生來的？
3. 他是今天買的車還是賣的車？
4. 他是今天買車還是買房子？
5. 他今天來還是明天來？
6. 他今天來還是今天走？
7. 我說今天沒說昨天.
8. 我說今年沒說今天.

IV. Contrasts in Juncture (p.213)

疑男　　陰暗　　　　　民歌　名額　　　　　翻蓋　妨碍

LESSON 15

I. Suffixed r with final a, o, e, u, ng (p.235)

把,把兒　　所,所兒　　凳,凳兒　　法,法兒　　朵,朵兒　　狗,狗兒
歌,歌兒　　兔,兔兒　　貓,貓兒　　這,這兒　　暨,暨兒　　封,封兒

II. r with ai, an, en (p.236)

玩,玩兒　　分,分兒　　孩,孩兒　　半,半兒　　門,門兒　　面,面兒

III. r with final i, u after consonants (p.236)

雞,雞兒　　姨,姨兒　　氣,氣兒　　魚,魚兒　　雨,雨兒　　序,序兒

IV. r with final "i," in, un (p.236)

事,事兒　　子,子兒　　刺,刺兒　　信,信兒　　今,今兒　　准,准兒

LESSON 16

Contrasts of Initials in Two-Syllable Pairs (p.263)

桌子　　鐲子　　　　飛機　肥雞　　　　飛蛾　肥鵝
山西　　陝西　　　　嫣吃　馬吃　　　　宗澤　總則
錐子　　墜子　　　　傷風　上峯　　　　庸人　用人

揮 手	回 手	偷 票 相 見 接 到	投 票 想 見 借 到

君 主	郡 主		

鋼 子 胰 子 麻 的	桌 子 椅 子 罵 的	肥 難 無 依 滑 冰	飛 機 舞 衣 化 冰	肥 鵝 胡 來 回 來	飛 蛾 虎 來 會 來

回 手	揮 手	投 票 無 事 達 到	偷 票 武 士 大 道
行 禮	姓 李		

陝 西 馬 的 買 的	山 西 麻 的 賣 的	馬 吃 舞 衣 火 車	媽 吃 無 依 貨 車	總 則 虎 來 買 房	宗 澤 胡 來 賣 房

想 見 武 士 嘴 壞	相 見 無 事 最 壞

墜 子 罵 的 賣 的	錐 子 麻 的 買 的	上 峯 化 冰 貨 車	傷 風 滑 冰 火 車	用 人 會 來 賣 房	庸 人 回 來 買 房

郡 主 姓 李	君 主 行 禮	借 到 大 道 最 壞	接 到 達 到 嘴 壞

LESSON 17

I. Contrast of Finals in Two-Syllable Pairs (p.287)

東西	東西	東西	東西	發達	發的
發的	發達	三師	三十	三十	三師
瞎子	蝦子	分發	分法	該埋	該買
他的	他大	山東	山洞	工人	公認

蝦子	瞎子	他大	他的
分法	分發	山洞	山東
該買	該埋	公認	工人
該買	該賣	該賣	該買

眉毛	沒貓	沒貓	眉毛	沒拿	沒呢
沒呢	沒拿	沒鉛	沒錢	沒錢	沒鉛
行李	行禮	旗杆	豈敢	沒離	沒理
一個	一個	白花	白話	沒錢	沒欠

行禮	行李	一個	一個
豈敢	旗杆	白話	白花
沒理	沒離	沒欠	沒錢
錢緊	前進	前進	錢緊

夥計	火難	火難	夥計	買麻	買嗎
買嗎	買麻	北方	北房	北房	北方
好的	好大	五一	五億	五十	武士

好大　好的
五億　五一
五世　五十

大嗎　大媽　　　大媽　大嗎　　　道德　到的
到的　道德　　　一聽　一停　　　一停　一聽
快的　快打　　　會章　會長　　　下學　下雪
快了　快樂　　　會飛　會費　　　姓名　性命

快打　快的　　　快樂　快了
會長　會章　　　會費　會飛
下雪　下學　　　性命　姓名
快買　快賣　　　快賣　快買

II. Tonal Shifts in Three-Syllable Expressions

A. Changes of Third Tone to Second Tone (p.288)

你母親　很簡單　我旅行　我也有　也考試
我喜歡　也好吃　很有名　你買筆　我寫字
請五個　我買書　只有錢　也很好　也好看
買九個　也有車　也得來　買五本　五里路

B. Change of Second Tone to First Tone (p.289)

中文書　　　三毛錢　　　都沒買　　　三條路
都沒說　　　他沒贏　　　將來寫　　　他還做
他能飛　　　都難學　　　他來找　　　都沒看
他常吃　　　三年級　　　西南有　　　三藩市

誰能説　　　學文學　　　原來有　　　湖南話
您還吃　　　還没來　　　還難寫　　　米學校
誰没喝　　　從湖南　　　雖然有　　　誰談話
才能教　　　別拿錢　　　才來買　　　別來看

C. Change of Third Tone to First Tone (p.290)

他也有　　　您得走
都買筆　　　誰想買
書也好　　　没有筆
他很老　　　拿五本

LESSON 18

Tonal Combinations of Three Syllables (p.295)

知道了　　　先生説　　　他們來　　　吃不了　　　説的慢
孩子的　　　學生聽　　　容易學　　　學的好　　　房子大
喜歡嗎　　　怎麼説　　　喜歡來　　　寫的好　　　跑的快
太太的　　　賣的多　　　忘了拿　　　念不了　　　看不見

高中的　　　三分鐘　　　應當學　　　星期五　　　飛機快
人多了　　　没聽説　　　學中文　　　十枝筆　　　能吃飯
我説的　　　我教書　　　寫英文　　　買鋼筆　　　也吃飯
快吃吧　　　錄音機　　　念科學　　　四枝筆　　　到書店

都來了　　　他回家　　　真難學　　　公園遠　　　他没看
誰來了　　　還没吃　　　學文學　　　没錢買　　　湖南話
我學的　　　也没説　　　請您來　　　有錢買　　　很難念
太容易　　　最難説　　　到湖南　　　最難找　　　上學校

書買了　　真好吃　　他有錢　　鋼筆好　　先買票
難走嗎　　十本書　　湖北人　　錢很少　　十九歲
買本子　　很好吃　　九百人　　我有筆　　很好看
太好了　　去買書　　要五毛　　往北拐　　最好看

都賣了　　聽錄音　　都太難　　山太小　　他最大
還做嗎　　能上山　　十塊錢　　人太少　　離這兒近
考試了　　也用功　　買地圖　　有四本　　也太大
最大的　　字太多　　賣票員　　借字典　　四萬塊

LESSON 19. Review of Four-Syllable Expressions (1) (p.328)

他們的呢　　開車了嗎　　他來了嗎　　東北的呢　　高太太的
學過了嗎　　您吃過了　　您學過了　　拿我們的　　沒意思的
我們的呢　　我知道了　　有法子嗎　　有好的嗎　　有興趣嗎
告訴了嗎　　最多的呢　　最難的嗎　　快好了嗎　　太客氣了

先生說了　　他都吃了　　他沒說過　　他有書嗎　　他住蘇州
容易說嗎　　誰都知道　　還能吃嗎　　沒有他的　　誰錄音呢
你們吃吧　　我先說的　　你才知道　　很好吃的　　你會燒嗎
住在山上　　在家吃嗎　　太難說了　　要買書嗎　　賣汽車嗎

他的房子　　他說甚麼　　當然來了　　都有房子　　他叫甚麼
別的法子　　誰吃完了　　還沒來呢　　誰有錢呢　　您要學嗎
我們明白　　每天來嗎　　很難學嗎　　你想甚麼　　我就來了
四個朋友　　到西湖了　　大白房子　　最有錢了　　賣票員呢

他們買了　飛機好嗎　他還有嗎　都很好嗎　他太好了
您的母親　十分好嗎　還能寫嗎　誰想走了　一定走了
我們走吧　你家遠嗎　有人找他　你買筆嗎　也要買了
太不好了　錄音好嗎　最難買了　借幾本了　往那兒走嗎

吃不下了　飛機快嗎　他能畫嗎　他考試了　車太大嗎
誰的父親　學說話嗎　誰會這個 zhei　您有父親　您會畫嗎
早晨去了　我吃飯呢　你能賣嗎　我有弟弟　你問妹妹
看不見了　坐車快嗎　最難賣了　要買四個　萬教授的

LESSON 20. Review of Four-Syllable Expressions (II) (p.349)

他們的書　他喝的湯　聽學生說　都喜歡吃　先下了山
學生的車　您開的車　您學的多　湖北的多　誰看的多
你們的家　你吃的難　我拿的書　我想不出　我念了書
賣了的車　太多的車　最容易說　太好的書　最大的山

他們結婚　應該多吃　他回家吃　他也聽說　他念高中
誰的書多　您喝三杯　湖南山多　十點多鐘　誰坐飛機
你們都吃　有三千多　我沒聽說　我買三枝　買錄音機
念的真多　大山真高　叫誰先吃　必得結婚　最會教書

他們還說　他當然喝　中文難說　他請誰吃　他叫誰說
學生沒聽　您先來吃　誰能來吃　誰想回家　誰最能吃
我們還吃　我該回家　我學十天　你很能吃　你要拿書
忘了拿書　汽車誰開　坐船回家　最好人多　現在還吃

説的很多　　他教美英　　他能寫書　　他想買書　　他要買書
甜的好吃　　您開始説　　您没買鐘　　還有很多　　您住五天
有的也説　　比難好吃　　有人考書　　我很想説　　也太簡單
認識很多　　汽車很多　　特別好吃　　飯很好吃　　四萬九千

他們要吃　　飛機最多　　他没在家　　開始念書　　公共汽車
房子太高　　常説要吃　　您學四天　　您也用功　　誰會錄音
你們會説　　我該錄音　　有人要車　　我想賣書　　你要借書
大的汽車　　第三號車　　叫誰錄音　　四五六七　　教授看書

LESSON 21. Review of Four-Syllable Expressions (III) (p.370)

先生的錢　　他吃的完　　喝茶的人　　都喜歡學　　他做的完
來了的人　　您喝的茶　　從城裏來　　您寫的完　　毛太太來
我們的茶　　等他們來　　也容易學　　我找不着　　你賣的茶
坐了的船　　叫三個人　　特別的人　　太小的湖　　叫太太來

他們吃魚　　星期三來　　吃甜酸魚　　他有三毛　　多念中文
十個鐘頭　　您應該學　　誰學英文　　您寫中文　　一共三毛
我們都來　　有三杯茶　　找誰開門　　請美英來　　也念英文
大的公園　　下星期來　　做紅燒魚　　就有三十　　大概他能

他們來玩兒　飛機没來　　説您没來　　他也能來　　他念文學
別的没拿　　誰説別拿　　從前没學　　您幾年級　　誰念國文
怎麼没來　　有三毛錢　　也學文學　　有五毛錢　　恐怕没來
忘了拿錢　　念三年級　　看誰能來　　念語言學　　賣票員能

先生也來　他説以前　他學演員　都很有名　吃飯以前
題目很難　人都很忙　白糖很甜　您也有錢　還念小學
喜歡旅行　每天買糖　演員有名　我也很忙　也去旅行
那個小湖　看書以前　教員打門　歷史很難　大概也來

他們太忙　他説姓毛　書拾塊錢　都很特別　他畫地圖
您的教員　拿三塊錢　來學數學　還請教員　誰怕數學
喜歡數學　我開大門　也能坐船　我買地圖　把菜做完
那個大城　第三次來　教員姓毛　一會兒就來　叫賣票員
nèi

LESSON 22. Review of Four-Syllable Expressions (IV) (p.392)

他們的酒　他説的好　他活的了　都買不了　他做的好
麻煩的很　王先生有　拿別的筆　您懂不懂　難看的很
買了的紙　簡單的好　女孩子小　很好的水　我看不懂
客人的筆　往西邊兒走　一直的走　更好的酒　太大的筆

杯子都小　星期一走　將來都買　他買鉛筆　他會喝酒
甚麼方法　十枝鋼筆　茶十分好　離我家遠　一共三本
你們先請　買三枝筆　請誰喝酒　五點鐘走　比肉都好
故事書少　要三張紙　在圖書館　就有三本　快到三點

杯子難買　聽説還有　他回湖北　他有茶碗　車在門口兒
覺得還好　紅燒魚好　全國沒有　而且難寫　糖醋魚有
有的沒懂　烤鴨沒有　演員沒走　我有毛筆　恐怕沒有
太太沒買　汽車難買　醬油還有　這本還好　後到湖北

天氣很好　他吃兩碗　蝦仁兒也有　他也很老　中間兒也有
拿着筆寫　拿鋼筆寫　從前也有　而且很少　牛肉也好
本子也有　我家很遠　有錢買筆　我也有筆　你往北揚
做的很好　菜單兒很小　醬油很好　飯也很好　這樣很好

中國歷史　他吃飯館兒　天堂在那兒　三點那場　他到飯館兒
研究歷史　離家太遠　文學太好　誰有字典　王教授好
演的太好　我吃飯館兒　也離這兒遠　你等一會兒　我念歷史
忘了戴表　要三四本　醬油在那兒　過獎過獎　去看電影兒

LESSON 23. Review of Four-Syllable Expressions (V) (p.414)

他們的票　他猜不對　跟學生去　他寫的信　說客氣話
容易的事　誰說的話　男孩子大　您怎麼樣　您算的帳
你們的畫兒　你吃的慢　你學的快　你怎麼樣　我看不見
客氣的話　太多的菜　特別的菜　要五個菜　要四個菜

他們吃飯　他吃猪肉　吃紅燒肉　都很高興　他在中間兒
房子中間　離中山路　您沒猜對　而且都會　一塊兒吃飯
我的都對　你該說話　你來吃飯　我有三塊　也用猪肉
剩下三塊　下星期六　做甜酸肉　六點鐘見　快到書店

先生別問　他都能做　當然能做　吃炒白菜　跟畫兒一樣
藍的誰要　常吃白菜　從前常去　沒有拾塊　一共拾萬
喜歡牛肉　我說難做　懂湖南話　也很奇怪　我要白菜
筷子難用　到三藩市　數學沒念　在那兒談話　現在來看

多少小費　　飛機很快　　將來也做　　他也寫字　　吃飯以後
贏了五次　　離家很近　　別提考試　　您老寫信　　離這兒很近
走的很慢　　有三里路　　走十里路　　我有五塊　　府上幾號
這個以外　　畫山水畫兒　大學以外　　必得考試　　到電影兒院

先生貴姓　　拼音會話　　關於這件　　他也放假　　接萬教授
容易畫畫兒　您家附近　　您隨便坐　　您也畢業　　提這件事
我們放假　　也都畢業　　請誰做事　　也得注意　　很會做菜
難處在這兒　再說四次　　怕王教授　　飯館兒附近　大概在這兒

LESSON 24

I. Sentences Distinguished Only by Context (p.422)

1. 你作甚麼？　　　3. 我叫美英．　　　5. 我明天送他
   你坐甚麼？　　　　　我叫美英．　　　　　我明天送他

2. 那個湖很大．　　4. 只有三張．　　　6. 他們烤的真不錯．
   那個壺很大．　　　　紙有三張．　　　　　他們考的真不錯

II. Sentences Distinguished by Tonal Contrasts (p.422)

1. 他們買書　　　5. 他們不打．　　　9. 酒在這兒．
   他們賣書．　　　　他們不大．　　　　就在這兒．

2. 我明天去接　　6. 他想他父親．　　10. 一共有拾碗
   我明天去借　　　　他像他父親．　　　 一共有拾萬

3. 你們有湯嗎？　7. 他要那張地圖　　11. 茶三塊錢
   你們有糖嗎？　　　他要那張地圖？　　　差三塊錢

4. 東西怎麼寫？　8. 他完了．　　　　12. 我教美英
   東西怎麼寫？　　　他晚了．　　　　　　我叫美英

Lesson 1

Basic Sentences

1. 他很好.
2. 謝謝你.
3. 你也好嗎?

Dialogue

白: 高先生,您好啊?

高: 我很好.你呢?

白: 好,謝謝您.高太太高小姐也好嗎?

高: 他們都好,謝謝.

白: 再見,高先生.

高: 再見,再見.

Lesson 2

Basic Sentences

1. 他是英國人.
2. 他會說英國話.
3. 他是不是英國人?
4. 他是英國人不是?

Dialogue

白: 請問先生,您貴姓?

錢: 我姓錢.您是王先生吧?

白: 不是.我姓白.

錢: 噢,您是白先生您是英國人嗎?

白: 不是.我是美國人.請問,您會說英國話不會?

錢: 我不會.就會說中國話.

Lesson 3

Basic Sentences

1. 一本書多少錢?

2. 這本書五塊二毛錢.

3. 這三本書一共兩塊四.

Dialogue

毛：先生，您買甚麼？

白：我要買一本書.那本
　　書多少錢？

毛：哪本？

白：那本中國書.

毛：這本書是兩塊二毛

錢.

白：好，我買兩本.

毛：您還要買甚麼呢？

白：你們賣毛筆不賣？

毛：賣.您要買幾枝筆？

白：三四枝.

Lesson 4

Basic Sentences

1. 這張紙六分錢.

2. 這個本子九毛八.

3. 他有七本中文字典，
   就有一本英文字典.

4. 中國地圖外國地圖
   我們都賣.

5. 我們也有書，也有筆.
   書、筆我們都有.

Dialogue

白：有墨水嗎？

毛：您買甚麼顏色墨水？

白：有紅墨水嗎？

毛：沒有.有黑墨水、藍墨
　　水.

白：有鉛筆沒有？

毛：鉛筆、鋼筆、毛筆我們
　　都有.

白：你們有地圖嗎？

毛：有.您買哪國地圖？

白：我買中國地圖.

毛：這個地圖很好.您買
　　一張吧.

白：好.我還要一本中英
　　字典.

Lesson 5

Basic Sentences

高: 請白先生說話.

1. 王先生的書都是中文書.

白: 我就是.請問,您是誰?

2. 這是很好的書.

高: 我姓高.

3. 他也是我很好的朋友.

白: 奥!高先生,好久不見.您好嗎?

4. 這本書不是他的,是我的.

高: 很好.今天晚上你有工夫嗎?我想請你吃飯.七點鐘可以嗎?

Dialogue

白: 請問,現在是甚麼時候?

高: 喂!喂!你哪兒?是白先生家嗎?

高: 現在四點鐘.

白: 是.您找哪位說話?

白: 好.謝謝您.七點鐘見.

Lesson 7

Basic Sentences

Dialogue

1. 他在湖北還是在湖南?

白: 高先生今天晚上請我吃飯.你知道不知道是在這兒呢還是在他家呢?

2. 你在哪兒吃飯?

3. 在東北有大山嗎?

毛: 在他家吃飯.

4. 他右邊兒的那位先生是山東人.他左邊兒的是山西人.

白: 他家在哪兒?是在城裏還是在城外?

毛: 高先生家在城外頭,
　　就在這條路的北邊
　　兒,一個小山上.
白: 在那個山上有幾所
　　兒房子?
毛: 那兒一共就有三所
　　兒房子.西邊兒有一

所兒大房子,東邊兒
有一所兒小房子.中
間兒的房子就是高
先生家.南邊兒山下
是中山路.中山路前
邊兒有一個大公園.
山後頭有一個小湖.

Lesson 8

Basic Sentences

1. 圖書館離這兒遠嗎?
2. 圖書館離這兒有三
　 里路.
3. 他在圖書館看書.
4. 中國字太難寫.我就
　 能寫很簡單的字.
5. 是你對還是他對?

Dialogue

白: 這兒有圖書館沒有?
毛: 有.這兒的圖書館很
　　大,書不少.每天有很
　　多學生在那兒看書.
　　您要借書嗎?

白: 我想借中文書.
毛: 您在大學學甚麼?
白: 我念文學.
毛: 您喜歡中國文學嗎?
白: 我很喜歡中國文學.
毛: 中國文學容易還是
　　英國文學容易?
白: 都很難學.圖書館在
　　哪兒?離這兒遠嗎?
毛: 圖書館很遠.
白: 離這兒多遠?
毛: 離這兒有七里多路.
白: 噢,七里路不太遠.
毛: 也不近.

Lesson 9

Basic Sentences

1. 我先到圖書館,後到你家去.

2. 我明天坐車去看他.

3. 從這兒到圖書館怎麼走?

4. 從公園門口兒往北拐.

5. 請您再説.

Dialogue

白: 從書店到圖書館怎麼走?

毛: 您從這兒往南一直走,往西拐過八個路口兒就是圖書館.

白: 從這兒到圖書館那兒有甚麼車可以坐呢?

毛: 公共汽車電車都有.您想坐甚麼車呢?

白: 我想坐公共汽車去.公共汽車站在哪兒?

毛: 離書店不遠.

白: 坐幾號車呢?

毛: 坐三號車一直就到圖書館.

白: 從圖書館到高先生家怎麼走?

毛: 您上車到中山路,在公園門口兒下車.

白: 謝謝你.

毛: 您明天來不來?

白: 或者我明天還來買書.

Lesson 10

Basic Sentences

1. 賣票員比我高一點兒,你比他更高.

2. 現在差不多八點三刻.我九點差五分就要坐車到遠東大學去.

3. 他買書買的比我多.

4. 他們在公共汽車上

談話.
　　Dialogue

員: 您中文說的真好.

白: 我說的不好.說的太
　　慢.有很多外國人說
　　的比我好的多.

員: 您家裏都有甚麼人?

白: 我家裏有父親母親,
　　還有一個弟弟、一個
　　妹妹.

員: 您父親作甚麼事?

白: 我父親是中學教員.
　　母親是小學教員.你
　　家裏都有甚麼人?

員: 我有太太,還有兩個
　　孩子.

白: 男孩子還是女孩子
　　呢?

員: 一個男孩子、一個女
　　孩子.

白: 他們多大?

員: 男孩子七歲,女孩子
　　兩歲.

白: 他們名字都叫甚麼?

員: 男孩子叫老虎,女孩
　　子叫小妹.

　　Song

三個老虎,三個老虎,
跑的快跑的快.
一個沒有尾巴,
一個沒有尾巴,
真奇怪,真奇怪.

Lesson 11

Basic Sentences

1. 我是昨天晚上八點
　　半遇見他的.

2. 他是今年二月三號
　　離開的美國.

3. 誰告訴你我不是在

家吃的晚飯?

4. 你在哪兒看見他的?

　　Dialogue

錢: 您常到圖書館來嗎?

白: 不.我今天是第一次
　　來.您呢?

錢：我也不常來.您是甚
麼時候到中國來的？

白：我是去年八月七號
來的.

錢：您坐船來的還是坐
飛機來的？

白：我到日本是坐船從
日本到中國是坐飛
機來的.

錢：船走的很慢吧.

白：雖然很慢,可是坐船

很有意思.可以認識
很多朋友.

錢：如果您今天晚上有
工夫,請到我家來坐
坐談談.

白：好.謝謝.如果晚上有
工夫,我一定到府上
拜訪.

錢：希望您晚上一定能
來.

Lesson 13

Basic Sentences

1. 你吃了飯了嗎？
2. 我們吃了早飯就走了.
3. 他現在好了沒有？
4. 我今天已經看了兩
本書了.我不再看了.
5. 我們下星期又考書了.

Dialogue

白：你從學校回家很晚
呢.

高：因為下課以後我們
學校有一點兒事,所
以晚了一點兒.今天
晚上我父親請您吃
飯,對不對？

白：對了.太麻煩你們了.

高：不麻煩.歡迎您來.

白：我還不知道你在哪
個學校念書呢.

高：我在第一中學念書.

白: 幾年級?

高: 高中三年級.今年我
   就畢業了.

白: 我想你一定很聰明.

高: 我不聰明.

白: 你客氣呢.你喜歡看
   電影兒嗎? 你考試

以後,我請你看電影
兒,好嗎?

高: 謝謝您.白先生,請問
   現在幾點鐘了? 我
   早晨很忙.吃了早飯
   就走了,忘了帶表了.

白: 現在差一刻七點.

Lesson 14

Basic Sentences

1. 他寫的那本書你看
   過了嗎?

2. 你吃過中國飯沒
   有?

3. 他中國話都聽的懂,
   也說的十分好.

4. 萬先生對你說的話
   你都聽的懂嗎?

5. 一會兒我就可以看
   見你畫的畫兒了.

Dialogue

高: 你們遠大有多少學
   生?

白: 有三千五百多人高

小姐,你中學畢業以
後想學甚麼呢?

高: 我想學文學,可是我
   想我一定考不上大
   學.如果我考不上大
   學,我就學畫畫兒.白
   先生,您是學甚麼的?

白: 我原來是想學科學
   的,可是我對外國話
   很有興趣.更喜歡中
   國話,所以我在美國
   就學中國話,念中國
   書.現在我到中國來
   學中國文學,也學語
   言學.

高: 學語言學怎麼學呢?

白: 學語言學是用科學的方法研究語言,

高: 您喜歡寫中國字嗎? 您用中文寫信寫的了寫不了?

白: 雖然寫的了,可是寫的不好,我給中國朋友寫信喜歡用中文

寫,你父親寫的字很好.

高: 他差不多每天寫字.

白: 你沒聽說嗎:
　　活到老,
　　學到老,
　　還有三分
　　學不到.

高: 不只有三分吧!

Lesson 15

Basic Sentences

1. 我現在該走了,可是你不必走.

2. 我今天得看完這本書.

3. 我當然應當跟他一塊兒去一次.

4. 我學中文已經有三年了,還要學兩三年的中文.

5. 他看了一個鐘頭的書了.

Dialogue

高: 白先生,您學了幾年的中文了?

白: 我念中文差不多已經有五年了.

高: 所以您的中文那麼好呢,您在美國學中文怎麼學呢?

白: 我們開始學的時候每天上一個鐘頭的課,教員教我們說,下課以後我們就聽錄音機的錄音.

高: 您到中國坐飛機還
是坐船來的呢?

白: 我先從紐約坐汽車
到三藩市,我坐了六
天的汽車才到那兒.
在三藩市住了八天.
我又坐了三天的船
到日本,在日本住了
一個星期就坐飛機
到中國來了.

高: 我還沒坐過飛機呢,
有機會我得坐一次.

白: 將來你畢業以後應
該坐飛機到別的地
方去玩兒玩兒.

高: 我父親母親都去過
日本.他們在那兒住
了兩個多月呢,還買
了很多日本東西.

Lesson 16

Basic Sentences

啊.

1. 有的是在杭州買的,
有的是在蘇州買的.
2. 誰都說他很有學問.
3. 你把這幾個東西都
拿進房子去.
4. 我內人不但會說中
國話,而且說的十分好.
5. 連我都沒法子跟他
說話了.

Dialogue

白: 府上這個地方真好

小: 所以我父親每天都
要出去走走,連星期
天他沒事都要出去.
出去回來都是走路

白: 你父親也喜歡旅行
嗎?

小: 他最喜歡旅行了.……
到了.媽!開門!客人
來了.

白: 高太太,好久不見,您
好?

太: 噢,白先生來了.好久
不見.你好嗎?

白: 高先生,您好?

先: 白先生,好嗎?來來
我給你們兩位介紹
介紹.這位是萬教授.
這位是白先生.

白: 久仰.

萬: 你好.…高小姐聰明
漂亮.書念得好.畫兒
畫得好.

白: 對了.高小姐,我們得
看看你的畫兒了.

小: 別看了.我畫得不好.

白: 請你把畫兒都拿出
來,我們看看.

先: 美英,把你所有的畫
兒都拿出來,請他們
兩位看看.

白: 這張山水畫兒真好.
畫的是哪兒啊?

小: 這就是杭州啊.

白: 噢,這就是杭州啊.真
漂亮.

萬: 中國有一句話說:
　　　　上有天堂,
　　　　下有蘇杭.
說的一點兒也不錯.

Lesson 17

Basic Sentences

1. 今天的天氣沒有昨
天的那麼暖和.

2. 這樣的茶跟那樣的
茶一樣好.

3. 有好些教授都把他
看作四年級的學生

4. 那所房子大得不得
了.大得沒人要買.

5. 我每月的錢少得不
得了.不夠買房子.

6. 這些中國學生說英
文說得跟美國人一
樣好.

Dialogue

白: 高小姐是蘇州人啊?

萬: 老高在蘇州認識的高太太.他們兩個人在蘇州結婚.高小姐是在蘇州生的.高小姐長得跟高太太一樣漂亮.

白: 噢.所以高太太高小姐那麼漂亮呢!

萬: 杭州山水有名.蘇州

女人有名.⋯這酒真好.

白: 是甚麼酒啊?

高: 是玫瑰露.老萬,怎麼樣,我們喝了這杯划拳好不好?⋯白先生,你看.有意思嗎?

白: 很有意思.我很奇怪為甚麼贏的人不喝酒呢?

高: 你等一會兒就明白了.

Lesson 19

Basic Sentences

1. 他做的糖醋魚不是太甜就是太酸.
2. 我很想多喝一點兒牛肉湯.可是我已經吃飽了.
3. 他們吃着飯說話.
4. 除了說"過獎"以外他還說甚麼呢?
5. 筷子在哪兒? 我找

來找去都找不着.
6. 紅燒猪肉跟紅燒魚我吃是吃過.可是我不喜歡.

Dialogue

白: 喝!不得了!怎麼這麼多的菜啊!

高: 便飯沒有甚麼菜.你們兩位隨便坐,隨便吃.

白：這個菜是甚麼？

高：這是炒白菜。

白：這個呢？

高：這是紅燒雞。

白：這個我知道,是炒豆腐。

高：白先生,你在美國也常吃中國飯嗎？

白：常吃。

高：美國的中國菜好吃嗎？

白：在美國的中國飯館兒差不多都是廣東飯館兒,他們做得好是好,可是沒有高太太做得這麼好吃。獅子頭在美國除了三藩市紐約幾個大城以外,就吃不著。

Lesson 20

Basic Sentences

1. 你一給我打電話我就高興極了。

2. 他是北方人是南方人我都猜不著。

3. 恐怕那麼大的東西他拿不起來。

4. 他中文怎麼說的那麼好啊？……他生在中國麼？

5. 先生大概不要我們把書打開。

6. 我想起來了,我今天得到車站去接高先生。

Dialogue

白：美英,怎麼樣？考完了嗎？考得好不好？

高：唉,別提了,英文中文考得還好,可是數學考得糟糕極了。我看錯了題目。

白：這也是考試常有的事情。

高: 現在我告訴你一件
事情.現在我們放假
了,我父親母親叫我
跟他們一塊兒到日
本去.

白: 那麼我得請你吃飯.
吃飯以後我們再去
看電影兒,好不好?
你喜歡吃甚麼呢?

高: 我甚麼都喜歡吃.我
想起來了──書店附
近有一個北方飯館
兒叫萬年飯館兒你

知道嗎?

白: 你說我想起來了.我
們就到那兒去吃.我
們到哪兒看電影兒
去呢?

高: 聽說中國電影兒院
演的那部片子不錯.
是一部歷史片子.故
事寫得好,演員演得
好.

白: 我們看九點那場好
嗎?

高: 可以.

Lesson 21

Basic Sentences

1. 你打算買哪種茶碗
就買哪種.

2. 他老說我的經驗不
夠,可是我覺得我的
經驗比他多得多.

3. 怎麼沒有醬油放在
炒菜裏頭?

4. 你剛才買的那個茶

壺就是在中國也買
不到.

5. 我不大喜歡看很長
的片子.

6. 你多給他一點兒錢.
不然他不賣.

Dialogue

影: 給您菜單兒.

白: 請你幫助我們想兩

個菜.

影: 好.我介紹您幾樣我們這兒最好的菜.我們這兒紅燒魚,炒蝦仁兒,烤鴨子,都好.尤其是那個烤鴨子大概我們可以說是全國第一了.我們這兒的餃子炒麵也不錯.

白: 餃子怎麼賣?賣多少錢?

影: 餃子您吃多少就要多少.一塊兩毛錢十個.

白: 好,我們不夠再說吧.吃完了我們要個甜點心.杏仁兒豆腐有嗎?

影: 對不起剛賣完.您要點兒別的吧?

白: 有杏仁兒茶嗎?

影: 有.

白: 請來兩碗…影記算賬

影: 是.一共四塊三毛六.

白: 這是五塊.不必找了.剩下的給小費了.

影: 謝謝您.兩位慢走.再見.

Lesson 22

Basic Sentences

1. "聲音"的"聲"字有幾劃?

2. 關於那個問題,我正在研究呢.

3. 人人都知道,如果同時又學發音,又學漢字,又學文法,難處多好處少.

4. 一個句子音節越多越難說.

5. 這些書一部分送給你,一部分送給他.

6. 你得好好兒的學四聲.四聲不準中文一定說得不好.

Dialogue

高: 在美國學校裏教的方法都一樣嗎?

白: 美國學校裏頭教的法子不一樣.有的開始就學漢字.有的用拼音學.

高: 你開始學一定很用功了.

白: 那個時候我很用功.每天聽錄音,自己跟自己說話,練習發音,把每天學的都記住,越學越有興趣.

高: 你開始是先學說話嗎?

白: 是,我先學說話.我開始學四聲跟輕重音,以後學詞兒(比方說"書太太"就是詞兒)跟短句子,再學會話.

高: 學語言特別應該注意的是甚麼?

白: 特別要注意的是發音跟語法.

高: 如果用漢字短處在哪兒?

白: 如果用漢字學中國語言,沒學過的字你沒法子自己會念.

高: 學漢字也不太難呢.就是多練習麼.

Lesson 23

Basic Sentences

1. 明年我想一年都研究東方文化那方面的東西.

2. 請把這封信馬上送給王老師.

3. 前天中午朋友們送我到東京的飛機場.

4. 得了!得了!這張畫兒畫得不好,別掛.

5. 他說的笑話很能讓人笑.

6. 書可能都讓他給拿
   走了.

Dialogue

白: 早! 太勞駕了.真不
   敢當.

高: 哪兒的話呢,我們應
   該來的麼.東西都收
   拾好了嗎?

白: 沒甚麼東西了.我的
   書前幾天有個朋友
   坐船回去都讓他帶
   走了.

高: 走吧.我們先到飛機
   場的餐廳,在那兒慢
   慢兒地談吧.你回到
   美國還是繼續學中
   國語跟文學嗎?

白: 是,不但繼續學,我還
   得好好兒地學呢.

高: 學一種學問如果希
   望學得好,最要緊的
   是要永遠學下去.文
   山,將來你弟弟妹妹
   也到中國來念書嗎?

白: 不知道將來他們學
   甚麼.如果他們學東
   方文化他們可能到
   中國來.

高: 文山,時候差不多了.
   該上飛機了.

白: 好.

高: 祝你一路平安.

白: 謝謝.再見,再見!

SUPPLEMENTARY LESSONS

INTRODUCTORY NOTES

1. In the following lessons the New Vocabulary includes items new to the lesson, and those new to the book. The first group is provided with numbers in parentheses referring to the original lesson in which the item is to be found. **Only the fourteen** completely new characters are included in the chart of Supplementary Characters (below), since the others can be found by consulting the lessons corresponding to the numbers in parentheses.

2. Simplified characters for both old and new vocabulary are provided. The regular character is given first, the simplified version next. The stroke-order for all the simplified characters is given on pages 487–497.

3. The exercises include sentence build-ups, narratives, and dialogues, most of the latter kept deliberately short so that they can be used as memorization exercises. The exercises are designed to provide drill for both the New Vocabulary and the simplified characters along lines noted in the Preface to the Second Edition.

SUPPLEMENTARY CHARACTERS

(Numbers refer to lessons where characters first appear.)

1	3	3	7	9
志	元	角	曉	許

10	14	15	15	15
售	感	須	舊	金

16	21	21	22	
愛	服	務	困	

Lesson 1

New Vocabulary

1. 同   tóng   same (22)
2. 志   zhì   determination
3. 老   lǎo   old (14)

4. 師   shī   teacher (23)
5. 同志   tóngzhì   comrade
6. 老師   lǎoshī   teacher

Simplified Characters

見见   嗎吗   們们   謝谢   師师

Exercises

同志
高同志

1. 高同志,你好吗?

老师
谢老师

2. 谢老师,您好啊?

3. 高:谢同志,您好啊?
   谢:好.您呢高同志?
   高:我也好.

4. 白:谢老师很老吗?

　　高:他很老.

5. 高:你们都好吗?
   白:我们都很好.你们呢?
   高:我们也都很好.
   白:再见,高老师.
   高:再见,再见.

6. 谢:老高,你好吗?
   高:好.
   谢:小白也好吗?

他也好.

7. 白：谢老师,您好啊?

  谢：我很好你呢?

  白：我也好再见,谢

老师.

  谢：再见,再见.

8. 白先生,高同志都很

  高.谢老师也很高.

Lesson 2

Simplified Characters

貴贵   國国   話话   會会

錢钱   請请   説说   問问

Exercises

1. 您是不是钱同志?

2. 王老师是美国人不
   是?

3. 小高,老白都会说英
   国话,我不会.

4. 谢同志问他们:"你
   们都是美国人吗?"
   他们说他们都是美

国人.

5. 钱：请问,您贵姓?

  高：我姓高.您呢?

  钱：我姓钱.

6. 白：您是高同志吗?

  钱：不是.我姓钱.

7. 钱：您是高老师吧?

  王：不是.我姓王.

8. 高：请问同志,您贵
   　　姓？
   　谢：我姓谢.您呢？

高：我姓高.再见,谢
　　同志.
谢：再见,再见.

Lesson 3

New Vocabulary

1. 元　　yuán　　dollar; primary
2. 角　　jiǎo　　dime; horn; corner

Simplified Characters

筆笔　還还　幾几　塊块　兩两　買买
賣卖　麼么　甚什　書书　這这

Exercises

1. 高：你有几枝笔？
   白：我就有一枝笔.
2. 毛：请问,您贵姓？
   钱：我姓钱.您姓
   　　什么？
   毛：我姓毛.

3. 王老师说他要这两
   枝毛笔.
4. 王：他问你会不会
   　　说中国话？
   白：会.他还问我什
   　　么？

王：他还问你是不
　　是美国人？

5. 毛：你还要买什么？
　　白：我还要买笔．
　　毛：要买几枝？
　　白：一枝．
　　毛：一枝两块钱．

6. 谢：同志，这枝毛笔
　　卖多少钱？

钱：卖一块二．
谢：好，我买两枝．
钱：好．

7. 毛：您买什么？
　　白：我要买书，那本
　　　书多少钱？
　　毛：这本书两元四
　　　角．
　　白：好，我买一本．

Lesson 4

Simplified Characters

鋼钢　個个　紅红　藍蓝　鉛铅
圖图　顏颜　張张　紙纸

Exercises

1. 颜老师要买一个中
　 国地图，一枝钢笔，两
　 枝铅笔，还要买五十

　 张纸．

2. 王同志要买毛笔，张
　 同志要买本子．

3. 白：你有几个本子？
   蓝：我就有这一本．

4. 毛：你们买什么颜
   色的墨水？
   谢：我买红墨水．他
   买蓝墨水．

5. 白：这个地图卖多
   少钱？
   毛：两块二．
   白：两块二不贵．我
   买一张．

6. 谢：蓝同志，您好吗？
   蓝：好．你呢，小谢？
   谢：好．再见，蓝同志．
   蓝：再见，再见．

7. 白：这本英文书卖
   多少钱？
   毛：两元七角．
   白：这本中英字典
   呢？
   毛：八元二角．
   白：好．我买一本．

Lesson 5

New Vocabulary

1. 間　jiān　interval (7)

2. 時間　shíjiān　(period of) time

Simplified Characters

點 点　兒 儿　飯 饭　誰 谁
時 时　現 现　鐘 钟　間 间

Exercises

时间
有时间

1. 你们现在都有时间吗？

2. 谢老师说这个中国地图很好,也不很贵,就卖五毛钱.

3. 钱：同志,有什么颜色的纸？

   毛：就有红纸.

4. 谢：张老师会说外国话不会？

   王：会,他会说英文.

5. 白：喂！喂！您哪儿？是高家吗？

6. 高：请问您是哪位？

   白：我是白文山.

   高：你晚上有时间吗？我想请你吃饭.

   白：好,谢谢你.几点钟？

   高：七点可以吗？

   白：可以,可以.

7. 蓝：这枝钢笔是谁的？是钱老师的吗？

   白：不是,钢笔是张同志的,铅笔是钱老师的.

Lesson 6

1. 谢：现在几点钟？

   白：现在七点钟.

2. 钱：这张地图卖多少钱？

   高：卖两元三角.

3. 颜：喂！喂！你哪儿？是王同志家吗？

   王：是.你是哪位？

颜：我姓颜.

4. 白：这是谁的笔?

  谢：哪枝笔?

  白：这枝红笔.

  谢：是蓝同志的.

5. 这是什么书?是中
   英字典吗?卖多少
   钱?卖两块钱吗?两

块钱不贵.好,我买一
本.我还要买一枝钢
笔.你们不卖钢笔吗?

6. 张老师问我今天晚
   上有没有时间.他说
   他想请我吃饭.我说
   有时间.他八点钟请
   我吃饭.

Lesson 7

New Vocabulary

1. 得 dé   get, attain (15)
      děi must, have to
      de   (adverbial suffix
           and resultative infix)

2. 曉 xiǎo   understand

3. 曉得 xiǎode know

Simplified Characters

邊边   東东   後后   裏里

條条   頭头   園园   曉晓

Exercises

1. 张：你要什么颜色
      的笔?

   王：我要一枝红钢
      笔、一枝蓝铅笔.

2. 白：房子外边儿的
　　那个人是谁,你
　　晓得不晓得?
　 谢：是高同志.

3. 蓝：这是你的纸吗?
　 谢：不是.
　 蓝：这张地图呢?
　 谢：也不是我的.

4. 王：你家在哪儿? 在
　　城里还是在城
　　外?

5. 高：你今天晚上有
　　时间吗?我想请
　　你吃饭.
　 白：谢谢你.有时间.
　　什么时候?
　 高：七点.

白：好.七点钟见.

6. 谢：张同志家在哪儿，
　　你晓得不晓得?
　 白：在这条路的东
　　边儿.就在中山
　　公园的后边儿.

7. 王：房子外边的那
　　三个人是谁,你
　　晓得吗?
　 毛：在左边儿的是
　　谢老师.在右边儿
　　的是钱老师.中
　　间儿的是白先生.

8. 白：中山公园在哪儿,
　　你晓得不晓得?
　 张：我不晓得.

Lesson 8

New Vocabulary

1. 習　xí　　practice (22)

2. 學習　xuéxí　study

Simplified Characters

單单　對对　館馆　歡欢　簡简　離离
難难　寫写　學学　遠远　習习

Exercises

学习
学习中文

1. 我们学习中文.
2. 我很喜欢中文.我现在能说中文,能看简单的中文书,也会写中国字.
3. 谢：您在大学学什么?
   白：我学文学.
   谢：您学中国文学吗?
   白：中国文学,英国文学我都学习.
4. 毛：中国文学难学吗?
   谢：很难学.
   毛：英国文学呢?
   谢：也很难学.
5. 白：房子前头的那个人是谁?
   高：是张同志.
   白：他是不是东北人?
   高：不是,他是山东人.
6. 谢：请你看我写字.
   毛：我现在没时间.
   谢：晚上有时间吗?
   毛：晚上有.
7. 白：你房子南边儿的那条路是东湖路吗?
   谢：不是西湖路.
8. 王：您在哪个大学学习?
   钱：我在中山大学学习.
9. 白：图书馆在哪儿,你晓得吗?

毛：离这儿很远,在
　　中山公园后边
　　儿呢.

10. 王：中国字太难写.
　　张：你的话很对.

11. 高：你晚上几点钟
　　　吃饭?
　　白：我每天晚上七
　　　点钟吃饭.你呢?
　　高：我六点钟吃.

Lesson 9

New Vocabulary

1. 許　　xǔ　　permit;(a surname)　　2. 也許　yéxǔ　perhaps

Simplified Characters

車 车　　從 从　　電 电　　過 过
號 号　　來 来　　門 门　　許 许

Exercises

也许
也许明天来
1. 他们也许明天来.
2. 张：他说什么?

王：他说在城门那
　　儿下车.
3. 许：这本书贵不贵?
　　毛：不很贵.一块钱.

4. 高：你想学什么？
   白：我想学中国文学或者英国文学．
   高：美国文学呢？
   白：也想学．
5. 毛：我们哪天去看钱同志？
   高：或者今天或者明天都可以．
6. 王：请问，从这儿到图书馆怎么走？
   钱：你从这儿一直往北走．
   王：书店呢？
   钱：也一直往北走．离图书馆不远．
7. 白："号"字怎么写？
   王：不晓得我还没有学习写字．
8. 谢：你姓什么？
   许：我姓许．
   谢：你是英国人是美国人？
   许：我是美国人．

9. 毛：你会看中文书吗？
   白：我就会看很简单的书．
10. 白：请问，从这儿到图书馆坐几路车？
    谢：坐六路九路都可以．
    白：八路车呢？
    谢：不晓得也许也可以．
11. 王：这条路上的车太多．过路很难．
    张：你的话很对．
12. 高：你喜欢坐电车吗？
    白：我很喜欢．坐电车很有意思．
13. 白：中山公园在城里还是在城外？
    毛：在城外离城门不远．
14. 白：这是几路车？
    谢：是五路车．

Lesson 10

New Vocabulary

1. 售　　　shòu　　　sell

2. 售票員　shòupiàoyuán　ticket-seller

3. 工作　gōngzuò　work (N/V)

Simplified Characters

親亲　　歲岁　　談谈　　員员

Exercises

售票员
售票员同志

1. 他是售票员同志.

工作
什么工作

2. 他作什么工作?

3. 白：售票员同志姓
　　什么,你晓得不
　　晓得?

　谢：他姓王.

　白：他名字叫什么?

　谢：我不晓得.

4. 白：你父亲也工作
　　吗?

　谢：他也工作.

　白：他作什么工作?

　谢：他是售票员.

5. 白：您到公园去,坐
　　车还是走路?

　钱：我想坐车去.

　白：您坐电车还是
　　坐公共汽车?

　钱：我也许坐公共
　　汽车.

6. 白：他们在那儿作
　　什么？

　 高：他们在那儿谈
　　谈.

7. 谢：许老师家在哪
　　儿,你晓得吗？

　 高：他家在这条路
　　的东边儿五号.

　 谢：是不是东边儿
　　那个大门？

　 高：是.

8. 白：那个女同志作
　　什么工作？

　 毛：我不晓得.

9. 白：中国的售票员
　　都是男的吗？

　 谢：不都是.有不少
　　是女同志.

10. 许：你从哪儿来？

　 毛：我从家里来.

　 许：你家在哪儿？

　 毛：我家在公园后
　　头.

　 许：离这儿远不远？

　 毛：不远.过三个路
　　口儿.

11. 王同志有两个孩子,
　一个男孩子、一个女
　孩子.男孩子七岁,女
　孩子六岁.两个孩子
　都在小学学习.

Lesson 11

Simplified Characters

訪 访　飛 飞　機 机　開 开
認 认　識 识　訴 诉　雖 虽

Exercises

1. 高：如果晚上有时
   间请到我家来
   坐一坐谈谈.
   谢：好.谢谢你.如果
   有时间一定到
   你家去看你.

2. 张：谢同志的家在
   哪儿,你晓得吗?
   毛：我父亲认识他.
   你找我父亲,他
   一定告诉你.
   张：对!我到你家问
   你父亲.

3. 钱：王先生,你是什
   么时候离开美
   国的?
   王：我是今年八月.
   钱：你是坐飞机来
   的,还是坐船来
   的?
   王：我坐飞机来的.

4. 钱：你到这儿来学
   习还是工作?
   王：我是来学习.

钱：你中文说得很
   好.你会写中国
   字吗?
王：写中国字很难.
   我就会写简单
   的中国字.

5. 白：毛老师,您常到
   图书馆来看书
   吗?
   毛：是.我差不多每
   天都到图书馆来.
   白：您喜欢看什么
   书?
   毛：我喜欢看文学
   的书.
   白：您家离图书馆
   远不远?
   毛：不很远.如果有
   时间请到我家
   来谈谈.
   白：好.我有时间一
   定去拜访.

6. 王同志今年三十岁.
   他是公共汽车上的

售票员.他虽然每天
工作,可是他每天晚
上还学习,他家离图

书馆不远.他也常到
图书馆去借书,在家
里看.

Lesson 12

1. 毛：你虽然是外国
人,中文说得很
好.

白：我说得不好.

2. 许：你什么时候离
开这儿？

谢：我明天就离开
这儿,到日本去.

许：你坐几点钟的
飞机？

谢：我坐三点钟的
飞机.

3. 钱：这本书多少钱？

毛：这本书三块九
毛钱.

钱：我买一本你们

有中国地图吗？

毛：有.你要大张的,
要小张的？

钱：我要大张的.

毛：大张的两块二.

4. 谢：从这儿到中山
路有电车吗？

白：公共汽车,电车
都有.你要坐公
共汽车,还是要
坐电车？

谢：不一定.也许坐
公共汽车,也许
坐电车.

5. 蓝：这本书卖多少
钱？

许: 哪本书?

蓝: 这本中文书.

许: 噢! 那本中文书
　　卖两元五角.

蓝: 我要一本.

许: 您还买什么?

蓝: 我还买毛笔.

许: 您要几枝毛笔?

蓝: 我买两枝.

6. 昨天我去拜访老张,
看见他的大男孩子.
他的大男孩子认识
我.他告诉我,他父亲
不在家.

Lesson 13

Simplified Characters

畢毕　聰聪　煩烦　極极　級级　經经
課课　氣气　試试　為为　業业

Exercises

1. 戴: 你在哪儿学习?

高: 我在中学学习.
你呢?

戴: 我也上中学.

2. 毛: 你上大学几年
级?

王: 我上二年级.你
呢?

毛: 我上三年级.

3. 白: 你喜欢看电影
吗?

高: 我很喜欢.

白：考试以后我们
去看电影,好不
好？

高：好极了.

4. 张：钱老师,我们今
天学习第几课？

钱：我们今天要学
第三课了.

5. 白：我们离你家还
有多远？

高：已经快到了.还
有两三分钟.

6. 钱：戴同志真聪明.
他十八岁大学
就毕业了.

毛：他父亲也是十
八九岁大学毕
业的.

7. 戴：谢老师,好久不
见.您到哪儿去？

谢：我到图书馆去
借书.你现在在
哪儿学习？

戴：我毕业了.我现
在工作

8. 王：毛同志,你到哪儿
去？

毛：我到书店去买
铅笔、钢笔、纸.你
到哪儿去？

王：我到图书馆去
借书,借了书就
回家.

毛：考试了以后有
时间到我家来
谈谈.

王：好.再见.

9. 谢：蓝同志,你现在
在哪儿学习？

蓝：我在中山大学
学习.你现在工
作呢,还是学习
呢？

谢：我现在不学习
了.我现在是一
个售票员.

10. 毛：毕老师,星期五
晚上我请您吃
饭,有时间吗？

毕：你太客气、太麻

烦了.

毛: 不麻烦,很简单.

11. 王: 颜同志,张同志
来了以后我们
到图书馆去学

习今天的课,好
不好?

颜: 因为张同志说
他来得很晚,我
们不能再学习了.

Lesson 14

New Vocabulary

1. 感   gǎn   to feel (emotion)

2. 感興趣   gǎn xìngqu   be interested (in)

Simplified Characters

給给   畫画   聽听   萬万   興兴   研研   語语

Exercises

感
感兴趣

1. 他对文学很感兴趣.

2. 王: 你对画画儿感
兴趣吗?

张: 我对画画儿不
感兴趣.

3. 高: 我对语言学很
感兴趣.你呢?

谢: 我也很喜欢语

言学研究语言
学很有意思.

4. 毛:老万,听说你对
语言学很有研究.

万:没有.我原来是
学科学的.因为
我对语言学感
兴趣,所以以后
学习语言学了.

5. 谢:戴同志,你认识
不认识高思聪?

戴:我认识他.他是
我的朋友.

谢:好极了,你有时
间给我介绍介
绍好不好?

戴:我明天早晨九
点钟有时间.

谢:明天早晨九点
钟我们去拜访
他可以吗?

戴:可以.

6. 毛:这本书是谁的?

白:是毕同志的.

毛:麻烦你,请你告

诉毕同志他的
书在这儿.

7. 谢:你是什么时候
离开美国的?

毛:我是九月八号
离开的.

谢:你是坐飞机来
的,是坐船来的?

毛:我是坐船来的.

谢:坐船不是很慢
吗?

毛:坐船虽然很慢,
可是十分有意思.

谢:你到这儿来学
习什么?

毛:我来学习中国
语言.

谢:今天晚上六点
钟我请你吃饭,
好不好?

毛:谢谢,你太客气.

8. 老师:这本书已经
学习十五课了.

学生:这个星期是
不是要考试?

老师：不，下星期我
　　们考试．
9. 我是一个大学四年

级的学生，因为我明
年就要毕业了，所以
我现在很忙．

Lesson 15

New Vocabulary

1. 須　　xū　　must; necessarily

2. 舊　　jiù　　old

3. 金　　jīn　　gold; (a surname)

4. 小时　　xiǎoshí　　hour

5. 必須　　bìxū　　must, have to

6. 舊金山　　Jiùjīnshān　　San Francisco

Simplified Characters

當当　該该　將将　錄录　紐纽
應应　約约　須须　舊旧

Exercises

小时
两个小时
1. 我每天学两个小时
　的中文．

必须
必须看完
2. 我今天必须看完这
　本书．

教课

教一个小时的课

3. 我现在要教一个小时的课.

教四个小时课

教了四个小时课

4. 我昨天教了四个小时课.

5. 谢:我明天得教四个小时的课,你呢?

白:我也必须教四个小时.

6. 毛:你到旧金山是坐飞机还是坐船去的?

王:我是坐飞机去的.

7. 高:你下课以后作什么?

白:下课以后我就听录音.

高:听多少时间录音?

白:我每天听一两个小时.

8. 高:白先生,你学了几年的中文了?

白:我在中学就开始学中文.高中二年级我就学中文了.

高:你中文学的真不少了.

白:我学中文差不多已经有五年了.

9. 谢:你在哪儿工作?

白:我在中山大学工作,教中国学生英文.

10. 王:旧金山离纽约远不远?

钱:很远.从纽约到旧金山坐飞机要五个小时.

王:从旧金山到日本也要五个小时,是不是?

钱:不.要八九个小时.

11. 高：你们每天上几
个小时的课？

白：我们每天上五
个小时的课.

高：星期六也上课
吗？

白：星期六没有课.

12. 谢：你到旧金山以
后再到哪儿去？

白：我再到纽约去.

13. 戴：你家离这儿远
吗？

颜：不远,坐公共汽
车半个小时就
可以到了.

戴：走路呢？

颜：走路要两三个
小时.

14. 谢：听说旧金山中
国人很多,是真
的吗？

白：旧金山中国人
真不少.

谢：是旧金山的中
国人多,还是纽

约的中国人多？

白：还是纽约的中
国人多.

15. 戴：你今天听录音
了没有？

白：听了一个多小
时.

戴：你还想听吗？

白：我还想听半个
小时.

16. 白：你每天教几个
小时的课？

毕：星期一、三、五教
三个小时,星期
二、四教两个小
时.

白：星期六有没有
课？

毕：星期六没有课.

17. 张：那个英国人会
说中文吗？

王：会说,他已经学
习了三年了.

张：他在哪儿学习
的？

王：他在英国学习
的.

18. 高：昨天金先生买
了一张画儿.

谢：听说那张画儿
很贵.

高：是.听说五百块
钱.

19. 毕：你将来中学毕
业以后学习什
么？

戴：我对画画儿很
感兴趣.我想学
画画儿.你呢？

毕：我对语言学很
感兴趣.也许研
究语言学.

20. 金：老谢,你看见万

同志了吗？

谢：我好久没看见
他.听说他现在
不学习了,已经
工作了.

金：他应该在图书
馆工作.

谢：他工作是在图
书馆.

21. 昨天我到书店去给
我两个孩子买书.在
路上遇见颜先生.他
说他下星期必须到
旧金山去,因为他母
亲病了.今天晚上应
当到学校去,可是他
没时间,所以他不能
去了.

Lesson 16

New Vocabulary

1. 爱　ài　love, like

2. 爱人　àirén　husband, wife, fiancé, fiancée

Simplified Characters

錯错　進进　連连　媽妈　紹绍　蘇苏　愛爱

Exercises

爱人
我爱人

1. 我爱人是苏州人.

2. 连：万老师,您家在
　　这条路的东边
　　儿还是西边儿?

　万：在东边儿.

　连：我今天下午到
　　您家去拜访您.

　万：你太客气.

　连：应该的.

　万：最好你明天去,
　　因为今天我爱
　　人不在家.

3. 高：我给你们两位
　　介绍介绍这位
　　是万教授这位
　　是白先生.

　白：你好、

　万：你好、

4. 学生：您看我写的
　　字对不对?

　老师：你真聪明,写
　　的一点儿也
　　不错.

　学生：这个星期可
　　以学习到第
　　二十课吗?

　老师：学习不到第
　　二十课,也许
　　可以学习到
　　第十九课.

5. 昨天我进城,到了城
里头以后,我就到钱
同志家去了.他家这
个地方很好,又有山
又有水.我进城以后
钱同志跟我谈得很
有意思,差不多到六
点钟了.他说请我在

他家里吃晚饭我说
太麻烦他说很简单
不客气.

6. 我将来要到大学研
究语言我应当买一
个录音机,因为学语
言必须有一个录音
机.我的朋友连大文
他有两个录音机他
说我不用买,可以跟
他借一个.

7. 妈妈、妹妹跟我从纽
约到日本去旅行.我
们从纽约到旧金山
是坐飞机.从旧金山
到日本是坐船.在船

上有很多时间学习.

8. 上星期我们考试了
以后,我跟边同志、连
同志我们三个人要
到公园去.公园离这
儿很远,必须开车去.
那天是边同志开车.
因为我跟连同志我
们两个人都不会开
车,所以边同志一个
人开了三个小时车,
才到公园.那个公园
的山水漂亮极了.我
们在公园里头差不
多有四个小时,才离
开公园.

Lesson 17

Simplified Characters

長长　結结　樣样

Exercises

1. 蓝：你的录音机跟
   我的一样吗？

   颜：不一样.我的没
   有你的那么好.

2. 白：这个地方跟杭
   州一样好吗？

   高：没有杭州那么
   漂亮.

3. 谢：白先生学得怎
   么样？

   高：他很用功他跟
   中国学生一样
   用功.

   谢：他学文学学得
   好不好？

   高：他学文学学得
   跟中国学生一
   样好.

4. 学生：这个字很难
   写.

   老师：这个字你认
   识吗？

   学生：我认识.

   老师：是什么？

学生：是结婚的婚.

老师：不错.

5. 妈妈告诉我我是在
   旧金山长大的可是
   生在中国我生在苏
   州昨天蓝先生来说
   他很希望到中国老
   家去看看我说我跟
   他一样希望到中国
   去.

6. 昨天我去拜访张老
   师他不在家所以我
   没进去.

7. 昨天戴同志给我介
   绍了一位外国朋友.
   我听那位外国朋友
   说的中文跟中国人
   说得一样好.

8. 星期天我跟我爱人
   从苏州坐火车到杭
   州去旅行遇见了连
   同志也跟他爱人来
   旅行我们四个人在
   一块儿一边儿谈谈

一边儿看山水,很有
意思.我爱人跟连同
志的爱人两个人对
画画儿很感兴趣.我

爱人跟连同志爱人
说,回家以后把杭州
的山水画出来.

Lesson 18

1. 钱:我不在纽约学
习.

许:你不在纽约学
习在哪儿学习?

钱:我在旧金山学
习.

2. 蓝:你昨天学习了
几个小时?

白:我昨天学习了
五个小时.

蓝:张老师说我们
每天应当学习
八个小时.

3. 颜:我对科学不感
兴趣.

万:你对科学不感
兴趣对什么感
兴趣?

颜:我对语言学感
兴趣.

4. 白:王大文在大学
学习过吗?

张:他学习过,可是
没毕业.

5. 谢:请问,这本书卖
几块钱?

戴:卖两元五角您
要买一本吗?

谢:我买一本.

戴:您在大学学习

什么?
谢：我不学习.
戴：你不学习作什么?
谢：我工作.
6. 白：请问今天几号?
颜：今天二月七号.
白：噢！我差一点儿忘了.今天晚上必须去拜访万老师.
颜：他家在哪儿?
白：他家在中山路北边儿.
颜：你坐什么车去?
白：我想坐电车.
颜：你应该坐公共

汽车.电车走得慢.
白：我也许坐公共汽车.
颜：我家离万老师家不远,也在中山路.你可以到我家去坐一会儿.
白：我有时间一定到你家去.
7. 我跟我爱人结婚一年,我们生了一个女孩子,这个女孩子长得跟我爱人一样,希望将来这个女孩子长大以后用功学习

Lesson 19

New Vocabulary

1. 哪里　nálǐ,   where?; you flatter
        náli   me

Simplified Characters

飽饱　廣广　難鸡　獎奖
燒烧　隨随　湯汤　魚鱼

Exercises

哪里
哪里,哪里

1. "哪里,哪里"就是客
气话.

2. 万：你作的菜比饭
馆的菜都好.

高：哪里,哪里.

万：是真的!

3. 戴：听说在中国"过
奖"这个客气话
现在不用了.

颜：对了.

戴：不说"过奖"现
在说什么?

颜：现在说"哪里"

4. 谢：白文山,你在美
国学习了几年?

白：我在美国大学
学习了五年.我

是一边儿工作
一边儿学习.

5. 万：您是钱教授吗?

钱：是,我姓钱.您贵
姓?

万：我姓万.颜同志
介绍我来看您.

钱：噢!您是万同志.
我跟颜同志是
老朋友.请进来
坐.随便坐.

万：谢谢您.我今天
就是来拜访您
跟您谈谈.

6. 颜：你写的字真好.

谢：哪里,哪里.

颜：你学写字学了
几年?

谢：我学了一年.

颜：你晓得不晓得
　　这儿有人能教
　　写字吗？

谢：我不晓得你要
　　学习写字吗？

颜：是,我要学习用
　　毛笔写字.

7. 我妈妈是苏州人,可
是不会说苏州话,因
为两岁的时候就离
开了苏州,在广东长
大的,所以就会说广
东话.

8. 我父亲是一个公共
汽车上的售票员,我
家里一共有四个人,
父亲,母亲,我还有一
个弟弟.今天因为我
病了,所以少学习一
点儿,回家跟弟弟到
书店去买钢笔,铅笔,
纸,本子.进了书店,看
见连老师也在那儿
买书.他问我好一点
儿吗？我说好了一

点儿,明天可以上课
学习.连老师说我是
个好学生.我说："哪
里,哪里."

9. 我这次从美国回来
以后,连国书请我在
一个饭馆吃饭,他要
了一个红烧鸡,一个
红烧鱼,一个猪肉白
菜汤,我们两个人吃
得很饱.那个饭馆的
菜真不错,我们两个
人一边儿吃一边儿
谈.连国书问我,在美
国能不能吃到中国
菜.我说在美国除了
能吃到中国菜也能
吃到日本菜.他还问
我美国人喜欢不喜
欢吃中国菜.我说现
在很多美国人喜欢
吃中国菜.他又问我,
美国人吃中国菜会
不会用筷子.我告诉
他美国人现在很多

会用筷子吃中国菜.   难是难,可是吃中国
美国人用筷子吃饭   菜必须用筷子.

Lesson 20

New Vocabulary

1. 語文 yǔwén   language and
                   literature

Simplified Characters

場场   歷历   數数   題题

Exercises

语文
中国语文
1. 大学图书馆有中国
   语文 吗？
2. 白：你语文考得好
      不 好？
   高：我想考得还好.
   白：数学呢？

   高：考得糟糕极了.
3. 蓝：你昨天看的那
      场电影好不好？
   谢：很好,很有意思.
      有机会再去看
      一 次.
4. 万：我给你们两位
      介绍介绍.这位

是钱老师,这位
是白文山.

白:很高兴认识您了.

钱:我也很高兴.

5. 白:我们到饭馆吃
北方菜,好不好?

高:好极了,我很喜
欢吃北方菜.

白:我们也去看电
影,好不好?

高:好吧.

白:电影院离你
家远不远?

高:很远,我们最好
坐车去.

6. 毕:我请问你一个
问题.

谢:什么问题?

毕:现在中国,听说
客气话的"过奖"
现在不说了,你
晓得说什么?

谢:说"哪里"或者
说"哪里,哪里."

7. 张:喂!你找谁?

颜:我请张同志说
话.

张:我姓张,你是颜
同志吗?

颜:是,你是什么时
候从日本回来
的?

张:我到日本去了,
你怎么晓得的?

颜:蓝同志告诉我
的,你什么时候
有时间,我去拜
访你.

张:哪天都有时间.

8. 毛:你生在哪儿?

戴:我生在苏州,在
广东长大.

毛:你大学在哪儿
毕业的?

戴:我大学在杭州
毕业的.

毛:你是学什么的?

戴:我在中学学习
数学,在大学学
习历史.

毛：你在哪儿结婚
的？

戴：我在杭州结婚
的.

9. 昨天我跟许大文,颜
文山,还有颜文山的
一个朋友,我们四个
人到饭馆去吃饭.我
们要了三个菜一个
汤.三个菜是炒鸡,炒
豆腐,红烧鱼.汤是牛
肉汤.吃得很饱.我们
四个人随便吃,随便
谈.颜文山的朋友我
从前不认识,不晓得
他是中国人是日本
人.今天一听他说话

就晓得他不是中国
人.

10. 我跟蓝大文两三年
不见了.昨天我到他
家去看他.原来我打
错了门.我打门的时
候一点儿也不晓得
是错了.一个老同志
开门,问我找谁.我说
找蓝大文.那位老同
志说这里没有姓蓝
的.我才晓得是错了.
那位老同志说虽然
错了,请进来坐一会
儿.我想我不认识那
位老同志,不要麻烦.
我说："谢谢不必了."

Lesson 21

New Vocabulary

1. 服   fú   serve

2. 務   wù   matters, business

3. 服務員   fúwùyuán   attendant, waiter

Simplified Characters

幫 帮　費 费　剛 刚　壺 壶　夥 伙　計 计
醬 酱　較 较　餃 饺　覺 觉　麵 面　蝦 虾
鴨 鸭　驗 验　賬 账　種 种　務 务

Exercises

服务员
服务员同志

1. 服务员同志,请你帮助我们想几个菜.

2. 颜：老谢,服务员在哪儿?

   谢：你看,就在你后边儿来了.

   颜：噢!我看见了.同志,请把菜单儿拿来.

3. 戴：我们都应该学习白文山学中文的好经验.

   蓝：对了!学习他学中文的经验对我们有很大的帮助.

4. 白：你们这儿给服务员同志小费吗?

   高：不给,我们在中国是没有小费的.

5. 谢：万同志的工作经验比我们多.

   毕：对了!我们应该请他把他的工作经验介绍介绍.

6. 高：请问同志,到公园去怎么走?

   颜：从这条路往东走,那是一条小路.从这儿走大路也可以,可是比较远了一点儿.

7. 毛：您买什么?

   白：我买中国地图.

毛：我们有两种,一种
大张一种小张.

白：我要大张,多少
钱?

毛：两块五.

白：我要一张.

8. 万：快到十二点钟
了,我们去吃饭
好不好?

蓝：到哪儿去吃呢?

万：我们到三友饭
馆去吃吧.

蓝：我已经去过一
次,他们的菜不
好,炒虾仁儿里
头放酱油.

万：大概那是北方
的作法.

蓝：烤鸭子是黑的.

万：大概烤的时间
长一点儿了.

蓝：而且吃完了一
算账还很贵.

万：那么我们到北
湖小馆去吃.

蓝：好,我们简单一
点儿吃,就来一
壶酒,吃饺子或
者面.

9. 昨天我跟我爱人看
了一场电影,我觉得
那部片子的故事很
有意思,可是我爱人
说演员演得不好.

10. 刚才我弟弟买了一
本小字典,我一看就
晓得是一本以前的
字典,因为字典上就
有"伙计"没有"服
务员,"有"卖票员"没
有"售票员."

11. 颜文山在大学已经
学习三年了,他很聪
明,学习数学,他弟弟
也在大学二年级学
习,学习历史,可是他
弟弟学习的没有他
那么好,每次考试不
是看错了题目就是
写错了字.

Lesson 22

New Vocabulary

1. 困　　kùn　　distress

2. 困難　kùnnan　difficulty, trouble; difficult, troublesome

Simplified Characters

處处　詞词　發发　關关　漢汉　劃划

記记　節节　練练　輕轻　聲声　準准

Exercises

困难
很有困难

1. 那个事情对我很有困难.

2. 白：你们毕业以后想到哪儿去工作？

   蓝：哪儿有困难,我们就到哪儿去.

3. 高：我看学汉字不太难呢.

   白：学汉字有很多

困难

高：什么困难？

白：学汉字有两个困难.一个是没有法子晓得怎么念,一个是必须记住写的方法.

4. 张：老师,为什么学的汉字我不能记住？

   王：那就是因为你

写汉字写得不
够记汉字要多
写几次．要是写
得太少就容易
忘还要注意学
习方法．

5. 白：这个字念什么？

颜：是"伙计"的"伙．"

白：有几划？

颜：有六划．

白："过奖"的"奖"
有几划？

颜：有九划．

白：请您写一写．

6. 高：语言跟文学是
不是差不多？

白：不．语言是语言，
文学是文学，是
不一样的．

7. 颜：你会划拳吗？

蓝：我会

颜：听说现在在中
国的饭馆里不
划拳了．

蓝：有的人说划，有

的人说不划了．

8. 万：你爱人作的饭
真好吃．

颜：哪里．我爱人不
怎么会作饭，可
是常作，比较有
一点儿经验．比
方说，红烧鱼要
放多少酱油，炒
牛肉要放多少，
都不一样，不能
随便放．

9. 白：广东炒面跟北
方炒面一样不
一样？

高：不一样．北方炒
面把肉跟菜都
炒在面里头．广
东炒面把肉跟
菜都放在面上头．

白：你觉得哪种好
吃？

高：我觉得广东炒
面好吃．

10. 我们学习中文上课

的时候,老师说中文,
我们注意听,我们天
天练习听,也练习说.
我们必须好好儿学
习,不然不能把中文
学好.

11. 张同志不是我们的
中文老师,可是他也
帮助我们学中文.他
常常问我们学习上
有什么困难,还问我
们问题.他常常对我
们说,不要怕困难,有
不懂的地方就问他.
他不但是我们的朋
友,也可以说是我们
的老师!

12. 我是一个外国学生.
我学习中国语文,对
历史也很感兴趣.现
在能说简单的中国
话,也能看简单的中
文书.在开始学习的
时候很困难.我的老
师开始教我发音,汉

字,词儿,语法.关於我
学习,最大的难处是
四声、轻重音.什么叫
轻重音呢?比方"学
生"是两个音节,第一
个音节是"学",是第
二声.第二个音节是
"生",虽然是第一声,
可是要念轻声.像这
种词儿很多.而且四
声还要准.王教授真
好,他除了上课以外,
每天还用很多小时
跟我在一块儿研究
发音.外国人学汉语
最大的困难是学发
音.我虽然没学好,可
是用了不少的时间.

13. 我从纽约到旧金山
来.在没离开纽约以
前,我给许大文打电
话,说下星期一我坐
飞机到旧金山去,希
望他接我.我到了旧
金山以后,刚下飞机

就看见老许跟他爱
人在那儿等着我他
看见我到了很高兴
那个时候是吃饭的
时候老许说我们先
去吃饭他问我想吃
什么我说想吃中国
菜我们三个人就到
了一个小饭馆要了
一壶酒三个菜一个

汤：一个炒虾仁儿、一
个红烧鸡、一个炒白
菜老许还想要一个
烤鸭子我说吃不了
不要鸭子再要十个
饺子得了三个人吃
得很饱吃完了饭服
务员一算账一共才
八元四角给了一元
六角小费一共十元。

Lesson 23

Simplified Characters

帶带　繼继　駕驾　緊紧　勞劳
馬马　讓让　廳厅　續续

Exercises

1. 许：你说老张画的
　　画儿好不好？
　　毕：我说不错。

许：我不晓得他画
　的画儿好处在
　哪儿？

毕：他画的画儿像真的山水。

许：画画儿最要紧的是得去旅行看看有名的山水。

2　蓝：我这次是第一次到日本去。

毛：到日本要几个小时？

蓝：大概七八个小时。

毛：你这次在日本要多少时候？

蓝：大概要一年或者二年。

毛：我们要很长的时间不见了。

蓝：对了。

毛：你这次到日本去还是继续地学习东方历史吗？

蓝：是我还继续学习东方历史。

毛：再见了，祝你一路平安。

蓝：再见，劳驾你来送我。

3.　从一九七三年到现在我到中国去了三次今年又去了一次，可是这次在中国的时间比较短，连北京也没去。

4.　我昨天在东方红书店看见一本关於学习语言的书，书名子是"怎样学习汉语。"这本书对我们学习汉语的人很有帮助。开始先告诉你怎样练习发音，什么是轻重音，四声，什么是词儿，什么叫音节，如果把这些记住都懂了，我想学习发音跟四声都能比较准。

5.　昨天我到飞机场去接马大文等了有两

个小时飞机也没来,
所以到餐厅去坐一
会儿。到了餐厅以后,
我让餐厅的服务员
给我拿菜单来。我要
了一个炒面。一边吃
一边等着。把面吃完
了,刚离开餐厅,看见
马大文下了飞机。我
们两个人是老朋友,
见了面当然很高兴。
他告诉我明年他开
始上大学了。我问他
对什么感兴趣,他说
他对数学这方面很
感兴趣。我问他万老
师对他怎么样,他说:
"万老师很好,我跟
他学到不少的东西。"
他还告诉我万老师
除了研究学问以外,
很喜欢旅行,他现在
不像以前喜欢喝酒
划拳。我们两个人离
开了飞机场,坐在车

上,还继续地说下去
这两年的事情。马大
文说他这次来带来
了一个很好的录音
机,是送给我的。

6. 星期六我到图书馆
去借书。到了图书馆,
我对那儿工作的同
志说:"同志,我想借
一本我能看懂的中
文书,请你给我找一
本吧。"那个同志找了
一本给我,我说:"这
本书难不难?"他说:
"虽然这本书也许
有些你不认识的字,
可是上边儿有画儿,
可以帮助你看懂意
思。"今天我又到图
书馆去借书,那个工
作同志问我:"上次
借的书你都看懂了
没有?"我说:"有的
地方没看懂,可是大
概的意思都懂了。"

Lesson 24

1. 蓝：现在的服务员
   从前叫什么？
   白：从前叫伙计.

2. 许：高老师,请问
   经验的验有
   几划？
   高：有十划.
   许：餐厅的厅有几
   划？
   高：四划.

3. 毕：马老师你忙不
   忙？
   马：现在比较忙.
   毕：你一天教几个
   小时的课？
   马：我一天教三个
   小时的课,也许
   将来少教一个
   小时的课、

4. 张：如果你到书店
   去,劳驾给我带
   一本书来好不
   好？
   王：可以可以.你要

买什么书？
   张：是关於语言学
   的书.
   王：书名子是什么？
   张："汉语拼音练习
   法."

5. 戴：这饺子真好吃.
   里头有什么？
   颜：猪肉虾仁儿.
   戴：有酱油吗？
   颜：有,你会做饺子
   吗？
   戴：不会,我应当跟
   你学习做饺子,
   可是老没时间.

6. 我的中国语文是在
   美国学习的,已经学
   习了四年,我这次到
   中国来还是要继续
   地学习,学习中国语
   文,在刚学习的时候,
   觉得有点儿困难,在
   开始学习的时候最
   要紧的是四声发音、

轻重音,词儿都得记
住.最大的难处是四
声跟轻重音,因为必
得念得准.比方说词
儿吧,一个词儿有两
三个音节,每个音节
的轻重音不一样,必
须记住.不然你说出
来别人听不懂.所以
应该好好儿地学习.
现在虽然没学好,可
是我跟中国朋友说
话他们都听得懂,我
给中国朋友写信他
们也看得明白.

7. 昨天颜同志帮助我
去录音,从两点钟录
到六点钟已经是吃
晚饭的时候了.我说:
"我们到饭馆去吃
烤鸭子好不好?"颜
同志说:"两个人吃
一个烤鸭子怎么吃
得了呢?我们到附
近的餐厅吃一点儿
点心,一个人再要一
个面就够了."我说
也好.我们到了餐厅
让服务员先给我们
来了一壶茶.茶很好.
颜同志问我这种茶
是那儿的,我说大概
是杭州的.吃完了饭
服务员一算账一共
才两块四毛钱.

NOTE ON CHINESE WRITING

There is usually a conventional order in which the strokes of Chinese characters are written, though a limited amount of variation exists among individual Chinese, in both the appearance of the characters and the order in which the strokes are written. Thus Mr. Yung Chih-sheng, who did the calligraphy for most of this volume, writes the character for 'mouth' as 口 , whereas Mr. Simon Chang, who did the index, writes it as 口 , that is, with an extra little angle in the second stroke. A close examination will reveal further differences in the writing of these two gentlemen and that of Mrs. Teng Chia-yee, who wrote the Pronunciation Drills.

Still greater differences are to be found between handwritten characters and printed characters. Sometimes the disparity is so great that it is difficult to recognize two characters as the same. A further complication is the fact that dictionaries, in addition to classifying characters by the conventional 214 'radicals,' also consider each character as having a particular number of strokes; this sometimes differs from the number of strokes in the handwritten form. In the stroke-order chart below, the number of strokes in the handwritten form is indicated by a number at the right. The number in the printed form, if different, is given after it.

An examination of the chart will show that the stroke order of most characters can be summarized under the following general principles:

1. Left before right, as in 八 .
2. Top before bottom, as in 二 .
3. A horizontal line before a line crossing it, as in 十
4. A left-slanting line before an intersecting right-slanting line, as in 父
5. A central part before symmetrical sides, as in 小 .
6. Outside before inside, as in 同 , except that if the enclosure is complete on four sides the last stroke is the bottom one, as in 四 .

In addition, there is also a conventional direction for writing each stroke. A few of the main principles are:

1. Horizontal lines are written from left to right.
2. Vertical lines are written from top to bottom.
3. Slant lines of the form ＼ are written from upper left to lower right.
4. Slant lines of the form ／ are usually written from top right to lower left.

On the following page are presented some characters that illustrate various kinds of strokes together with the stroke order and direction.

Principle For
writing Chinese
Top → Bottom
left → right

dà

shuǐ

běi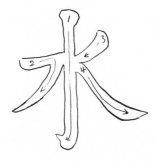

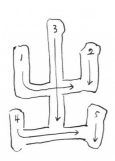

STROKE-ORDER CHART
LESSONS 1-23
LESSON 1

啊	㇀	口	口	叼	叩	叮	阿	啊	啊	啊			10 11
白	ノ	亻	竹	白	白								5
都	一	十	土	耂	耂	者	者	者	者了	都			10 12
高	丶	亠	亠	古	古	古	高	高	高	高			10
好	く	乆	女	女	妤	好							6
很	ノ	㇒	彳	行	行	彳日	很	很	很				9
見	丨	冂	日	月	目	貝	見						7
姐	く	乆	女	妇	妌	姅	姐	姐					8
嗎	丨	口	口	口㇐	口二	口三	口手	嗎	嗎	嗎	嗎	嗎	12 13
們	ノ	亻	亻丨	们	伊	伊	伊	們	們	們			10
呢	丶	口	口	口㇆	口コ	呎	呢	呢					8
你	ノ	亻	亻	你	你	你	你						7
您	ノ	亻	亻	你	你	你	你	您	您	您			11
生	ノ	㇒	㇒	仁	生								5

455

LESSONS 1-2

他	ノ	イ	化	他	他							5
太	一	ナ	大	太								4
我	ノ	二	手	手	扙	我	我					7
先	ノ	一	土	生	先	先						6
小	｜	小	小									3
謝	言	言	言	訁	訁	訁	訽	謝	謝	謝	謝	17
也	フ	力	也									3
再	一	厂	厅	再	再	再						6
吧	｜	口	口	叮	叮	叩	吧					7
不	一	丆	不	不								4
貴	丶	口	口	中	虫	串	貴	貴	貴	貴	貴	12
國	｜	冂	冂	同	同	同	同	國	國	國	國	11
話	言	言	言	訁	訐	訐	話	話				13
會	ノ	人	人	今	今	侖	侖	侖	侖	會	會	13
就	丶	亠	亠	古	古	京	京	京	就	就	就	12
美	丶	丷	丷	兰	兰	羊	美	美	美			9

LESSONS 2-3

噢	口`	叮	叭	叼	叼	哅	哅	哯	哯	嘍	噢	16
錢	ノ	八	今	全	全	金	金	金	釓	錢	錢	16
請	二	言	訂	訂	訃	請	請	請	請			15
人	ノ	人										2
是	l	l?	日	日	旦	早	早	是				9
說	言	訂	訂	訂	說	說	說	說				14
王	一	二	千	王								4
問	l	l⁊	尸	尸	門	門	門	門	問	問	問	11
姓	く	夕	女	如	如	如	姓	姓				8
英	l	+	艹	艹	艻	苧	荁	英	英			9
中	l	冂	口	中								4
本	一	十	才	木	本							5
筆	ノ	⸜	⸜	⸝	竹	竹	竽	竿	筆	筆	筆	12
多	ノ	夕	夕	多	多	多						6
二	一	二										2
共	一	十	廿	共	共	共						6

LESSON 3

還	丶	冖	罒	四	晉	罘	睘	罘	睘	睘	澴	還	16 17
幾	〈	幺	幺	幻	絲	丝	丝	丝	丝	幾	幾	幾	12
塊	一	十	土	圵	圠	圴	坰	坰	塊	塊	塊		13
兩	一	厂	冂	雨	兩	兩	兩	兩					8
買	丶	冖	罒	罒	四	罘	罚	胃	胃	買	買		12
賣	士	圡	声	圭	壳	靑	靑	賣	賣	賣	賣		15
毛	丿	二	三	毛									4
麼	丶	亠	广	庁	庁	床	府	麻	麻	麻	麼	麼	14
那	刁	刀	刃	刃	那	那							6 7
三	一	二	三										3
少	丨	小	小	少									4
甚	一	十	廿	廿	甘	其	其	甚	甚				9
書	⁊	⁊	⁊	⁊	聿	聿	書	書	書				10
四	丨	冂	四	四	四								5
外	丿	夕	夕	列	外								5
五	一	丅	五	五									4

LESSONS 3-4

Char											Strokes
要	一	一	一	兩	兩	西	要	要	要		9
一	一										1
這	丶	亠	亠	言	言	言	言	言	這	這	10 / 11
枝	一	十	才	木	朾	朾	枋	枝			8
八	丿	八									2
地	一	十	土	切	圠	地					6
典	丨	冂	日	由	冊	典	典	典			8
分	丿	八	分	分							4
鋼	丿	人	亼	牟	余	余	金	釘	鋼	鋼	16
個	丿	亻	亻	们	佀	佪	佪	個	個	個	10
黑	丨	冂	四	冏	四	里	里	里	里	黑	12
紅	く	幺	幺	幺	糸	糸	紅	紅	紅		9
九	丿	九									2
藍	丶	十	艹	艹	节	苧	藍	藍	藍	藍	19
六	丶	亠	六	六							4
沒	丶	冫	氵	汋	沪	沒	沒				7

LESSONS 4-5

墨	丶	冂	冂	罒	回	旦	里	里	黑	墨	墨	墨	15
七	一	七											2
鉛	丿	人	今	全	全	金	金	釒	釩	鈆	鉛	鉛	13
色	丿	ク	夕	名	刍	色							6
十	一	十											2
水	丿	刀	水	水									4
圖	冂	冂	冋	冒	冊	冊	局	圖	圖	圖	圖	圖	14
文	丶	亠	宁	文									4
顏	亠	亠	立	产	彥	彥	顏	顏	顏	顏	顏	顏	18
有	一	ナ	广	冇	有	有							6
張	丆	弓	弓	弓	弤	弤	張	張	張	張			11
紙	く	乆	幺	糸	糸	糸	紅	紅	紙	紙			10
子	乛	了	子										3
字	丶	宀	宀	宁	字	字							6
吃	丨	口	口	吖	吃	吃							6
的	丿	亻	自	白	白	的	的	的					8

LESSON 5

字	1	2	3	4	5	6	7	8	9	10	11	strokes
點	卟	呬	回	早	里	里	黑	剄	點	點	點	點	17
兒	ノ	亻	佇	仃	臼	臼	臼	兒				8
飯	ノ	人	仒	今	今	仚	食	食	飠	飰	飯	飯	12
夫	一	二	丰	夫								4
工	一	丅	工									3
候	ノ	亻	仁	仆	伥	伥	佭	佭	候	候		10
家	丶	冖	宀	宁	宁	宇	穷	豕	家	家		10
今	ノ	人	仒	今								4
久	ノ	勹	久									3
可	一	丆	可	可	可							5
朋	ノ	刀	月	月	月	朋	朋	朋				8
上	丨	卜	上									3
誰	亠	亠	言	言	訁	訇	訐	訏	誰	誰	誰	15
時	丨	刀	日	日	日一	旪	旪	旪	時	時		10
天	一	二	于	天								4
喂	丨	口	口	叩	叩	呷	呷	哩	哩	喂	喂	喂	12

LESSONS 5-7

晚	丨	刀	日	日	旫	晬	晬	睁	睁	晚	晩		12
位	丿	亻	亻	伫	位	位	位						7
現	一	二	干	王	玎	珇	玥	玥	珇	現	現		11
想	一	十	才	木	机	相	相	相	相	想	想	想	13
以	丨	𠃌	丬	以	以								5
友	一	𠂇	方	友									4
在	一	𠂇	才	右	存	在							6
找	一	十	才	扌	找	找	找						7
鐘	金	釒	釒	釒	鉅	鈵	鈶	鋕	鋯	鐤	鐘		20
北	丨	十	土	北	北								5
邊	自	自	鼻	鼻	鼻	鼻	臯	臱	臱	邊	邊		18 19
城	一	十	土	圹	圻	圻	城	城	城				9
大	一	才	大										3
道	丶	丷	丫	丷	艹	首	首	首	道	道	道		12 13
東	一	𠄌	冃	㝵	亘	車	東	東					8
房	丶	㇇	戸	户	户	庁	房	房					8

LESSON 7

公	ノ	八	公	公								4
後	ノ	ク	彳	彳	彳	彳	彳	彳	後				9
湖	丶	ミ	シ	シ	汁	汁	沽	沽	沽	湖	湖	湖	12
間	丨	冂	冃	冃	門	門	門	門	間	間	間	間	12
裏	亠	宀	宁	亩	亩	宣	車	重	裏	裏	裏		13
路	口	口	甲	甲	足	足	趵	趵	趵	路	路		13
南	一	十	十	内	内	南	南	南	南				9
前	丶	丷	丷	产	肖	肖	前	前	前				9
山	丨	山	山										3
所	ノ	亻	𠂆	戸	所	所	所	所					8
條	ノ	亻	个	伩	伩	伩	條	條	條	條			10
頭	豆	豆	豆	豇	豇	豇	頭	頭	頭	頭	頭	頭	16
西	一	冂	冃	西	西	西							6
下	一	丁	下										3
右	一	ナ	𠂇	右	右								5
園	冂	冂	円	円	円	周	周	園	園	園	園	園	13

LESSONS 7-8

知	ノ	㇉	乍	失	矢	知	知	知				8
左	一	ナ	ナ	左	左							5
單	丶	口	口	口	吅	吅	吅	甼	甼	甼	單	12
對	刂	刂	业	业	丵	丵	丵	丵	對	對	對	14
館	ノ	人	今	今	佥	食	飠	飣	飦	館	館	16
歡	卄	吐	莎	莅	萑	萑	雚	雚	雚	歡	歡	22
簡	ノ	㇇	乍	竹	竹	笁	笁	笁	管	箭	簡	18
借	ノ	亻	仁	什	仕	供	供	借	借	借		10
近	丶	亻	斤	斤	沂	近	近					7 / 8
看	丶	二	三	手	禾	看	看	看	看			9
離	亠	文	这	㐱	卤	离	离	离	劑	离隹	離	19
里	丶	口	曰	日	旦	甲	里					7
每	ノ	㇒	仁	每	每	每	每					7
難	一	十	廾	廾	艹	苦	苦	苩	堇	菓	難	19
能	㇂	厶	𠂢	刍	刍	刍	刍	能	能	能		10
念	ノ	人	人	今	今	念	念	念				8

LESSONS 8-9

容	丶	丷	宀	宀	穴	穷	突	突	容	容		10
喜	一	十	士	吉	吉	吉	壴	喜	喜	喜	喜	12
寫	丶	丷	宀	宀	宀	宀	宵	宵	宵	穼	寫	15
學	丿	ㄨ	ㄨㄨ	ㄨㄨ	臼	臼	臼	臼	學	學	學	16
易	丨	冂	日	日	月	昂	易	易				8
遠	土	吉	吉	吉	声	袁	袁	袁	袁	遠	遠	13 14
車	一	厂	冃	亘	百	直	車					7
從	丿	彳	彳	彳	彳	彳	彳	彳	彴	從	從	11
到	一	乙	云	至	至	至	到	到				8
電	一	宀	宀	雨	雨	雨	雨	雫	雫	雫	電	13
店	丶	亠	广	广	庁	庄	店	店				8
拐	一	扌	扌	扌	扣	扣	拐	拐				8
過	丨	冂	冃	冎	冎	冎	咼	咼	過	過	過	12 13
號	口	吕	号	号	号	号	號	號	號	號		13
或	一	厂	冂	口	戸	或	或					8
口	丨	冂	口									3

466

LESSONS 9-10

來	一	十	才	才	夾	夾	來	來			8
門	l	⼁	⼁	⾨	⾨	門	門	門			8
明	l	⼝	日	日	日	明	明	明			8
汽	、	冫	氵	汁	汽	汽	汽				7
去	一	十	土	去	去						5
往	丿	彳	彳	彳	行	行	往	往			8
怎	丿	乍	乍	乍	乍	乍	怎	怎	怎		9
站	、	亠	⼟	立	立	站	站	站	站	站	10
者	一	十	土	耂	耂	者	者	者			8 9
直	一	十	广	古	有	有	有	直			8
走	一	十	土	丰	丰	走	走				7
坐	丿	人	从	从	丛	坐	坐				7
比	㇄	上	比	比							4
差	、	⸺	丷	兰	羊	羊	差	养	差		10
弟	、	丷	弓	弟	弟	弟	弟				7
父	丿	八	分	父							4

LESSON 10

更	一	一	一	一	曰	更	更				7
怪	丶	丨	忄	忄	怀	怪	怪	怪			8
孩	一	了	孑	孒	扩	孩	孩	孩			9
虎	丨	十	卢	卢	卢	虍	虏	虎			8
叫	丨	口	口	叫	叫						5
教	一	十	土	耂	耂	孝	孝	孝	孝	教	11
刻	丶	亠	宀	亥	亥	亥	刻	刻			8
快	丶	丨	忄	忄	忄	快	快				7
老	一	十	土	耂	老	老					6
慢	丶	丨	忄	忄	忄	忄	忄	忄	愠	慢	14
妹	乀	乆	女	妇	妇	妹	妹	妹			8
名	丿	勹	夕	夕	名	名					6
母	乚	口	母	母	母						5
男	丶	口	日	用	田	罗	男				7
女	乀	乆	女								3
跑	丶	口	口	早	早	足	足	趵	趵	跑	12

LESSONS 10-11

票	一	一	覀	襾	西	西	覀	覀	票	票	票		11
奇	一	ナ	大	大	杏	杏	杏	奇					8
親	亠	立	立	辛	辛	亲	亲	亲	親	親	親	親	16
事	一	一	戸	戸	写	写	事	事					8
歲	丨	卜	屵	屵	庐	芦	岸	岸	歳	歳	歳	歳	13
談	言	言	訁	訬	談	談	談	談	談				15
員	丶	口	口	尸	吊	吊	員	冒	員	員			10
真	一	十	十	方	有	有	有	直	真	真			10
作	丿	亻	亻	作	作	作	作						7
拜	丶	二	三	手	手	手	拜	拜	拜				9
半	丶	丷	半	半	半								5
常	丨	丬	丬	小	屵	严	常	常	常	常			11
船	丶	丿	舟	舟	舟	舟	舟	船	船	船			11
次	丶	二	冫	汃	汝	次							6
第	丿	𠂉	𠂉	竻	竹	笁	笁	笁	笲	第	第		11
定	丶	宀	宀	宁	宁	宇	定	定					8

LESSON 11

訪	丶	亠	亠	言	言	言	訁	訂	訪	訪		11
飛	て	て	で	飞	飞	飞	飛	飛	飛			9
府	丶	亠	广	广	疒	庐	府	府				8
告	ノ	一	屮	生	牛	告	告					7
果	丨	冂	日	日	旦	里	界	果				8
機	木	朾	朾	村	機	機	機	機	機	機	機	16
開	丨	冂	冃	冃	門	門	門	門	門	閂	開 開	12
年	ノ	一	仁	乍	匠	年						6
然	丶	ク	夕	夕	夕	外	妖	妖	妖	然	然	12
認	言	訂	訒	訒	認	認	認	認				14
日	丨	冂	冃	日								4
如	く	夕	女	如	如	如						6
識	言	訂	訂	訐	諳	諳	諳	諳	識	識	識	19
思	丨	冂	日	田	田	甲	思	思	思			9
訴	丶	亠	亠	言	言	言	訁	訃	訴	訴	訴	12
雖	口	吕	吕	吕	吊	虽	虽	虽	虽	虽	雖	17

LESSONS 11-13

望	丶	亠	亡	亡	亡刀	亡刀	亡刃	亡刃	望	望	望	11
希	ノ	メ	亠	产	斉	希	希					7
意	亠	亠	立	立	产	音	音	音	音	意	意	13
遇	丶	冂	冃	日	禺	昌	禺	禺	禺	遇	遇	12 / 13
月	ノ	刀	月	月								4
昨	丨	冂	月	日	町	昨	昨	昨				9
笨	ノ	⺮	𠂉	𠂉	𥫗	𥫗	竺	竿	笁	笨		11
畢	丶	冂	冃	日	旦	早	早	昆	畢	畢		11
表	一	二	𦱮	主	丰	耒	表	表				8
晨	丶	冂	冃	日	旦	昌	晨	晨	晨	晨		11
聰	一	丆	丆	耳	耳	耳	聣	聣	聦	聰	聰	17
戴	土	盂	盂	壴	壴	壴	壴	戴	戴	戴		17
煩	丶	⺍	火	火	灯	灯	灯	炳	煩	煩	煩	13
功	一	丁	工	工刀	功							5
回	丨	冂	冋	冋	回	回						6
極	一	十	才	木	极	朽	朽	柘	柘	極	極	極	12

LESSON 13

級	く	幺	幺	糸	糸	糸	糺	紉	紉	級			10
經	く	幺	幺	糸	糸	糸	經	經	經	經	經	經	13
考	一	十	土	耂	老	考							6
課	言	訂	訂	訂	訂	訂	課	課	課				15
客	丶	丷	宀	宀	灾	安	客	客	客				9
了	乛	了											2
麻	丶	一	广	广	疒	庈	床	床	麻	麻	麻		11
忙	丶	忄	忄	忄	忙	忙							6
期	一	十	廾	廿	甘	其	其	其	期	期	期		12
氣	ノ	一	气	气	気	気	氣	氣	氣				10
試	言	訂	訂	訂	註	試	試						13
忘	丶	亠	亡	忘	忘	忘	忘						7
為	丶	丷	为	为	為	為	為	為					9
校	一	十	扌	木	朾	栌	栌	校	杸	校			10
星	丶	口	日	日	旦	旦	昇	星					9
業	丶	刂	刂	业	业	业	业	业	堂	業	業	業	13

LESSONS 13-14

已	フ	コ	已									3
因	丨	冂	冂	因	因	因						6
迎	ノ	⺈	⺕	⺕	印	迎						7 8
影	日	旱	旦	昌	昌	昌	景	景	景	影	影	15
用	丿	冂	月	月	用							5
又	フ	又										2
早	丶	口	日	日	旦	早						6
百	一	丆	亇	有	有	百						6
懂	丶	忄	忄	忄	忄	忄	忄	忏	惜	惜	懂	16
法	丶	冫	氵	氵	汁	注	法	法				8
方	丶	亠	方	方								4
給	〈	乡	乡	乡	糸	糸	糹	給	給	給	給	12
畫	フ	彐	彐	彐	事	畫	書	書	書	書	畫	12
活	丶	冫	氵	氵	汇	汗	汗	活	活			9
究	丶	丷	宀	宀	穴	穷	究					7
科	ノ	二	手	禾	禾	禾	禾	科	科			9

LESSONS 14-15

Char	Stroke order	Count
千	ノ 二 千	3
趣	土 キ 丰 走 走 走 赳 赳 趄 趔 趣 趣	15
聽	一 丆 丌 丒 耳 耳 耳 耵 聃 聽 聽 聽	22
萬	卝 艹 节 苩 苩 莒 萬 萬 萬 萬	13
信	ノ 亻 伫 仁 信 信 信 信 信	9
興	同 佢 侗 侗 铜 铜 铜 铜 嗣 興 興	16
言	丶 亠 士 言 言 言 言	7
研	一 丆 丆 石 石 石 矼 研 研 研 研	11
語	言 訁 訂 評 語 語 語 語	14
原	一 厂 厂 厌 厍 盾 盾 原 原 原	10
只	丶 冂 口 只 只	5
最	丶 冂 日 日 旦 旯 冔 冔 冔 冔 最 最	12
必	ノ 心 心 必 必	5
別	丶 冂 口 号 另 別 別	7
病	丶 亠 广 广 疒 疒 疒 病 病 病	10
才	一 丁 才	3

LESSON 15

當	丨	丷	业	业	严	当	当	尚	常	常	當	13
得	丿	彳	彳	扪	彳	得	得	得	得	得		11
藩	艹	艹	艹	艻	芍	萝	莎	莎	萍	萍	藻	藩	19
該	言	訂	訂	該	該	該						13
跟	口	艮	艮	足	足	距	趴	趴	跟	跟		13
將	㇄	丬	丬	爿	扑	护	扴	扴	胙	將	將	11
錄	金	釒	釒	釓	釸	鋖	銇	錄				16
紐	𠃋	乞	纟	糸	糸	糸	約	紉	紐	紐		10
始	𡿨	𡿨	女	女	如	如	始	始				8
市	丶	亠	广	市	市							5
完	丶	宀	宀	宀	宇	完	完					7
玩	一	二	干	王	玡	玙	玗	玩				8
音	丶	亠	亠	立	立	音	音	音	音			9
應	丶	亠	广	广	府	府	府	雁	雁	雁	應	17
約	𠃋	乞	幺	糸	糸	糸	約	約	約			9
住	丿	亻	亻	仁	住	住	住					7

LESSON 16

把	一	丁	扌	扌	打	押	把					7
出	乚	凵	屮	出	出							5
錯	金	釒	釒	鉗	鉗	鉗	錯	錯	錯			16
但	丿	亻	仁	伂	佀	但	但					7
而	一	丆	丆	丙	而	而						6
杭	一	十	才	木	朮	朾	柷	杭				8
介	丿	人	介	介								4
進	丶	亻	亻	仁	仁	信	倠	佳	淮	進	進	11 12
句	丿	勹	勺	句	句							5
連	一	丆	币	币	亘	車	車	連	連			10 11
亮	丶	亠	六	亠	亠	高	高	亭	亮			9
旅	丶	亠	亣	方	扩	扩	扩	旅	旅	旅		10
媽	乚	乂	女	女	女	女	妌	媽	媽	媽	媽	媽	12 13
拿	丿	人	人	合	合	合	合	會	盒	拿		10
内	丨	冂	内	内								4
漂	丶	冫	氵	沪	沪	酒	酒	漂	漂	漂	漂	14

LESSONS 16-17

且	丨	冂	月	月	且						5
紹	く	纟	幺	幺	糸	糸	幻	糿	紹	紹	11
授	一	十	扌	扩	护	护	护	护	护	授	11
蘇	艹	艹	艹	艻	莒	莒	苗	菡	菡	蘇 蘇	20
堂	丨	丷	业	小	尚	半	岢	岢	堂	堂	11
行	丿	彳	彳	行	行	行					6
仰	丿	亻	仁	仏	们	仰					6
州	丿	川	川	州	州	州					6
杯	一	十	才	木	杧	杯	杯	杯			8
茶	丶	丷	艹	艹	芋	茨	苳	茶	茶		10
長	一	丆	下	下	長	長	長	長			8
等	丿	片	片	竻	竹	竹	竻	笁	笁	笁 等 等	12
夠	丿	夕	夕	多	多	多	夠	夠	夠	夠	11
瑰	王	玎	玎	珨	珨	珋	珒	瑰	瑰	瑰	14
喝	丶	口	口	叮	叩	吗	吗	叻	喝	喝 喝	12
和	一	二	千	千	禾	禾	和	和			8

LESSONS 17-19

划	一	七	戈	戈	戋	划					6
婚	く	女	女	女	如	妒	姄	妬	婚	婚	11
結	く	幺	幺	幺	糸	糸	糸	紝	結	結	12
酒	丶	冫	氵	汀	沪	沔	洒	洒	酒		10
露	冖	雨	雨	雫	雪	雫	雫	霉	霂	露	21
玫	一	二	干	王	玗	玖	玫				8
暖	月	旷	盰	盰	盺	昭	睖	暖			13
拳	丶	丷	丷	兰	半	关	美	卷	奉	拳	10
像	丿	亻	伫	伫	俜	俜	倌	傍	像	像	14
此	丨	丄	止	止	此	此	些	些			8
樣	木	杧	栏	栏	样	样	样	様	様	様	15
贏	丶	亠	亡	言	亯	贏	贏	贏	贏		20
飽	丿	八	仌	今	仐	會	食	食	飣	飽	13
便	丿	亻	仁	佢	佰	佰	佰	便	便		9
菜	丶	十	屮	艹	艿	艿	莎	莎	莁	菜	12
炒	丶	丷	小	火	灿	炒	炒	炒			8

LESSON 19

除	3	阝	阝	阝	阶	险	除	除			9 10
醋	一	丁	页	西	西	酉	酉	酢	酢	酐	醋	15
豆	一	丁	百	豆	豆	豆	豆				7
腐	广	广	广	府	府	府	腐	腐	腐	腐	14
廣	广	产	庐	庐	庐	庹	庸	廇	廣	廣	廣	15
雞	ノ	く	く	幺	幺	幺	奚	奚	鷄	雞	雞	18
獎	L	爿	爿	爿	牂	牂	牂	牂	牂	牂	獎	14
筷	ノ	ノ	ᄷ	竹	竹	竹	筬	筦	筷	筷		13
牛	ノ	ᅳ	二	牛							4
肉	丨	冂	内	内	肉	肉					6
燒	、	丷	火	火	炷	炷	燒	燒	燒			16
獅	ノ	犭	犭	狞	狞	狮	狮	猞	猞	獅	獅	13
酸	丁	丙	西	酉	酉	酢	酚	酦	酦	酸	酸	14
隨	3	阝	阡	阡	陏	陏	隋	隋	隋	隋	隨	14 16
湯	、	冫	氵	汇	沪	沪	沪	湯	湯	湯		12
糖	、	丷	丷	半	半	米	米	籵	籵	糖	糖	16

LESSONS 19-20

特	丿	一	牛	牛	牜	牜	牪	牪	特	特			10
甜	丿	二	千	舌	舌	舌	舌	甜	甜	甜			11
魚	丿	ク	ク	甪	甪	角	鱼	鱼	魚	魚	魚		11
着	丶	丷	丷	丷	羊	羊	羊	着	着	着	着		12
豬	一	乛	豸	豸	豸	豸	豸	豸	豬	豬	豬		15 16
做	丿	亻	亻	仕	仕	估	估	做	做	做			11
部	丶	亠	立	立	立	音	音	部	部				10 11
猜	丿	犭	犭	犭	犭	犭	猜	猜	猜	猜			11
場	一	十	土	圴	圴	坦	坦	坦	堨	場	場		12
打	一	十	扌	扌	打								5
放	丶	亠	方	方	方	放	放	放					8
附	了	阝	阝	阝	阝	附	附						7 8
概	扌	扩	村	村	根	根	根	概	概	概			13 15
糕	丶	丷	丷	半	米	米	米	米	米	糕	糕		16
故	一	十	古	古	古	故	故	故	故				9
唉	丨	口	口	叫	叫	唉	唉	唉	唉				10

LESSON 20

假	ノ	イ	仁	作	作	作	作	作'	假'	假		11
件	ノ	イ	仁	仁	件							6
接	一	十	扌	扩	扩	扩	护	拉	接	接	接	11
恐	一	丁	工	工)	巩	巩	巩	恐	恐	恐		10
歷	一	厂	厂	尸	斤	斥	床	麻	厤	厤	歷	16
目	丨	冂	冃	目	目							5
怕	丶	㇐	忄	忄	忄	怕	怕	怕				8
片	ノ	丿	片	片	片							5
起	一	十	土	卡	丰	赱	走	起	起	起		10
情	丶	㇐	忄	忄	忙	忄	怯	情	情	情	情	11
史	丶	口	口	史	史							5
數	日	尸	吕	昌	串	妻	婁	數	數	數	數	15
提	一	十	扌	扩	扣	押	押	捍	捍	提	提	12
題	日	旦	早	旱	是	是	是	是	題	題	題	18
演	丶	冫	氵	沪	泸	沪	浐	浐	演	演	演	14
院	了	阝	阝	阝	阡	陀	陀	陀	院			9 10

LESSONS 20-21

糟	丶	丷	꼭	半	米	米	粃	粐	梻	糟	糟	糟	17
幫	土	圭	封	封	封	封	封	封	封	幫	幫		17
費	一	二	弓	弗	弗	弗	費	費	費	費	費		12
剛	丨	冂	冂	冈	冈	冈	岡	岡	岡	剛			10
壺	士	士	壴	声	声	壽	壽	壽	壽	壶	壺		12
影	日	旦	甲	界	果	果	影	影	影	影	影		14
計	丶	亠	亖	言	言	言	言	言	計				9
較	亘	車	車	軒	軒	較	較						13
餃	ノ	八	人	今	今	仝	食	食	飣	飲	餃	餃	14
醬	乚	丩	丬	丬	护	护	护	將	將	臂	醬		18
覺	×	××	××	傛	段	段ㄱ	嗖	嗖	臼	臼	覺		20
烤	丶	丷	少	火	灯	灯	炷	炒	烧	烤			10
麵	十	才	夾	夾	夾	夾	麥	麴	麵	麵	麵		20
其	一	十	廿	甘	甘	其	其	其					8
全	ノ	入	仐	仝	仝	全							6
仁	ノ	亻	仁	仁									4

482 Stroke-Order Chart

LESSONS 21-22

剩	丿	二	千	禾	禾	禾	乖	乖	乘	乘	剩	12
算	丿	ト	ヶ	竹	竹	竹	竹	笡	笡	算	算	14
碗	厂	石	石	石	石	石	矽	矽	碗	碗	碗	13
蝦	口	虫	虫	虫	虫	虾	虾	虾	虾	蝦	蝦	15
心	丶	心	心	心								4
杏	一	十	才	木	木	杏	杏					7
鴨	丶	口	日	甲	甲	甲	甲	鸭	鸭	鴨	鴨	16
驗	一	二	三	手	馬	馬	馬	馬	駘	驗	驗	22 23
油	丶	冫	氵	汁	汩	汩	油	油				8
尤	一	尢	尤	尤								4
賬	目	貝	貝	財	財	財	賬	賬	賬	賬		15
種	二	千	禾	禾	利	利	稻	稻	種	種	種	14
助	丨	冂	月	月	且	助	助					7
處	丶	ト	占	卢	庐	虍	虎	虏	處	處	處	11
詞	丶	二	亠	言	言	言	訂	詞	詞	詞	詞	12
短	丿	丨	二	午	矢	矢	矢	短	短	短	短	12

LESSON 22

發	丿	了	癶	癶	癶	癶	癶	癶	發	發	發		12
關	丨	𠃊	門	門	門	門	關	關	關	關	關	關	19
漢	氵	氵	汒	汒	汢	汢	漢	漢	漢	漢	漢		14
劃	𠃌	𦘒	彐	彐	聿	畫	畫	畫	畫	劃	劃		14
己	𠃍	𠃌	己										3
記	言	訂	訂	記									10
節	丿	𠂉	竹	竹	筥	筥	筥	節	節	節			13
練	𡿨	幺	幺	糸	紅	紅	紡	絹	綿	綿	練	練	15
拼	一	十	扌	扌	扌	扩	拼	拼	拼	拼			11
輕	白	亘	車	車	軒	輕	輕	輕	輕	輕			14
聲	士	韦	吉	声	声	声	殸	殸	聲	聲	聲		17
送	丶	丷	丷	关	关	关	送	送					9 / 10
同	丨	冂	冂	同	同	同							6
習	𠃌	彐	彐	羽	羽	羽	羽	羽	習	習	習		11
於	丶	亠	方	方	扩	放	放						8
越	一	十	土	丰	丰	走	走	走	起	越	越	越	12

LESSONS 22-23

注													8
正													5
重													9
準													13
自													6
安													6
餐													16
帶													11
封													9
敢													12
掛													11
化													4
駕													14 15
繼													20
緊													15
京													8

LESSON 23

勞	、	丷	𫠆	火	炒	炒	炒	烊	烊	烗	勞	勞	12
累	丶	口	日	用	田	甲	畀	畀	累	累	累		11
李	一	十	十	木	李	李	李						7
馬	一	二	三	手	馬	馬	馬	馬	馬				9 / 10
面	一	丆	厂	丙	而	而	面	面	面				9
平	一	丆	亞	立	平								5
讓	言	言	讓	讓	讓	讓	讓	讓	讓	讓	讓		24
師	丿	亻	亇	尸	自	自	自	師	師	師			10
拾	一	十	扌	扩	扒	拾	拾	拾	拾				9
收	乚	丩	屮	屮	收	收							6
廳	广	庁	庿	庿	廑	廑	廲	廳	廳	廳	廳	廳	25
午	丿	一	仁	午									4
笑	丿	𠂉	𠂇	刬	竹	竹	竺	竿	笑	笑			10
續	糸	糸	綪	綪	綪	續	續	續	續				21
永	、	刁	刁	永	永								5
祝	、	﹁	衤	衤	礻	祁	祁	祁	祝				9

STROKE-ORDER CHART
Supplementary Lessons
(See Introductory Note 1 on page 409.)

志	一	十	土	志	志	志	志				① 7
元	一	二	元	元							③ 4
角	丿	勹	勹	角	角	角	角				7
曉	丨	冂	日	日	日一	日十	昨	睦	睦	曉	⑦ 16
許	丶	亠	言	言	言	言	訂	許	許	許	⑨ 11
售	丿	亻	个	仁	仹	隹	佳	隹	售	售	⑩ 11
感	一	厂	厂	厈	厇	后	咸	咸	感	感	⑭ 13
須	丿	彡	彡	彳	沪	沪	須	須	須	須	⑮ 12
舊	丨	十	屮	艹	萑	萑	萑	雈	舊	舊	1 18
金	丿	入	今	今	全	余	金	金			8
愛	丷	爫	爫	爫	巛	巛	愛	愛	爱	愛	⑯ 13
服	丿	几	月	月	肝	服	服	服			㉑ 8
務	フ	マ	又	予	矛	矛	矛	矜	務	務	10
困	丨	冂	冂	困	困	困	困				㉒ 7

486

STROKE-ORDER CHART

Simplified Characters

(includes characters in main and supplementary lessons)

Lessons 1-3

见	丨	冂	贝	见								① 4
吗	丶	口	口	叮	吗	吗						6
们	丿	亻	忄	们	们							5
谢	丶	讠	讠	讠	诮	诮	诮	诮	谢	谢	谢	12
师	丨	刂	刂	师	师	师						6
贵	丶	口	口	中	虫	串	患	贵	贵			② 9
国	丨	冂	冂	月	用	国	国	国				8
话	丶	讠	讠	讠	许	许	话	话				8
会	丿	人	스	会	会	会						6
钱	丿	스	스	스	钅	钅	钅	钅	钱	钱		10
请	丶	讠	讠	计	讲	请	请	请	请			10
说	丶	讠	讠	讠	讠	诮	说	说	说			9
问	丶	门	门	门	问	问						6
笔	丿	𥫗	𥫗	笒	笒	笒	笒	笔	笔	笔		③ 10

487

Lessons 3-4

还	一	丆	不	不	坏	还	还					7
几	丿	几										2
块	一	十	土	圵	圹	块	块					7
两	一	冂	両	丙	两	两	两					7
买	㇇	㇇	㇒	三	买	买						6
卖	一	十	去	去	吉	歩	卖	卖				8
么	丿	厶	么									3
什	丿	亻	仁	什								4
书	㇇	马	书	书								4
这	丶	亠	方	文	文	汶	这					7
钢	丿	𠂉	𠂉	钅	钅	钅	钢	钢	钢			9
个	丿	人	个									3
红	𠃋	纟	纟	红	红	红						6
蓝	一	艹	艹	苎	苎	蓝	蓝	蓝	蓝	蓝	蓝	13
铅	丿	𠂉	𠂉	钅	钅	钅	铅	铅	铅			10
图	丨	冂	冂	冈	冈	图	图	图				8

(circled: 4)

Lessons 4–5

Character	Strokes
颜	15
张	7
纸	7
(5)	
点	9
儿	2
饭	7
谁	10
时	7
现	8
钟	9
间	7
(7)	
边	5
东	5
后	6
里	7
条	7

Lessons 7-9

头	丶	二	三	头	头						5
园	丨	冂	円	冃	冐	园	园				7
晓	丨	冂	月	日	日一	盹	晓	晓	睦	晓	10
单	丶	丷	丷	兴	兴	苩	単	单			8
对	フ	又	又一	对	对						5
馆	丿	人	仝	仝	仝	饣	馆	馆	馆	馆	11
欢	フ	又	又丿	欢	欢	欢					6
简	丿	竹	竹	竹	竺	笁	笁	简	简	简 简	13
离	丶	亠	宀	文	这	卤	卤	离	离	离	10
难	フ	又	又丿	双丿	欢	欢	欢	难	难	难	10
写	丶	冖	冖	写	写						5
学	丶	丷	丷	丷	兴	学	学				7
远	一	二	亍	元	元	沅	远				7
习	刁	习	习								3
车	一	七	乇	车							4
从	丿	人	从	从							4

⑧ (between 晓 row and 单 row)
⑨ (between 写 row and 学 row)
⑨ (between 习 row and 车 row)

Lessons 9-11

电	丨	冂	曱	日	电						5
过	一	寸	寸	讨	过						6
号	丨	口	口	吕	号						5
来	一	二	二	半	事	来	来				7
门	丶	亠	门								3
许	丶	讠	讠	许	许	许					6
亲	丶	亠	六	六	立	立	辛	辛	亲		9
岁	丨	山	山	岁	岁	岁					6
谈	丶	讠	讠	讠	讠	谈	谈	谈	谈	谈	10
员	丶	口	口	尸	吊	员	员				7
访	丶	讠	讠	讠	访	访					6
飞	乙	飞	飞								3
机	一	十	才	木	机	机					6
开	一	二	开	开							4
认	丶	讠	讠	认							4
识	丶	讠	讠	讠	识	识	识				7

(10) (11)

Lessons 11–14

诉	丶	讠	讠	讠	讠	诉	诉					7
虽	丶	口	口	口	吕	吕	丮	虽	虽			9
												⑬
毕	一	匕	乚	比	比	毕						6
聪	一	丆	丆	耳	耳	耳	耳	耵	耶	聪	聪	聪	15
烦	丶	丷	少	火	火	灯	灯	炃	烦	烦		10
极	一	十	才	木	朽	极	极					7
级	乚	乡	纟	纟	级	级						6
经	乚	乡	纟	纟	纟	经	绎	经				8
课	丶	讠	讠	讠	讠	课	课	课	课	课		10
气	丿	一	仁	气								4
试	丶	讠	讠	讠	讠	证	试	试				8
为	丶	丷	为	为								4
业	丨	业	业	业	业							5
												⑭
给	乚	乡	纟	纟	纟	给	给	给	给			9
画	一	厂	一	一	币	面	画	画				8
听	丶	丩	口	口	听	听	听					7

Lessons 14–16

Character	Strokes
万	3
兴	6
研	9
语	9
(15)	
当	6
该	8
将	9
录	8
纽	7
应	7
约	6
须	9
旧	5
(16)	
错	13
进	7
连	7

Lessons 16-20

妈	く	ㄨ	女	𡚵	妈	妈						6
绍	く	ㄠ	纟	纟	纱	绍	绍					8
苏	一	十	艹	艻	芍	苏	苏					7
爱	'	⺈	⺈	⺈	⺈	⺥	⺥	𫠜	𫠜	爱		10
长	ノ	㇏	长	长								⑰ 4
结	く	ㄠ	纟	纟	纣	纣	结	结	结			9
样	一	十	才	木	术	栏	栏	栏	栏	样		⑲ 10
饱	ノ	𠂉	饣	饣	饣	饣	饱	饱				8
广	'	一	广									3
鸡	フ	又	𡗗	鸡	鸡	鸡						6
奖	'	⺀	丬	丬	汬	汬	奖	奖	奖			9
烧	'	⺀	少	火	灯	灼	烧	烧	烤	烧		10
随	㇈	阝	阝	阝	阝	陏	陏	随	随	随		11
汤	'	⺀	氵	氵	汤	汤						6
鱼	ノ	ㄅ	色	色	鱼	鱼	鱼	鱼				⑳ 8
场	一	十	土	圹	场	场						6

Lessons 20–21

历	一	厂	历	历								4
数	丶	丷	丷	半	米	米	娄	娄	娄	数	数	13
题	丨	冂	日	日	早	昰	昰	是	题	题	题	15
帮	一	二	三	手	邦	邦	邦	帮	帮			9
费	𠃋	𠃌	弓	弔	弗	弗	费	费	费			9
刚	丨	冂	冈	冈	刚	刚						6
壶	一	十	士	壴	壴	壴	壴	壴	壶			10
伙	丿	亻	亻	伙	伙	伙						6
计	丶	讠	讠	计								4
酱	丶	丬	丬	丬	丬	丬	丬	酱	酱	酱		13
较	一	七	七	车	车	车	车	较	较	较		10
饺	丿	人	饣	饣	饣	饣	饺	饺	饺			9
觉	丶	丷	丷	丷	学	党	党	觉	觉			9
面	一	丆	丆	历	而	而	而	面	面			9
虾	丶	口	口	中	虫	虫	虾	虾	虾			9
鸭	丨	冂	日	日	甲	甲	鸭	鸭	鸭			9

Lessons 21-22

验	ㄱ	马	马	马ˊ	马ˊ	验	验	验	验			10
账	ㅣ	冂	贝	贝	贝ˊ	贝ˊ	账	账				8
种	ˊ	ㄧ	千	禾	禾	和	和	和	种			9
务	ˊ	ㄅ	冬	务	务							5
处	ˊ	ㄅ	夂	处	处							5
词	ˋ	讠	讦	词	词	词	词					7
发	ㄥ	�808	发	发	发							5
关	ˋ	˅	兰	兰	关	关						6
汉	ˋ	ˋ	氵	汊	汉							5
划	一	�	戋	戈	戈	划						6
记	ˋ	讠	讠	记	记							5
节	一	十	艹	节	节							5
练	ㄑ	ㄠ	纟	纟	纟	纩	练	练				8
轻	一	ㄊ	乍	车	轩	轩	轻	轻	轻			9
声	一	十	士	声	声	声	声					7
准	ˋ	ㄟ	冫	冴	汁	浐	洁	准	准			10

(22)

Lesson 23 (23)

带	一	十	卅	卅	卅	芇	芇	带	带			9
继	く	纟	纟	纠	纠	纠	继	继	继	继		10
驾	フ	力	加	加	加	驾	驾	驾				8
紧	l	ll	lけ	lʔ又	臤	竖	竖	紧	紧	紧		10
劳	一	十	卅	艹	芦	芗	劳					7
马	フ	马	马									3
让	丶	讠	讠l	计	让							5
厅	一	厂	厅	厅								4
续	く	纟	纟	纟	纤	绩	续	续	续	续	续	11

SUMMARY CHART I. CHARACTERS ARRANGED BY LESSON

(Numbers below characters refer to radicals.)

(1) 啊 白 都 高 好 很 見 姐 嗎 們 呢 你 您 生 他 太 我 先 小 謝 也 再
30 106 163 189 38 60 147 38 30 9 30 9 61 100 9 37 62 10 42 149 5 13

(2) 吧 不 貴 國 語 會 就 美 噢 錢 請 人 是 說 王 問 姓 英 中 **(3)** 本 筆
30 1 154 31 149 73 43 123 30 167 149 9 72 149 96 30 38 140 2 75 118

多 二 共 還 幾 塊 兩 買 賣 毛 麼 那 三 少 甚 書 四 外 五 要 一 這 枝
36 7 12 162 52 32 11 154 154 82 200 163 1 42 99 73 31 36 7 146 1 162 75

(4) 八 地 典 分 鋼 個 黑 紅 九 藍 六 沒 墨 七 鉛 色 十 水 圖 文 顏 有
12 32 12 18 167 9 203 120 5 140 12 85 32 1 167 139 24 85 31 67 181 74

張 紙 子 字 **(5)** 吃 的 點 兒 飯 夫 工 候 家 今 久 可 朋 上 誰 時 天 喂
57 120 39 39 30 106 203 10 184 37 48 9 40 9 4 30 74 1 149 72 37 30

晚 位 現 想 以 友 在 找 鐘 **(7)** 北 邊 城 大 道 東 房 公 後 湖 間 裏 路
72 9 96 61 9 29 32 64 167 21 162 32 37 162 75 63 12 60 85 169 145 157

南 前 山 所 條 頭 西 下 右 園 知 左 **(8)** 單 對 館 歡 簡 借 近 看 離 里
24 18 46 63 75 181 146 1 30 31 111 48 30 41 184 76 118 9 162 109 172 166

每 難 能 念 容 喜 寫 學 易 遠 **(9)** 車 從 到 電 店 拐 過 號 或 口 來 門
80 172 130 61 40 30 40 39 72 162 159 60 18 173 53 64 162 141 62 30 9 169

明 汽 去 往 怎 站 者 直 走 坐 **(10)** 比 差 弟 父 更 怪 孩 虎 叫 教 刻 快
72 85 28 60 61 117 125 109 156 32 81 48 57 88 73 61 39 141 30 66 18 61

老 慢 妹 名 母 男 女 跑 票 奇 親 事 歲 談 員 真 作 **(11)** 拜 半 常 船 次
125 61 38 30 80 102 38 157 113 37 147 1 77 149 30 109 9 64 24 50 137 76

第 定 訪 飛 府 告 果 機 開 年 然 認 日 如 識 思 訴 雖 望 希 意 遇 月
118 40 149 183 53 30 75 75 169 51 86 149 72 38 149 61 149 172 74 50 61 162 74

昨 **(13)** 笨 畢 表 晨 聰 戴 煩 功 回 極 級 經 考 課 客 了 麻 忙 期 氣 試
73 118 102 145 72 128 62 86 19 31 75 120 120 125 149 40 6 200 61 74 84 149

忘 為 校 星 業 已 因 迎 影 用 又 早 **(14)** 百 懂 法 方 給 畫 活 完 科 千
61 87 75 72 75 49 31 162 59 101 29 72 106 61 85 70 120 102 85 116 115 24

趣 聽 萬 信 興 言 研 語 原 只 最 **(15)** 必 別 病 才 當 得 藩 該 跟 將 錄
156 128 140 9 134 149 112 149 27 30 73 61 18 104 64 102 60 149 149 157 41 167

紐 始 市 完 玩 音 應 約 住 **(16)** 把 出 錯 但 而 杭 介 進 句 連 亮 旅 媽
120 38 50 40 96 180 61 120 9 64 17 167 9 126 75 9 162 30 162 8 70 38

拿 內 漂 且 紹 授 蘇 堂 行 仰 州 **(17)** 杯 茶 長 等 夠 璁 喝 和 划 婚 結
64 11 85 1 120 64 140 32 144 9 47 75 140 168 118 36 96 30 30 18 38 120

酒 露 玫 暖 拳 像 些 樣 贏 **(19)** 飽 便 菜 炒 除 醋 豆 腐 廣 難 獎 筷 牛
164 173 96 72 64 9 7 75 154 184 9 75 140 86 170 164 151 130 53 172 37 118 93

肉 燒 獅 酸 隨 湯 糖 特 甜 魚 着 豬 做 **(20)** 部 猜 場 打 放 附 概 糕 故
130 86 94 164 170 85 119 93 99 195 109 152 9 163 94 32 64 66 170 75 119 66

唉 假 件 接 恐 歷 目 怕 片 起 情 史 數 提 題 演 院 糟 **(21)** 幫 費 剛 壺
30 9 9 64 61 77 109 61 91 156 61 30 66 64 181 85 170 119 50 154 18 33

影 計 較 餃 醬 覽 烤 麵 其 全 仁 剩 算 碗 蝦 心 杏 鴨 驗 油 尤 賬 種
36 149 159 184 164 147 86 199 12 11 9 18 118 112 142 61 75 196 187 85 43 154 115

助 **(22)** 處 詞 短 發 關 漢 劃 己 記 節 練 拚 輕 聲 送 同 習 於 越 注 正
19 141 149 111 105 169 85 18 49 149 118 120 64 159 128 162 30 124 70 156 85 77

重 準 自 **(23)** 安 餐 帶 封 敢 掛 化 駕 繼 緊 京 勞 累 李 馬 面 平 讓 師
166 85 132 40 184 50 41 66 64 21 187 120 120 8 19 120 75 187 176 51 149 50

拾 收 廳 午 笑 繪 永 祝
64 66 53 24 118 120 85 113

(Numbers below characters refer to lessons.)

①一 ②人 二 八 九 七 十 了 又 ③小 也 三 子 工 久 上 大 山 下 口
   3 2 3 4 4 4 13 13 1 1 3 4 5 5 7 7 7 8 9

女 已 千 才 己 ④太 不 王 中 毛 少 五 分 六 水 文 夫 今 天 友 公 比
10 13 14 15 22 1 2 2 2 2 3 4 4 6 7 7 8 9 9 9 10 10

父 日 月 方 介 內 牛 仁 心 尤 化 午 ⑤白 生 他 本 四 外 可 以 北 右
10 11 11 14 16 16 19 21 21 21 23 23 1 1 1 4 4 5 5 5 7 7

左 去 叫 母 半 功 用 只 必 市 出 句 且 打 目 片 史 正 平 永 ⑥好 先
7 9 10 10 11 13 13 15 15 16 16 16 16 20 20 20 20 22 23 23 1 1

再 多 共 那 地 色 有 字 吃 在 西 老 名 次 年 如 回 考 忙 因 早 百 而
1 1 3 3 5 6 7 9 9 10 10 11 11 11 11 13 13 13 13 14 16

行 仰 州 划 肉 件 全 同 自 安 收 ⑦見 你 我 吧 沒 位 找 近 里 每 車
16 16 17 19 19 21 21 22 22 23 23 1 1 1 2 7 7 7 8 8 9

汽 走 坐 弟 更 快 男 作 告 希 忘 迎 究 言 別 完 住 把 但 豆 附 杏 助
9 9 9 10 10 10 10 10 11 13 13 14 15 15 15 15 16 16 19 20 21 21

李 ⑧姐 呢 姓 兩 枝 典 的 兒 朋 東 房 所 知 念 易 到 店 拐 或 來 門
23 1 1 3 4 5 5 7 7 7 7 7 9 9 9 9 9 10 10 10 10 10

明 往 者 直 怪 虎 刻 妹 奇 事 定 府 果 表 法 始 玩 杭 杯 長 和 玫 些
9 9 9 9 10 11 11 13 13 15 15 16 16 17 17 17 17 17 17 17 17

炒 放 怕 其 油 於 注 京 ⑨很 美 是 英 甚 要 紅 城 後 南 前 看 怎 孩
19 20 20 21 21 23 23 23 1 2 2 3 3 4 7 7 7 7 8 9 10

拜 飛 思 昨 客 為 星 活 科 信 音 約 亮 便 除 故 院 計 送 重 封 馬 面
11 11 11 13 13 13 14 14 16 16 16 16 19 20 20 22 23 23 23

拾 祝 ⑩啊 都 高 們 書 這 個 紙 候 家 時 條 借 能 容 站 差 員 真 級
23 23 1 1 1 1 1 1 1 7 7 7 7 7

氣 校 原 病 紐 連 旅 拿 茶 酒 拳 特 部 唉 恐 起 剛 烤 記 師 ⑪您
13 13 14 15 16 16 16 16 17 17 17 19 20 20 20 21 21 22 23 23 1

國 問 張 現 從 教 票 常 船 第 訪 望 笨 畢 麻 晨 研 得 將 進 紹 投 堂
2 2 2 2 2 5 5 5 5 5 7 7 13 13 13 13 14 15 16 16 16 16

夠 婚 甜 魚 做 猜 假 接 情 處 拼 習 帶 掛 累 ⑫嗎 貴 就 筆 幾 買 黑
17 17 19 19 20 20 20 20 22 22 23 23 23 23 2 3 3 3 3 4

飯 喂 晚 道 湖 間 單 喜 過 跑 開 然 訴 遇 極 給 畫 最 媽 等 喝 結 菜
5 7 9 9 10 10 10 11 11 11 11 11 13 13 14 14 16 17 17 17 19

湯 著 場 提 費 壺 剩 詞 短 發 越 敢 勞 ⑬話 會 塊 鉛 想 裏 路 園 遠
19 19 20 20 21 21 21 22 22 22 22 23 23 1 1 5 7 7 8

電 號 歲 意 煩 經 期 試 業 萬 當 該 跟 暖 飽 筷 獅 概 較 碗 節 準 ⑭
9 9 13 13 13 13 13 16 17 19 20 20 21 22 22 22

說 麼 圖 對 慢 認 語 漂 瑰 像 腐 獎 酸 隨 演 影 餃 算 種 漢 劃 輕 駕
2 3 4 8 10 11 14 16 17 17 19 19 19 20 21 21 21 21 22 22 22 23

⑮請 賣 墨 誰 寫 談 課 影 趣 樣 醋 廣 豬 數 蝦 賬 練 緊 ⑯噢 錢 還
1 3 4 7 8 10 11 17 19 19 22 22 22 23 23

鋼 頭 館 學 親 機 懂 興 錄 錯 燒 糖 糕 歷 鴨 餐 ⑰謝 點 雖 聰 戴 應
9 11 13 13 15 16 17 19 20 20 22 23 1 13 13 13 15

糟 幫 聲 ⑱顏 邊 簡 雜 題 牆 ⑲藍 離 難 識 藩 關 ⑳鐘 蘇 贏 覺 麵
20 21 22 4 7 8 19 20 21 8 11 15 22 1 7 17 21 21

繼 21 露 續 22 歡 聽 驗 24 讓 25 廳
23   23 23   23 23 23   23   23

SUMMARY CHART III. CHARACTERS ARRANGED BY RADICAL

(Numbers below characters refer to lessons.)

(1) 一 3 | 七 4 | 三 3 | 上 5 | 下 7 | 不 7 | 且 16 | (2) 中 2 | (4) 久 2 | (5) 九 1 | 也 10 | (6) 了 13 | 事 10 | (7) 二 3 | 五 3 | 些 17 | (8)

京 23 | 亮 16 | (9) 人 2 | 今 16 | 介 16 | 仁 21 | 以 5 | 他 1 | 仰 16 | 件 20 | 佳 15 | 作 10 | 你 1 | 但 16 | 位 1 | 來 19 | 便 19 | 信 14 | 個 1 | 借 20 | 候 15 | 們 1

做 19 | 假 20 | 像 17 | (10) 先 5 | 兒 5 | (11) 全 21 | 內 16 | (12) 八 4 | 六 4 | 公 3 | 共 21 | 其 21 | 典 4 | (13) 再 17 | (17) 出 16 | (18) 分 4

划 17 | 別 15 | 刻 9 | 到 9 | 前 21 | 剛 21 | 剩 21 | 劃 22 | (19) 功 13 | 助 21 | 勞 21 | (21) 化 23 | 北 7 | (24) 十 7 | 千 14 | 午 23 | 半 11 | 南 7 | (27) 原 14

(28) 去 9 | (29) 又 13 | 友 13 | (30) 口 9 | 可 14 | 叫 14 | 史 20 | 右 14 | 只 14 | 句 16 | 吃 22 | 同 10 | 名 10 | 告 11 | 吧 16 | 呢 17 | 和 17 | 唉 10 | 員 11 | 問 2

喜 16 | 單 17 | 喝 17 | 喂 5 | 嗎 1 | 啊 1 | 噢 2 | (31) 四 5 | 因 13 | 回 13 | 國 2 | 園 14 | 圖 14 | (32) 在 5 | 地 5 | 坐 8 | 城 16 | 堂 16 | 場 20 | 塊 17 | 墨 17

(33) 壹 21 | (36) 外 3 | 多 17 | 夠 17 | 夥 21 | (37) 大 7 | 夫 5 | 天 5 | 太 1 | 奇 19 | 奬 19 | (38) 女 10 | 如 10 | 好 1 | 姐 15 | 始 15 | 妹 10 | 姓 10 | 婚 17

媽 16 | (39) 子 1 | 字 4 | 孩 17 | 學 28 | (40) 安 23 | 完 15 | 定 11 | 容 11 | 家 9 | 寫 11 | (41) 封 23 | 將 19 | 對 21 | (42) 小 3 | 少 3 | (43) 尤 21

就 2 | (46) 山 16 | (47) 州 16 | (48) 工 5 | 左 7 | 差 7 | (49) 己 22 | 已 13 | (50) 市 15 | 希 11 | 師 23 | 帶 23 | 常 10 | 幫 21 | (51) 平 23 | 年 11 | (52)

幾 53 | (53) 府 19 | 店 19 | 廣 23 | 廳 23 | (57) 弟 10 | 張 10 | (59) 影 21 | (60) 往 16 | 後 7 | 很 9 | 從 9 | 得 15 | (61) 心 21 | 必 15 | 忙 13 | 忘 13 | 念 8

快 10 | 怎 9 | 怪 10 | 思 11 | 怕 20 | 恐 20 | 您 1 | 情 20 | 想 11 | 意 10 | 慢 10 | 懂 14 | 應 15 | (62) 我 2 | 或 9 | 戴 23 | (63) 所 7 | 房 7 | (64) 才 15 | 打 20

把 16 | 找 11 | 拜 14 | 拐 | 拿 23 | 拾 17 | 拳 23 | 掛 23 | 授 16 | 接 20 | 拼 20 | 提 20 | (66) 收 23 | 放 20 | 故 20 | 教 23 | 敢 23 | 歡 | (67) 文 4 | (70) 方 14

於 22 | (72) 旅 16 | 日 11 | 早 8 | 易 9 | 明 9 | 昨 11 | 星 13 | 是 2 | 時 2 | 晚 17 | 晨 | 暖 17 | (73) 更 10 | 書 14 | 最 14 | 會 | (74) 月 4 | 有 4 | 朋 4

望 11 | 期 13 | (75) 本 3 | 杏 21 | 李 23 | 杯 17 | 杭 16 | 枝 3 | 東 7 | 果 11 | 校 3 | 條 13 | 極 13 | 業 14 | 概 | 樣 17 | 機 11 | (76) 次 8 | 歡 11 | (77) 正 22

歲 20 | 歷 20 | (80) 母 10 | 每 8 | (81) 比 10 | (82) 毛 | (84) 氣 | (85) 水 3 | 永 23 | 沒 9 | 汽 22 | 注 14 | 法 21 | 油 14 | 活 19 | 湯 7 | 湖 22 | 準 22

演 20 | 漂 | 漢 | (86) 炒 | 烤 21 | 然 11 | 煩 13 | 燒 | (87) 為 | (88) 父 | (91) 片 | (93) 牛 19 | 特 | (94) 猜 | (96) 王 2

玖 17 | 玩 15 | 現 | 瑰 17 | (99) 甚 3 | 甜 19 | (100) 生 1 | (101) 用 13 | (102) 男 10 | 當 10 | 畢 14 | 畫 22 | (104) 病 | (105) 發 22 | (106) 白 14 | 百 14

的 5 | (109) 目 20 | 直 9 | 看 10 | 真 10 | (111) 知 22 | 短 14 | (112) 研 14 | 碗 23 | (113) 祝 10 | 票 | (115) 科 21 | 種 21 | (116) 完 | (117) 站 | (118)

笑 23 | 第 11 | 笨 13 | 等 17 | 筆 17 | 筷 | 算 22 | 節 22 | 簡 | (119) 糖 20 | 糕 20 | 糟 | (120) 約 4 | 紅 13 | 紐 | 級 13 | 紙 23 | 紹 | 累 23 | 結 7 | 給 14

經 13 | 緊 23 | 練 23 | 繼 23 | 繡 23 | (123) 美 | 着 | (124) 習 22 | (125) 老 | 考 | 者 | (126) 而 13 | (128) 聰 22 | 聲 22 | 聽 | (130) 肉 19 | 能

腐 19 | (132) 月 22 | (134) 冊 14 | (137) 船 11 | (139) 色 4 | (140) 英 | 茶 | 菜 16 | 萬 | 藍 16 | 蔣 16 | 蘇 | (141) 虎 10 | 處 10 | 號 21 | (142) 蝦 21

(144) 行 16 | (145) 表 13 | 裏 | (146) 西 7 | 要 7 | (147) 見 10 | 親 21 | 覺 | (149) 言 14 | 計 21 | 記 21 | 訪 | 詞 11 | 訴 | 該 13 | 試 13 | 話 2 | 說 2

語 14 | 認 13 | 課 11 | 談 | 誰 1 | 請 1 | 謝 | 識 | 讓 | (151) 豆 | (152) 豬 2 | (154) 賣 | 費 | 買 | 賣 | 賬 | 贏 | (156) 走 | 起

越 22 | 趣 14 | (157) 跑 | 路 | 跟 | (159) 車 | 較 | 輕 21 | (162) 迎 | 近 | 送 | 這 | 連 | 進 | 過 | 道 | 遇 | 遠 | 還 | 邊

(163) 那 3 | 部 | 都 | (164) 酒 | 酸 19 | 醋 21 | (166) 里 | 重 | (167) 鉛 | 鋼 | 錄 | 錢 | 錯 | 鐘 | (168) 長 17 | (169) 門 9

開 11 | 間 22 | 關 7 | (170) 附 20 | 除 19 | 院 20 | 隨 | (172) 雖 18 | 難 8 | 離 | 難 | (173) 電 | 露 17 | (176) 面 | (180) 音 15 | (181) 頭 4 | 顏

題 20 | (183) 飛 11 | (184) 飯 | 飽 19 | 餃 21 | 餐 23 | 館 8 | (187) 馬 | 駕 | 驗 21 | (189) 高 1 | (195) 魚 19 | (196) 鴨 21 | (199) 麵 21 | (200) 麻 13

(203) 麼 3 | 黑 4 | 點 5

CHART OF REGULAR-SIMPLIFIED CHARACTERS
(Figures refer to radical numbers)

⑨
個 个
來 来
們 们

⑩
兒 儿
見 见

⑪
兩 两

⑱
劃 划
剛 刚

⑲
勞 劳
務 务

㉚
單 单
嗎 吗
問 问
員 员

㉛
國 国
圖 图

園 园

㉜
場 场
塊 块

㉝
壺 壶

㊱
夥 伙

㊲
獎 奖

㊳
媽 妈

㊴
學 学

㊵
寫 写

㊶
對 对
將 将

㊿
幫 帮
帶 带
師 师

㊼
幾 几

㊽
廣 广
廳 厅

㊿⑦
張 张

⑥⓪
從 从
後 后

⑥①
愛 爱
應 应

⑥⑥
數 数

⑦②
時 时
曉 晓

⑦③
會 会
書 书

⑦⑤
東 东

㊶②
機 机
極 极
條 条
樣 样
業 业

⑦⑥
歡 欢

⑦⑦
歷 历
歲 岁

⑧④
氣 气

⑧⑤
漢 汉
湯 汤
準 准

⑧⑥
煩 烦
燒 烧

⑧⑦
為 为

⑨⑥
現 现

⑨⑨
甚 什
⑩②
畢 毕
當 当
畫 画
⑩⑤
發 发
⑪②
研 研
⑪⑤
種 种
⑪⑧
筆 笔
簡 简
節 节
⑫⓪
給 给
紅 红
級 级
繼 继
結 结
緊 紧
經 经
練 练

紐 纽
紹 绍
續 续
約 约
紙 纸
⑫④
習 习
⑫⑧
聰 聪
聲 声
聽 听
⑬④
舊 旧
興 兴
⑭⓪
藍 蓝
蘇 苏
萬 万
⑭①
處 处
號 号
⑭⑤
裏 里
⑭⑦
覺 觉

親 亲
⑭⑨
詞 词
訪 访
該 该
話 话
計 计
記 记
課 课
請 请
讓 让
認 认
誰 谁
識 识
試 试
說 说
訴 诉
談 谈
謝 谢
許 许
語 语
⑮②
蝦 虾
⑮④
費 费

貴 贵
買 买
賣 卖
賬 账
⑮⑨
車 车
較 较
輕 轻
⑯②
邊 边
過 过
進 进
還 还
連 连
遠 远
這 这
⑯④
醬 酱
⑯⑦
錯 错
鋼 钢
錄 录
鉛 铅
錢 钱
鐘 钟

㉒168
長 长

㉒169
關 关
間 间
開 开
門 门

㉒170
隨 随

㉒172
雞 鸡

離 离
難 难
雖 虽

㉒173
電 电

㉒181
題 题
頭 头
須 须
顏 颜

㉒183
飛 飞

㉒184
飽 饱
飯 饭
館 馆
餃 饺

㉒187
駕 驾
馬 马
驗 验

㉒195
魚 鱼

㉒196
鴨 鸭

㉒199
麵 面

㉒200
麼 么

㉒203
點 点

(2)

| 儿 | 兒 | ér / r |
| 几 | 幾 | jǐ |

(3)

飞	飛	fēi
个	個	ge
广	廣	guǎng
马	馬	mǎ
门	門	mén
么	麽	mo / me
万	萬	wàn
习	習	xí

(4)

长	長	cháng / zhǎng
车	車	chē
从	從	cóng
计	計	jì
见	見	jiàn
开	開	kāi
历	歷	lì
气	氣	qì
认	認	rèn
什	甚	shén

(5)

| 书 | 書 | shū |
| 为 | 為 | wéi / wèi |

边	邊	biān
处	處	chù
电	電	diàn
东	東	dōng
对	對	duì
发	發	fā
汉	漢	hàn
号	號	hào
记	記	jì
节	節	jié
旧	舊	jiù
们	們	men
让	讓	ràng
厅	廳	tīng
头	頭	tóu / tou
务	務	wù
写	寫	xiě
业	業	yè

(6)

| 毕 | 畢 | bì |

场	場	chǎng
当	當	dāng / dàng
访	訪	fǎng
刚	剛	gāng
关	關	guān
过	過	guò / guo
红	紅	hóng
后	後	hòu
划	劃	huá / huà
欢	歡	huān
会	會	huǐ / huì
伙	夥	huǒ
机	機	jī
鸡	雞	jī
级	級	jí
妈	媽	mā
吗	嗎	ma / me
买	買	mǎi
师	師	shī
岁	歲	suì
汤	湯	tāng
问	問	wèn
兴	興	xīng / xìng

(7)

| 许 | 許 | xǔ |
| 约 | 約 | yuē |

词	詞	cí
饭	飯	fàn
还	還	hái
极	極	jí
间	間	jiān / jiàn
进	進	jìn
块	塊	kuài
来	來	lái
劳	勞	láo
里	裏	lǐ
连	連	lián
两	兩	liǎng
纽	紐	niǔ
声	聲	shēng
时	時	shí
识	識	shí
苏	蘇	sū
诉	訴	sù
条	條	tiáo
听	聽	tīng

应 應 yīng	现 現 xiàn	须 須 xū	谈 談 tán			
员 員 yuán	学 學 xué	鸭 鴨 yā	晓 曉 xiǎo			
园 園 yuán	鱼 魚 yú	研 研 yán	验 驗 yàn			
远 遠 yuǎn	账 賬 zhàng	语 語 yǔ	样 樣 yàng			
张 張 zhāng	⑨	钟 鐘 zhōng	准 準 zhǔn			
这 這 zhè zhèi	带 帶 dài	种 種 zhǒng	⑪			
纸 紙 zhǐ	点 點 diǎn	⑩	馆 館 guǎn			
⑧	费 費 fèi	爱 愛 ài	离 離 lí			
饱 飽 bǎo	钢 鋼 gāng	帮 幫 bāng	随 隨 suí			
单 單 dān	给 給 gěi	笔 筆 bǐ	续 續 xù			
该 該 gāi	贵 貴 guì	烦 煩 fán	⑫			
国 國 guó	将 將 jiāng	壶 壺 hú	谢 謝 xiè			
画 畫 huà	奖 獎 jiǎng	继 繼 jì	⑬			
话 話 huà	饺 餃 jiǎo	较 較 jiào jiào	错 錯 cuò			
驾 駕 jià	结 結 jiē	紧 緊 jǐn	简 簡 jiǎn			
经 經 jīng	觉 覺 jué	课 課 kè	酱 醬 jiàng			
练 練 liàn	面 麵 miàn	难 難 nán nàn	蓝 藍 lán			
录 錄 lù	亲 親 qīn	铅 鉛 qiān	数 數 shǔ shù			
卖 賣 mài	轻 輕 gīng	钱 錢 qián	⑮			
绍 紹 shào	说 說 shuō	请 請 qǐng	聪 聰 cōng			
试 試 shì	虽 雖 suí	烧 燒 shāo	题 題 tí			
图 圖 tú	虾 蝦 xiā	谁 誰 shéi shuí	颜 顏 yán			

INDEX

Entries are arranged alphabetically by syllables. Thus <u>jìzhu</u> (<u>jì</u> - <u>zhu</u>) precedes <u>jìn</u>, Numbers after entries refer to the lesson in which the character or compound first occurred. Numbers preceded by the letter S refer to the Supplementary Lessons on pages 409–452.

509